Thomas Muggenthaler

„Ich lege mich hin und sterbe!“
Ehemalige Häftlinge des KZ Flossenbürg berichten

Thomas Muggenthaler

„Ich lege mich hin und sterbe!“

Ehemalige Häftlinge des KZ-Flossenbürg berichten

Druck+Verlag Ernst Vögel GmbH

1. Auflage – 2005

Das Buch enthält zwei CDs mit Hörfunksendungen
des Bayerischen Rundfunks.

Die Deutsche Bibliothek – CIP-Einheitsaufnahme

Muggenthaler, Thomas:
„Ich lege mich hin und sterbe!"
Ehemalige Häftlinge des KZ Flossenbürg berichten/Stamsried: Vögel, 2005

ISBN: 3-89650-201-8

Autor: Thomas Muggenthaler

Redaktionelle Mitarbeit
und Lektorat: Dr. Doris Lösch, Hana Pfalzova-Karl

Gesamtherstellung: Druck+Verlag Ernst Vögel GmbH
Kalvarienbergstraße 22 · 93491 Stamsried
http://www.verlag-voegel.de · http://www.voegel.com

Gewidmet allen ehemaligen Häftlingen des Konzentrationslagers Flossenbürg

Was ich sah, konnte ich nicht glauben: die Menschen waren nur noch Haut und Knochen. Wir konnten den Körper eines Häftlings aus dem Krematorium bergen, der noch nicht verbrannt worden war. Offensichtlich hatten sie das Verbrennen der Leichen erst, kurz bevor wir kamen, eingestellt. Ich werde diesen Anblick nie vergessen. Als ich verstand, was hier geschehen war, dankte ich Gott, dass wir dieses Konzentrationslager nicht unter Einsatz von Waffen einnehmen mussten. Zuerst wussten wir nicht, woher dieser eigenartige Geruch kam. Wir hatten ihn schon von Weitem bemerkt, bis wir schließlich das Krematorium entdeckten, von dem er ausging. Noch viele Jahre später hatte ich ein Déjà-vu dieses Geruchs, wann immer ich mich an die Befreiung des Konzentrationslagers erinnerte. Diese Erlebnisse waren für mich traumatisch, und es fällt mir sehr schwer, meine Gefühle zu kontrollieren, wenn ich daran denke. Vor wenigen Augenblicken sind mir hier noch die Tränen über die Wangen gelaufen. Es ist schwierig, in solchen Momenten seine Gefühle zu zügeln.

(William L. Johnson, ehemaliger Angehöriger der US-Army über die Befreiung des KZ Flossenbürg am 23. April 1945 im Interview mit Thomas Muggenthaler)

Inhalt

Geleit

Der Bayerische Rundfunk versteht es als seine Pflicht, dafür zu sorgen, dass die Schrecken der Vergangenheit nicht ausgeblendet werden. In vielen Sendungen, Hörbildern und Interviews sind Generationen von BR-Journalisten dieser Pflicht nachgekommen und haben die verschiedenen Aspekte der nationalsozialistischen Herrschaft beleuchtet. Dazu gehört auch die Geschichte der bayerischen Konzentrationslager Dachau und Flossenbürg. Das KZ Flossenbürg galt zu Recht als „vergessenes KZ". Weit weg von den großen Städten, an der Grenze zur Tschechischen Republik gelegen, wurde Flossenbürg lange Zeit keine große Aufmerksamkeit zuteil.

Seit zehn Jahren nun berichtet Hörfunk-Autor Thomas Muggenthaler für die aktuellen Redaktionen des Hauses über die Neugestaltung der Gedenkstätte. Er hat mit vielen ehemaligen Häftlingen des Konzentrationslagers Flossenbürg gesprochen – sei es bei ihrem jährlichen Treffen, sei es bei ihnen zu Hause, in Straßburg, Wien oder Warschau. Entstanden sind packende Hörfunksendungen, in denen die Betroffenen mit ihrer subjektiven Sicht der Dinge zu Wort kommen.

Aus diesen Begegnungen entstanden bewegende Geschichten, die im Hörfunk des Bayerischen Rundfunks zu hören waren. Es sind Geschichten voller Hoffnung, aber auch voller Trauer. Da ist der jüdische Junge Jakub Szabmacher, der dem Todesmarsch entging, weil ihn ältere Häftlinge versteckt hatten. Später nannte er sich Jack Terry und behandelte als Psychiater KZ-Häftlinge. Da ist Julian Noga, der wegen seiner Liebe zu einer Bauerntochter ins Lager kam und sie nach der Befreiung heiratete, mit ihr in die USA ging und dort heute noch lebt. Da sind aber auch Ferdinand Knobloch, der aus Prag stammt und dessen jüdische Frau das KZ nicht überlebt hat, oder Marcel Durnez, der seine Brüder in Flossenbürg verlor.

Ergänzt um Porträts, die nicht in den Sendungen zu hören waren, sind diese Beiträge jetzt nachzulesen. Das vorliegende Buch und die beiliegenden CDs mit Hörfunksendungen des Bayerischen Rundfunks sind der Versuch, einen kleinen Beitrag gegen das Vergessen zu leisten.

Prof. Dr. Thomas Gruber
Intendant des Bayerischen Rundfunks

Geleit

Am 23. April 1945 wird das Konzentrationslager Flossenbürg von amerikanischen Soldaten befreit. Die Häftlinge, die die Schreckensherrschaft überlebt haben, begrüßen ihre Retter überschwänglich; am Lagertor bringen sie ein großes Plakat an: „Prisoners happy end! Welcome!". Dieses Glück der Befreiung konnten allerdings über 30.000 Menschen nicht mehr erleben; sie sind dem Lagersystem von Flossenbürg zum Opfer gefallen. Auch für die überlebenden Häftlinge begann ein sehr schwieriger, für viele unvorstellbar trauriger Lebensabschnitt: Sie mussten oft feststellen, dass sie selbst zwar gerettet waren, aber viele ihrer Freunde und Familienangehörigen nicht mehr lebten.

Deshalb sind wir jenen Überlebenden, die sich entschlossen haben, über ihre Biografien unter der Terrorherrschaft zu berichten, zu besonderem Dank verpflichtet.

Ihre Erfahrungen bergen für uns Heutige einen großen Gewinn: Sie stärken und fördern unser Bewusstsein für das, was für das friedliche und zivilisierte Zusammenleben der Menschen wirklich grundlegend ist.

Die im vorliegenden Band zusammengefassten Häftlingserfahrungen prägen sich ein. Bildung wird damit zur Erfahrung, – gerade auch durch die Unmittelbarkeit, die in den Reportagen auf den beiden beigefügten CDs spürbar wird. Das historisch Ferne rückt in jene Nähe, die Identifikation und Empathie stiftet. Das Buch und die CDs werden deshalb auch den Weg in die Schulen finden; sie sind in besonderer Weise geeignet historisch-politisches Interesse zu wecken und zu fördern.

Ich bin dem Bayerischen Rundfunk sehr dankbar für die Zusammenarbeit, die diese Produktion erst ermöglicht hat. Sie stellt einen wesentlichen Beitrag zur Gedenkstättenarbeit in Bayern dar.

Monika Hohlmeier

Monika Hohlmeier
Bayerische Staatsministerin für Unterricht und Kultus

Vorwort

Im Jahre 1995 fand in Flossenbürg erstmals ein internationales Treffen ehemaliger Häftlinge statt – 50 Jahre nach der Befreiung, organisiert von „Arbeitsgemeinschaft ehemaliges KZ Flossenbürg e.V." mit Sitz in Regensburg. Dieses Treffen hat die Erinnerungsarbeit in Flossenbürg völlig verändert. Die KZ-Gedenkstätte glich einer Friedhofsanlage, auf dem ehemaligen Appellplatz standen Fabrikgebäude, die nach dem Krieg hier gebaut worden waren. Hauptamtliche Mitarbeiter gab es nicht, in der mächtigen Kommandantur waren Sozialwohnungen untergebracht.

Seit 1999 organisiert die Evangelische Jugend Oberfranken jedes Jahr ein internationales Treffen von Jugendlichen und ehemaligen Häftlingen. Der Freistaat Bayern hat das Areal des ehemaligen Appellplatzes übernommen. Die Fabrikgebäude sind abgebrochen. In einem ehemaligen Originalgebäude des KZ, der früheren Häftlings-Wäscherei wird die neue Dauerausstellung untergebracht und die Kommandantur ist Sitz der KZ Gedenkstätte.

Im Jahre 1995 kamen viele ehemalige Häftlinge erstmals an diese Stätte des Leidens zurück. Viele von ihnen kommen bis heute jedes Jahr, andere können nicht mehr reisen oder sind schon gestorben. Aus Interviews mit den Zeitzeugen entstanden Sendungen für den Hörfunk des Bayerischen Rundfunks. Ein Ergebnis dieser beeindruckenden Begegnungen sind auch die vorliegenden Porträts ehemaliger Häftlinge. Das alles ist der Versuch, einen kleinen Beitrag zur Aufarbeitung der Geschichte dieses Konzentrationslagers zu leisten, das lange zu Recht als „vergessenes KZ" bezeichnet wurde. Die Basis dieser Porträts sind Gespräche mit ehemaligen Häftlingen, die in Flossenbürg geführt wurden oder nach gezielten Reisen in Warschau, Prag, Straßburg, Brüssel, Wien oder Berlin.

Für zahlreiche Hinweise danke ich vor allem:

den ehemaligen Häftlingen, die diese Arbeit unterstützt haben, Jörg Skriebeleit und den Mitarbeitern der KZ-Gedenkstätte Flossenbürg, Dr. Hans Simon-Pelanda und der „Arbeitsgemeinschaft ehemaliges KZ Flossenbürg e.V.", Rainer Ehm, Pfarrer Karlhermann Schötz, Dr. Elisabeth Klamper und Prof. Dr. Wolfgang Neugebauer vom Dokumentationsarchiv Österreichischer Widerstand in Wien sowie allen Dolmetschern und Mitarbeitern, ohne deren Hilfe das Buch nicht zu Stande gekommen wäre.

Thomas Muggenthaler
Regensburg, im März 2005

Einleitung

Am 23. April 2005 jährt sich die Befreiung des Konzentrationslagers Flossenbürg zum 60. Mal. Für viele der noch lebenden ehemaligen Häftlinge wird dieses Datum ein Anlass sein, den Ort ihres Leidens zu besuchen. Auch sechzig Jahre nach der Befreiung der nationalsozialistischen Konzentrationslager sind die traumatischen Erfahrungen während der Haft Bestandteil im Leben der Überlebenden; freilich in unterschiedlicher Intensität und Ausprägung, so unterschiedlich wie die Personen, die das Lager durchlitten und überlebten.

Für die jüngeren unter den heutigen Besuchern der KZ-Gedenkstätte Flossenbürg hingegen, besonders für die zahlreichen Schulklassen, ist die Verfolgung und Vernichtung von Menschen in der Zeit des Nationalsozialismus vor allem ein Thema aus dem Geschichtsunterricht, fast so weit weg wie der Dreißigjährige Krieg oder andere historische Ereignisse. Während der Unterricht, ebenso wie die ausufernde Sachliteratur zum Thema, grundlegendes Wissen, Einblicke in die Zusammenhänge von Unterdrückung und Machtstrukturen im Dritten Reich geben kann, sind es die Zeitzeugen, die das Schicksal der Gefangenen in den Konzentrationslagern anschaulich und konkret machen.

Thomas Muggenthaler hat ehemalige Häftlinge des Konzentrationslagers Flossenbürg und seiner Außenlager zu Wort kommen lassen – lange bevor Originaltöne von Zeitzeugen zum unentbehrlichen Bestandteil oder gar modischen Zubehör zeitgeschichtlicher Themensendungen vor allem im Fernsehen wurden. In zahlreichen Hörfunksendungen hat er seit zehn Jahren über verschiedenste Lebensgeschichten und über die Gefangenschaft im Konzentrationslager berichtet. Eine Auswahl dieser Sendungen, die sich mit dem Hauptlager Flossenbürg befassen, liegt mit diesem Band nun erstmals vor – in gedruckter Form zum Nachlesen, teilweise auch als eindrucksvolle Tondokumente zum Anhören.

Die Radiosendungen von Thomas Muggenthaler haben dazu beigetragen, die Geschichte des Konzentrationslagers Flossenbürg und seiner Außenlager einem breiteren Publikum bekannt zu machen. In der öffentlichen Erinnerung ebenso wie in der Geschichtswissenschaft war das ehemalige Lager am Rand des Eisernen Vorhangs lange Zeit in Vergessenheit geraten. Nicht zuletzt dem Drängen der ehemaligen Häftlinge ist es zu verdanken, dass in der KZ-Gedenkstätte Flossenbürg seit einigen Jahren die Geschichte des Lagers wissenschaftlich aufgearbeitet wird – im Jahr 2007 sollen die Ergebnisse dieser Forschungen in einer Dauerausstellung im ehemaligen Wäschereigebäude präsentiert werden.

Das KZ Flossenbürg wurde im Mai 1938 errichtet; Grund für die Standortwahl waren die Flossenbürger Granitvorkommen. Eine SS-eigene Firma, die Deutschen Erd- und Steinwerke (DESt), wollte diese Vorkommen unter

Ausbeutung von KZ-Häftlingen abbauen. Die ersten Häftlinge waren sogenannte „Kriminelle", die wegen tatsächlicher oder vermeintlicher Verbrechen in andere Konzentrationslager eingewiesen worden waren und von dort nach Flossenbürg überstellt wurden. Sie wurden mit einem grünen Stoffwinkel auf der gestreiften Häftlingskleidung gekennzeichnet. Viele der von Muggenthaler interviewten Häftlinge erinnern sich mit Schrecken an die „Grünwinkel", die „Kriminellen". Aus dieser Gruppe rekrutierte die SS in Flossenbürg Funktionshäftlinge, denen innerhalb des Lagers Verwaltungs- und Überwachungsfunktionen oblagen. Diese Häftlinge waren als Kapos bei der Überwachung von Arbeitskommandos, als Blockälteste, als Pfleger und Ärzte im Häftlings-Krankenrevier eingesetzt und erhielten für ihre Arbeit gewisse Privilegien, wie bessere Verpflegung oder eine eigene Stube. In Flossenbürg terrorisierten viele von ihnen die übrigen Häftlinge – ab 1941 waren das zunehmend Menschen aus den von Deutschland besetzten Ländern, die mit dem roten Winkel der „politischen" Häftlinge gekennzeichnet wurden; andere Gruppen wurden ebenfalls mit einem besonderen Winkel bezeichnet und stigmatisiert, so Homosexuelle mit einem rosa Winkel oder Zeugen Jehovas mit einem violetten. Unter den kriminellen Häftlingen gab es aber auch Ausnahmen, einige werden hier im Buch genannt, die sich menschlich verhielten oder einzelnen Gefangenen halfen.

Bis 1943 mussten die meisten Flossenbürger Häftlinge beim Granitabbau im Steinbruch arbeiten – für die nicht ausgebildeten, schlecht gekleideten, unterernährten Männer eine gefährliche, lebensbedrohende Arbeit, der sie sich nach Möglichkeit entzogen. Im Steinbruch wurden Häftlinge auch zu sinnlosen Arbeiten gezwungen, damit gequält und der physischen Vernichtung preisgegeben. Gleichzeitig und in scheinbarem Widerspruch dazu bildete die DESt einige wenige Gefangene zu Steinmetzen aus, so den Polen Julian Noga. Ab 1943 verlagerte der Flugzeughersteller Messerschmitt Teile seiner Produktion aus Regensburg nach Flossenbürg: in umgebauten Steinmetzbaracken und neuen Fertigungshallen im Steinbruchgelände stellten ab 1944 mehrere tausend Häftlinge Teile für das Jagdflugzeug Me 109 her. Wie auch in den meisten Außenlagern wurden die Häftlinge nun vor allem für die Kriegsindustrie eingesetzt – mit zwiespältigen Folgen: Einerseits ergaben sich im günstigsten Fall dadurch bessere Überlebenschancen, weil die Zwangsarbeiter nun nicht mehr dem Wetter ausgesetzt waren und die Arbeit körperlich etwas weniger anstrengend war. Andererseits erhöhte sich durch die zunehmende Überfüllung der Lager das Seuchen- und Krankheitsrisiko, die Unterernährung nahm dramatische Ausmaße an und die Rüstungsfirmen machten kaum Anstalten, den Häftlingen zu einer halbwegs angemessenen Versorgung zu verhelfen.

Die meisten der Befragten im vorliegenden Buch kamen in dieser Phase nach Flossenbürg. Das gemeinsame Schicksal der Häftlinge zieht sich entsprechend in einigen thematischen roten Fäden durch die unterschiedlichen Interviews: der permanente Hunger, die harte Arbeit im Steinbruch, der alle zu entkommen versuchten, das Regime der kriminellen Häftlinge, die Angst davor krank zu werden, die Überfüllung des Lagers, der Zynismus der SS. Nur die Aussicht auf ein Wiedersehen mit ihren Freundinnen, Frauen, Familien hielt viele am Leben. Nicht wenige bangten um ihre ebenfalls eingesperrten Angehörigen, manche mussten – auch in Flossenbürg – deren Tod miterleben.

Dieses gemeinsame Schicksal verband Menschen höchst unterschiedlicher Herkunft. Neben Angehörigen von Widerstandsgruppen wurden zivile Zwangsarbeiter ins KZ eingewiesen; jüdische Häftlinge, die bereits eine Odyssee durch Ghettos und Zwangsarbeitslager im besetzten Polen hinter sich hatten, gelangten ebenso nach Flossenbürg wie russische Kriegsgefangene. Jeder versuchte mit seinen individuellen Fähigkeiten zu überleben und war dabei – trotz der häufig geschilderten Solidarität zwischen Einzelnen oder Gruppen – letztlich auf sich gestellt. Der deutsch sprechende Österreicher Leo Mistinger konnte bei seiner Arbeit in den Messerschmitt-Werken leichter Kontakt zur Außenwelt aufbauen als der russische Kriegsgefangene Wassil Lenskij, der sich seinerseits wiederum durch handwerkliches Geschick zusätzliches Brot verschaffen konnte. Der polnische Jude Jakub Szabmacher wurde von älteren Gefangenen unterstützt, der Belgier Charles Dekeyser überlebte dank seiner physischen Stärke die Prügelattacke eines Kapos. Es konnte einen lebenswichtigen Unterschied ausmachen, wie alt man war, ob man sich einer Gruppe anschließen konnte, ob man hinreichend gut Deutsch verstand oder gar sprach. Letzten Endes hing das Leben der Häftlinge nicht selten von Zufällen ab.

Im Lager herrschte eine weitgehende Anonymität, und zwar in alle Richtungen. Untereinander kannten sich die meisten Häftlinge, wenn überhaupt, nur beim Vornamen, ansonsten war die Häftlingskategorie das entscheidende Erkennungsmerkmal. Nicht umsonst ist in den Interviews pauschal von „Grünwinkeln" und „Rotwinkeln" die Rede, von Politischen und Kriminellen, lediglich die Kapos erhalten in einzelnen Fällen durch Spitznamen individuelle Züge. Gegenüber der SS waren die Häftlinge zu namenlosen Nummern degradiert worden; umgekehrt kannten sie selbst die Namen der SS-Männer nicht; diese tauchen deshalb zumeist als Ränge oder Funktionsträger auf, etwa als Rapportführer, als SS-Scharführer und so weiter. Diese Namenlosigkeit der Täter führte – neben der zeitlichen Orientierungslosigkeit der Häftlinge, die weder Uhr noch Kalender besitzen durften – nach dem Krieg häufig dazu, dass die strafrechtliche Verfolgung der geschilderten Untaten an der Namhaftmachung eines individuellen Schuldigen scheiterte.

Wie präsent die schreckliche Zeit der Inhaftierung für die Betroffenen noch immer ist, wird in diesem Band auf vielfältige Weise deutlich. Vor allem einzelne Ereignisse haben bei allen, die sie miterlebten, einen unauslöschlichen Eindruck hinterlassen, so die Erhängung von sechs russischen Häftlingen am Weihnachtsabend 1944, die in vielen Beiträgen erwähnt wird. Besonders die Todesmärsche in Richtung Süden, mit denen die Geschichte des KZ Flossenbürg im April 1945 ein grausames Ende nahm, sind für diejenigen, die sie überlebten, unvergesslich. Ebenso sind es aber sinnliche Eindrücke, die sich vielen förmlich ins Gedächtnis eingebrannt haben – so zum Beispiel der Geruch des Krematoriums, der über dem Lager lastete und den auch die Bewohner des kleinen Ortes Flossenbürg bemerkt haben müssen. Die Erinnerung der ehemaligen Häftlinge an diese nachhaltigen Eindrücke steht in einem merkwürdigen Kontrast zu der weitgehenden Vergessenheit, in die das Konzentrationslager Flossenbürg nach dem Krieg geriet.

Die Überlebenden der im KZ Flossenbürg versammelten Zwangsgesellschaft zerstreuten sich nach der Befreiung des Lagers in alle Himmelsrichtungen, die meisten in ihre Heimatländer. Dort bemühten sie sich, eine Existenz aufzubauen und das Trauma der Haft zu verdrängen. Viele haben jahrzehntelang nicht über ihre Haftzeit gesprochen, für andere wurden ihre Erfahrungen zum Anlass, sich als Psychotherapeuten tiefgehend mit dem von ihnen Erlebten auseinander zu setzen. Manche, die um ihre Jugend, um die Chance einer Ausbildung betrogen wurden, ergriffen die Berufe, die sie während ihrer Haft lernen mussten. In den sozialistischen Staaten Osteuropas wurden viele ehemalige Häftlinge noch einmal eingesperrt – ihr Überleben wurde ihnen als Beweis der Kollaboration mit dem Feind ausgelegt. Einige setzten sich weiterhin für ihre politischen Ideale ein, für die sie eingesperrt worden waren. Viele verloren den Glauben an Gott, nur für wenige bedeutete ihr Überleben eine Bestätigung ihres Glaubens. Gemeinsam ist allen, dass das Lager gewissermaßen ein Teil ihres Lebens, ihrer Erinnerung geworden ist.

Viele der hier Interviewten haben ihre Geschichte bei anderen Gelegenheiten und in anderen Formen bereits erzählt. Sie sagten in Nachkriegsprozessen aus, sie schrieben ihre Erlebnisse auf oder versuchten sie sich von der Seele zu malen, sie sprachen und sprechen mit den Nachgeborenen. Viele fühlen sich durch ihr Überleben dazu verpflichtet, ja fragen sich gar nach dem Grund dafür, dass ausgerechnet sie überlebt haben. Auf Seiten der ehemaligen Täter findet eine derartige Auseinandersetzung mit der eigenen Rolle nicht statt: Wer einmal die Aussagen des SS-Wachpersonals in Nachkriegsprozessen studiert hat, staunt über den umfassenden und anhaltenden Gedächtnisschwund, der sich in ihnen zu dokumentieren scheint.

Es ist angesichts der Haftumstände nur allzu verständlich, dass die Schilderungen der Zeitzeugen nicht immer deckungsgleich sind mit den Befunden der Historiker. Während diese ihre Autorität aus dem Erleben und Überleben beziehen, stützen sich jene auf historische Dokumente. Dabei sind die Historiker ebenso wenig vor Irrtümern sicher wie die Zeitzeugen. Die Verwaltungen der Konzentrationslager meldeten falsche Häftlingszahlen an ihre vorgesetzten Stellen, einzelne SS-Angehörige unterschlugen Lebensmittel, und die Todesursachen in den Totenscheinen der Lager-Standesämter sind ohnehin längst als Falschangaben entlarvt.

Das gleiche gilt für die scheinbar penibel überwachte und bürokratisch verordnete Durchführung der sogenannten Lagerstrafen wie 25 Stockhiebe, Essensentzug oder Einzelhaft in einer Dunkelzelle. Die vorliegenden Berichte zeigen zur Genüge, dass – im Gegensatz zu den überlieferten Dokumenten der SS – kaum ein Anlass zu nichtig war für die Anordnung von „25 auf den Arsch", wie Jakob Silbermann sagt.

Aber auch die Erinnerung ist dynamisch und subjektiv; sie verändert sich mit der Zeit und stellt keine objektive Bestandsaufnahme historischer Sachverhalte dar. So liest und hört man mit Bewunderung, vielleicht auch Erstaunen, von den vielen Versuchen der Häftlinge, Widerstand im weitesten Sinne zu betreiben. Von der Beschädigung von Flugzeugteilen bis zum Abhören eines „Feindsenders", von falschen Meldungen der Schreibstube bis zu patriotischen Gedichten als Wandinschriften reichten die Bemühungen der Eingesperrten. Mag sein, dass die Solidarität, dass der Erfolg des gemeinsamen Handelns gegen die Kriegswirtschaft und die SS in der Erinnerung etwas überhöht wird. Vielleicht ist das eine nur zu verständliche Gegenreaktion auf die umfassende Machtlosigkeit, der die Gefangenen im Lager ausgesetzt waren. Ganz sicher wurden unter den Bedingungen des Konzentrationslagers viele kleine Handlungen zum Widerstand, auf dessen Entdeckung die SS mit schwersten Strafen reagierte – die öffentlichen Hinrichtungen im KZ Flossenbürg sind dafür nur ein Beleg.

Was dem heutigen Leser und Hörer wohl ebenfalls auffallen wird, sind die deutlichen Spuren, welche die Sprache der Täter hinterlassen haben. Die im Lager entstandene Umgangssprache wirkt in den Berichten der Zeitzeugen fort. Neben der bereits erwähnten Reduzierung der Mitgefangenen auf ihre Häftlingskategorie (die „Grünwinkel", die „Blaupunkte") werden etwa auch die martialischen Bestrafungen eher lakonisch vermerkt. Man „bekommt die 25" oder „geht über den Bock", wird also auf einen Prügelbock geschnallt und geschlagen. Deutlich wird an dieser Sprache auch, dass das Stammlager Flossenbürg eine Männerwelt war: ebenso wie die Häftlinge aus nichtigstem Anlass geschlagen werden konnten, waren sie permanent der rauen militärischen Sprache der SS und deren permanenten Beschimpfungen und Erniedrigungen ausgesetzt.

Viele der häufig wiederholten Begriffe aus der Lagersprache erschließen sich heutigen Lesern und Hörern ebenso wenig wie spezifische Ausdrücke in Flossenbürg (z. B. Kommando 2004) oder Funktionsbezeichnungen von SS-Angehörigen und Häftlingen. Um dem abzuhelfen, haben Klaus Heidler, Simone Hoffknecht und Constantin Groth dankenswerterweise ein Glossar mit Worterklärungen erstellt.

Auch wenn nicht alle Häftlingsgruppen im Konzentrationslager Flossenbürg zu Wort kommen, bietet der vorliegende Band doch einen repräsentativen Querschnitt vieler tausender Einzelschicksale. Dass das KZ Flossenbürg nicht nur für den kleinen Ort in der Oberpfalz steht, sondern auch für ein Netz von etwa 100 Außenlagern in Bayern, Sachsen und Böhmen, klingt im Beitrag zu Paul Beschet an. Der Vögel-Verlag wird in einem weiteren Band Interviews von Thomas Muggenthaler mit ehemaligen männlichen und weiblichen Häftlingen der Flossenbürger Außenlager herausbringen. Nicht wenige der hier Interviewten sind mittlerweile schon verstorben. So stellt die vorliegende Auswahl von Texten und Interviews ein Zeugnis oder gar ein Vermächtnis derjenigen dar, die während ihrer Leidenszeit in den Konzentrationslagern zum Schweigen verurteilt waren.

Ulrich Fritz
Flossenbürg, im April 2005

„Wir haben viel bezahlt für unsere Liebe"

Julian Noga: Wegen seiner großen Liebe ins KZ verschleppt

„Einige der halbrunden Steine unter dem Dach habe ich gemacht", erzählt Julian Noga mit einem Schuss Galgenhumor, aber nicht ohne fachmännischen Stolz. Er steht vor der mächtigen Kommandantur, einem der wenigen Originalgebäude des KZs, die erhalten geblieben sind. Julian Noga hat in Flossenbürg Steinmetz gelernt. „Aber ich weiß nicht, welche Steine von mir sind", sagt er und lacht. „Ich war ein guter Steinmetz und das hat mir sehr geholfen. Ich bekam zwei Schnitten Brot fürs Frühstück mit Margarine und das war eine große Hilfe." Bei seinem Besuch im Jahre 1995 bringt Julian Noga im „Tal des Todes", das einst als Hinrichtungsstätte diente, eine Erinnerungstafel zu Ehren der US-Army an, die ihn befreite. Wie kam der Pole eigentlich ins KZ? Es war die Liebe zu Frieda Greinegger, einer Bauerntochter in Österreich, das damals zum Deutschen Reich gehörte, und auf deren Hof er gearbeitet hat, erklärt Julian Noga. Und wie endete diese Liebesgeschichte, was wurde aus der Frau? „Da vorne steht sie", antwortet er. Julian Noga bittet seine Frau zu kommen und beide erzählen die Geschichte ihrer Liebe.

Es waren schlechte Zeiten, in denen sich die beiden kennen und lieben lernten. Julian Noga, der am 31. Juli 1921 geboren wurde, lebte mit seiner Mutter in Tarnow, einer kleinen Stadt bei Krakau, und arbeitete als Bäcker. Als die Deutschen Polen überfielen, wurde der junge Mann als Zwangsarbeiter rekrutiert und dem Bauern Matthäus Greinegger zugeteilt, dem der größte Hof in Schmidgraben, einem kleinen Dorf in der Nähe von Linz, gehörte. Der Bauer hatte vier Töchter und Frieda war eine von ihnen. Sie erinnert sich daran, wie sie ihren Mann kennen lernte: „Er war als Zwangsarbeiter zu uns auf den Hof gekommen. Wir hatten nicht gedacht, dass wir uns verlieben würden, niemals. Aber er war ein sehr anständiger junger Mensch. Meine Eltern hatten ihn sehr gerne, auch meine Geschwister. So haben wir uns verliebt. Allerdings hat uns jemand verraten und wir mussten sehr schlechte Zeiten durchstehen." Die Affäre zwischen den beiden begann harmlos. Intimität war angesichts der äußeren Umstände ohnehin tabu. „Nein, mein Gott, um Gottes willen, nein, nein, nein, das durfte nicht sein", betont Frieda Greinegger, „das war ganz unmöglich, war ganz unmöglich. Wir konnten uns nur hie und da ein bisserl ansehen. Er ist schnell gekommen und hat mir einen Kuss gegeben und war schon wieder weg. Das war alles. Aber es war, wie soll ich sagen, Begeisterung, Liebe, große Liebe, sehr große Liebe. Die Liebe hat sich dadurch, dass sie eigentlich nicht sein durfte, noch verstärkt." Friedas Vater hielt sich nicht an die restriktiven Vorschriften des Nazi-Staates und nahm Julian Noga in den Kreis der Familie auf. „Wir hätten ja nicht einmal an einem

Tisch sitzen dürfen", erzählt Frieda Greinegger, „aber mein Vater wollte diese Diskriminierung nicht. Er sagte: ‚Nein, das sind anständige Leute. Wir werden am großen Tisch zusammen essen.'" Dem Vater entging natürlich nicht, dass sich die jungen Leute verliebt hatten. Er stellte die beiden nach einem halben Jahr vor die Wahl, entweder sollte Julian den Hof verlassen oder seine Tochter. Frieda ahnte, dass es für den Polen gefährlich werden würde, wenn er sich einen neuen Arbeitsplatz suchen muss, deshalb kehrte sie dem Elternhaus den Rücken und verdingte sich auf einem fremden Hof, der von ihrem Heimatort aus mit dem Fahrrad zwei Stunden entfernt lag. Jeden Sonntag bekam Frieda dann auch Besuch von ihrem Freund. „Wenn man verliebt ist, dann kann man das nicht verstecken", meint Julian Noga. „Die Leute sind nicht dumm, die merken das. Ich glaube, das war ein verbissener, schlechter Mensch, der uns der Gestapo gemeldet hat, aber ich weiß nicht mit Sicherheit, wer es war." Frieda Greinegger war sich über die Gefahren, die ihre Liebe mit sich brachte, im Klaren. „Wir haben uns gefürchtet, weil Beziehungen zwischen Deutschen und Zwangsarbeitern verboten waren, und eigentlich wollten wir es nicht haben, aber es ist alles so geschehen. Und dann hat jemand gesehen, dass wir gerne miteinander gesprochen haben und dass wir uns geküsst haben, und hat uns verraten. Ich will nicht sagen, wer – es war eine Person, die mir sehr nahe stand." Aus einer Affäre wurde ein Fall für die Geheime Staatspolizei. Im November 1940 wurde das Liebespaar erstmals verhaftet. Die Gestapo hielt die beiden elf Tage lang in Linz an der Donau fest. Wir haben gesagt, dass wir nur freundlich zueinander sind, aber nichts miteinander zu tun haben. Und die Gestapo hat uns geglaubt und hat uns gehen lassen." Julian sollte Frieda aus den Augen verlieren. Man teilte ihm einen neuen Arbeitsplatz zu. Frieda kam etwas später frei und erhielt ebenfalls eine andere Stelle. Doch zufällig begegneten sich die beiden am Bahnhof in Linz wieder. Sie tauschten die Adressen aus und trafen sich weiterhin jeden Sonntag. Vier Stunden dauerte die Fahrt mit dem Rad einfach. Die gemeinsame Zeit reichte gerade aus, um Neuigkeiten auszutauschen. Im Oktober 1941 verhaftete sie die Gestapo ein zweites Mal. Als die junge Frau sah, dass ihr Freund schon blau geschlagen worden war, gestand sie ihre Liebe. Die Strafe: KZ – für beide. Frieda wurde im November 1941 in einem Viehwagon nach Dresden transportiert. Sie erkältete sich, bekam hohes Fieber und fürchtete um ihr Leben. Doch sie konnte sich erholen und wurde nach vier Tagen in das Frauenkonzentrationslager Ravensbrück eingewiesen. Frieda Greinegger war von nun an die Nummer 8446 und trug einen roten Winkel. Rassenschande war ein politisches Delikt.

„Ich bin im November nach Ravensbrück gekommen und Ende November war es schon sehr kalt", erzählt sie. „Den ganzen Dezember und Januar musste ich draußen arbeiten, schaufeln zum Beispiel. Und nachher haben sie mich zu einer Kolonne geschickt, da mussten wir da, wo die SS-Villa gebaut wurde, Ziegel ausladen von den Schiffen. Da haben wir ganze Ketten gebildet und die Ziegel ausgeladen, einen Ziegel nach dem andern, und das den ganzen Tag lang. Es war furchtbar kalt damals. Eines Tages sind uns die Nasen eingefroren, da ist eine SS-Frau gekommen mit einem Hund und hat gesagt: ‚Hallo, Häftlinge, wer von euch kann mit der Nähmaschine arbeiten?' Ich dachte, mein Gott, Nähmaschine, das wäre eine schöne Arbeit. Und dann sag ich zu meiner Nachbarin: ‚Kannst du auf einer Nähmaschine nähen?' Sie sagte: ‚Nein.' Und ich hab gesagt: ‚Ich hab's in der Schule gelernt, ich kann es auch auf einer elektrischen Nähmaschine lernen. Ich weiß, wie das geht.' Ich hab meine Hand gehoben und gerufen: ‚Ich will!' ‚Und', fragte die Aufseherin die andere, ‚gehst du auch?' Und dann haben wir beide gesagt: ‚Ja, wir können auf der Nähmaschine nähen.' Ich war so froh, dass sie uns genommen und in eine Baracke zu einer Näherei gebracht hat, eine große Näherei war dort." In der Baracke angekommen, stellte sich heraus, dass die beiden gar nicht an einer Nähmaschine arbeiten mussten. Ihre Erfrierungen waren nach zwei Monaten verheilt, doch der Willkür, die in einem Lager herrscht, waren sie weiterhin ausgesetzt. So mussten die Häftlinge die Kessel mit Essen selbst holen, und Frieda Greinegger erinnert sich an das Regiment der Blockältesten: „Eines Tages sagte sie: ‚Wo sind die, die die Kessel bringen?' Dann sagte sie zu mir: ‚Warum stehst denn du nicht auf?' Ich antwortete ihr: ‚Ich hab schon heute in der Früh Kaffee getragen.' Darauf trat sie mich mit den Füßen und schlug mir mit der Hand ins Gesicht, zweimal, links und rechts. Dann sagt sie: ‚Du gehst raus, du musst Kessel tragen.' Sie war auch ein Häftling, aber eben Blockälteste."

Im KZ Ravensbrück war Frieda Greinegger eine von rund 130.000 Häftlingen, die insgesamt dort registriert wurden. Bis zu 60.000 Frauen wurden hier ermordet oder starben an Hunger und Kälte. „Sind verbrannt worden, sind weggestorben, die älteren Leute", erinnert sich Frieda. „Oft in der Früh haben die gesagt: ‚Oh oh, die steht nicht auf.' Und wir haben nichts gesehen, wir durften nicht schauen. Und dann hieß es: ‚Oh, die stirbt oder ist gestorben.' Diese Frauen waren dann einfach nicht mehr da."

Für die Bauerntochter kam nach einem knappen Jahr, Ende August 1942, die Erlösung. An einem Sommermorgen wurde sie völlig unerwartet entlassen. „Mein Vater hat offenbar alles Mögliche gemacht", erinnert sie sich. „Ich weiß nicht, wie. Mein Vater hat mir nie gesagt, was er gemacht hat. Aber ich glaube, er hat viel, viel Geld irgendeinem Angestellten bezahlt, dafür, dass die mich frei ließen. Ganz unverhofft kam einmal, als ich in der Früh mit den anderen Frauen arbeiten ging, eine SS-Wachmeisterin mit dem Hund und rief meine Nummer. Und ich hab gedacht: ‚Um Gottes willen, was werden die mit mir machen jetzt. Ich hab doch nichts Schlimmes gemacht, ich arbeite wie alle anderen.' Und dann sagte sie mir: ‚Wir gehen ins Büro.' Und die teilten mir dann mit, dass ich nach Hause zu den Eltern fahren kann. Dann kauften sie mir ein Billett, eine Fahrkarte, brachten mich zum Bahnhof und setzten mich in den Schnellzug. Ich bin fünf Stunden nach Hause gefahren, nach Hause, ja." Auf sie wartete ein schwerer Weg – der aus dem Grauen eines Konzentrationslagers in den ländlichen Alltag eines Bauerndorfes. Ihr Zug kam nachmittags um fünf Uhr an, doch sie ging nicht sofort nach Hause. Der Grund: Es war noch hell und Frieda Greinegger hatte Angst, gesehen zu werden. „Die Leute wussten ja alles und ich hab mich geschämt. Ich habe mich versteckt, damit mich niemand sehen konnte. Nach Einbruch der Dunkelheit bin ich in mein Elternhaus gegangen. Ich wusste genau, wie ich die Tür aufmachen konnte bei der Nacht. Es war kurz vor Mitternacht, der Hund ist gekommen, der hat mich gekannt und hat gebellt, ich hab ihn beruhigt. Ich hatte große Angst vor meinem Vater. Mutter ist Mutter – die Mutter verzeiht immer. Der Vater zwar auch, aber er war immer streng. Zuerst bin ich zur Mutter gegangen und hab sie aufgeweckt im Bett, ich bin zu ihrem Bett, hab sie geküsst und leise ‚Mama' gesagt. Und dann sagte sie: ‚Mein Gott, bist du's Frieda?' Ich antwortete: ‚Ja.' Dann ist sie ruhig aufgestanden – mein Vater hat geschlafen – und mit mir hinunter in die Küche gegangen. Meine Schwestern haben gemerkt, dass irgendwas vorgeht, sind auch in die Küche gekommen und haben mich gesehen. Als ich von zu Hause weg ging, war ich ein hübsches Mädchen, als ich nach Hause zurückkam, war ich geschoren. Die haben mir die Haare abgeschnitten und ich bin so ruiniert nach Hause gekommen. Meine Mutter hat sich sehr gefreut, als sie mich sah und meine Schwestern auch. Und dann hat sie mir Kakao gemacht, essen konnte ich nichts. Dann sagte sie: ‚Es wird geschlafen jetzt', und hat mir das Schlafzimmer hergerichtet. Am nächsten Tag wollte ich nicht aufstehen, ich hatte Angst vor meinem Vater – habe mich geschämt. Mein Vater ist dann zu mir gekommen. Er war sehr nett und anständig, er hat mich geküsst und gesagt: ‚Bist bei uns wieder.'" Zu Hause im Dorf war sie stigmatisiert. Eine ehemalige KZ-Insassin brauchte Mut, um unter die Leute zu gehen. Frieda hatte ihn zunächst nicht. „Ich wollte mich nirgends zeigen, konnte nicht einmal in die Kirche gehen sonntags, hab ich mich geschämt vor den Leuten. Ich bin immer mit dem Fahrrad in eine Kapelle gefahren, statt in die Kirche zu gehen. Es dauerte eine Zeit, bis die Leute im Dorf mich wieder angenommen haben. Meine Haare sind gewachsen und ich hab sie herrichten lassen. Und dann bin ich einfach schneidig durch die Leute. Einige haben gesagt: ‚Dort ist sie, da kommt sie wieder.' Und ich durfte nicht so feinfühlend sein. Ich musste das hinnehmen."

Im Herbst 1942 war Frieda Greinegger wieder frei. Julian Noga büßte bis zum Ende der faschistischen Diktatur im KZ Flossenbürg. Er trug die Nummer 1623 und den roten Winkel der politischen Häftlinge mit einem „P" für Polen. Die Verbrechen, die ihm angelastet wurden: Er hatte abends ausländische Sender im Radio gehört und – seine Liebe zu Frieda. „Ich wurde in Österreich in Linz an der Donau am 19. September 1941 verhaftet", berichtet Julian Noga. „Und dann hat mich die Gestapo 11 Monate behalten. Nach 11 Monaten Haft hat mich die Linzer Gestapo nach Flossenbürg geschickt.

Am 3. August 1942 bin ich mit 46 anderen Männern nach Flossenbürg gekommen. Das waren jüdische Ärzte aus Wien und Budapest. Ich war der einzige polnische Staatsbürger."

Julian Noga erinnert sich, wie die Nazis im KZ die Vernichtung durch Arbeit praktizierten: „14 Tage lang mussten wir rund um den Appellplatz laufen. Und dann haben sie uns gesagt, dass wir fleißig sein und arbeiten sollten. Der Kapo hatte eine Peitsche, und wenn wir langsamer gelaufen sind, dann hat er uns damit geschlagen. Nach 14 Tagen sind wir vom Zugangsblock in den Block Nr. 9 gekommen. Am nächsten Tag sind wir in den Steinbruch marschiert und dabei mussten wir singen." Im Steinbruch von Flossenbürg unter der markanten Burgruine des Ortes mussten die Arbeitssklaven der SS Granit für die Prachtbauten des Führers gewinnen. Der Steinbruch von Flossenbürg war berüchtigt. Das rauhe Klima der nördlichen Oberpfalz, die harte Arbeit, die brutalen Kapos und der Terror der SS forderten viele Opfer. „Am ersten Tag sind wir zum Steinbruch gegangen, dort haben sie ein Foto von uns gemacht. Und dieses Foto, auf dem ich auch zu sehen bin, hängt heute im Dokumentationszentrum. Nach drei Wochen im Steinbruch haben sie mir eine Arbeit in der Halle 12 gegeben. Dort hab ich Steinmetz gelernt." Seit dem ersten Häftlingstreffen 1995 war Julian Noga bereits dreimal in Flossenbürg. Als er die Aufnahme von seiner Kolonne im Steinbruch aus dem Jahr 1942 zum ersten Mal sah, wurde er von den Erinnerungen an diese schweren Tage überwältigt.

Für alle Häftlinge, die zu dieser Zeit in Flossenbürg waren, ist Weihnachten 1944 unvergesslich. Sechs Russen, die geflohen waren, wurden brutal misshandelt und dann gehängt. „Das Schlimmste war, was am Heiligen Abend 1944 geschehen ist. Wir sind vom Steinbruch her auf den Appellplatz marschiert. Jedes Jahr an Weihnachten stand dort ein großer Tannenbaum mit elektrischen Kerzen. Daneben war ein Galgen aufgestellt. Wir machten Appell und dann haben sie vom Bunker sechs Häftlinge gebracht, nur in Hosen – und das war im Dezember am Heiligen Abend –, und haben die sechs Männer aufgehängt. Und der Rapportführer, ein SS-Rapportführer, ist heraus gekommen und hat eine schöne Ansprache gehalten: ‚Ich wünsch Euch fröhliche Weihnachten und ich wünsch Euch, dass Ihr nächstes Jahr frei sein werdet.' Und im nächsten Jahr im April waren wir frei, ja!" Was für den SS-Mann wohl ein bitterer Scherz war, erfüllte sich tatsächlich. In seinem letzten Jahr in Flossenbürg arbeitete Julian Noga auch für Messerschmitt. Die Produktion von Flugzeugen hatte nun Priorität und selbst Bagatellen wurden mit dem Tode bestraft. Julian Noga erinnert sich an eine abenteuerliche Flucht und ihr tragisches Ende. Nachdem ein Ukrainer geflohen war, mussten Julian und die anderen Häftlinge zur Strafe vier Stunden auf dem Appellplatz stehen. Der Geflüchtete wurde nicht gefasst. Wie sich später herausstellt, hatte er sich als Fremdarbeiter ausgegeben und war bei einem Bauern untergekommen.

Das ging gut, bis er sich mit dem Bauern anlegte. Er wurde erneut in das KZ Flossenbürg eingeliefert. Als ihn im Steinbruch ein Kapo erkannte, sollte der Ukrainer gehängt werden. Doch der Strick riss. „Das vergess ich nicht, was da passiert ist. Das ist kaum zu glauben: Die haben den Strick zusammengebunden und haben den Ukrainer ein zweites Mal aufgehängt und wir mussten zuschauen. Er hat geweint, gebeten und gesagt, dass er sein ganzes Leben lang in diesem Konzentrationslager schwer arbeiten würde: ‚Bitte, bitte, hängen Sie mich nicht', hat er gefleht. Aber der Kommandant hat kühl gesagt: ‚Nein! Was sagt er denn? Nein! Der Schweinehund! – Aufhängen!' Und dann haben sie ihn ein zweites Mal aufgehängt. Das vergess ich nicht."

Um im KZ nicht zugrunde zu gehen, brauchten Häftlinge einen starken Willen. Julian Noga gab die Liebe viel Kraft. Zu wissen, dass Frieda zu Hause war und auf ihn wartete, stärkte ihm den Rücken. Frieda hatte nach ihrer Entlassung aus dem KZ Ravensbrück auf sein erstes Lebenszeichen, eine Postkarte aus Flossenbürg, reagiert. Sie antwortete: „Kopf hoch, es wird alles gut werden! Bleib gesund." Als Absender gab sie einen Onkel Franz an, doch Julian erkannte ihre Handschrift und wusste von der wahren Herkunft der Karte.

Frieda Greinegger erzählt, wie es ihr gelang mit ihm Kontakt aufzunehmen. „Ich wusste nicht, ob er lebt oder tot ist. Ich wusste auch nicht, dass er in Flossenbürg ist. Er hatte einen Freund, der bei uns gearbeitet hat und dem hat er eine Karte geschrieben mit der Adresse drauf. So bekam ich die Adresse. Ich hab mich gefreut, dass ich weiß, dass er lebt und wo er ist. Und ich habe gleich eine große Schachtel gesucht und hab frische Früchte, große Äpfel und Zwiebeln, was ich halt finden konnte, und Geld in die Schachtel hineingesteckt. Den Freund, den Polen, hab ich gebeten, das Paket zur Post zu tragen, aber nicht zum Postamt in unserem Dorf, sondern in eines weiter weg, wo ihn niemand kennt. Ich hab ihm große Zuckerbirnen geschickt, die waren frisch gepflückt. Sie waren hart, aber ich habe gedacht, nach drei, vier Wochen wären sie gut zu essen. Die Zuckerbirnen und die Äpfel, die ich ihm geschickt hab, hat er im KZ gegen Brot tauschen können." Julian Noga ergänzt: „Da konnte man nichts alleine essen, da haben wir mit den anderen Kollegen geteilt, wie alle, die

Pakete bekommen haben." Wer die Hoffnung aufgab, wurde schwächer und schwächer. Die so gezeichneten Leidensgefährten nannte man im Lager Muselmänner. Das Krankenrevier, in das sie eingeliefert wurden, war oft die Vorstufe zum Krematorium. „Ich hab meinen Kollegen zum Revier gebracht. Da er nicht mehr gehen konnte, hab ich ihn auf meinem Rücken getragen. Er hatte eine kleine Nummer, die 488. In Österreich waren wir im Gestapo-Gefängnis in der gleichen Zelle gewesen. In Flossenbürg hat er viel Wasser getrunken und seine Füße waren geschwollen. Das Wasser ging höher und höher, bis schließlich auch der Bauch geschwollen war. Seine Füße waren so dick, dass er nicht mehr gehen konnte. Deshalb hab ich ihn zum Revier gebracht. Und eine Stunde später kam ein Häftling vom Revier zu unserem Block, dem Block Nr. 9, und hat gesagt: ‚Nummer 488 ausradieren bitte.'"

Als Mitte April 1945 die US-Armee immer näher rückte, war die SS plötzlich verschwunden. Viele Häftlinge blieben wegen der unsicheren politischen Lage zuerst im Lager. So auch Julian Noga, der sich an die Ratschläge eines befreundeten deutschen Häftlings erinnert: „Hans Bauer ist mit meinem Transport von München nach Flossenbürg gebracht worden. Damals habe ich ihm eine Packung Zigaretten geschenkt und er hat mir gesagt, dass er mir das nicht vergessen werde. In Flossenbürg hat er mir dann viele Mal geholfen. Er wusste, wie man mit der SS sprechen musste, damit sie uns in Ruhe ließen. Als im April 1945 die SS plötzlich aus dem Lager verschwand, sagte er, dass man nicht rausgehen solle, weil überall noch viele SS-Leute seien und sie schießen würden. Er sagte, es wäre sicherer, wenn wir im Lager blieben. Am nächsten Tag in der Früh war die SS dann wieder da."

Eines der grauenhaftesten Kapitel der Lagergeschichte, die so genannten Evakuierungsmärsche, begann. Die SS trieb die Häftlinge in mehreren Kolonnen nach Süden in Richtung Dachau. „Als wir von Flossenbürg wegmarschiert sind, haben wir an der linken und rechten Seite schon Tote gesehen. Alle Häftlinge, die hinfielen und liegen blieben, wurden erschossen. Ich und mein Kollege, Josef, haben einen Mithäftling unter den Arm genommen und haben ihm lange geholfen. Aber wir waren selber so schwach, dass wir ihn schließlich nicht mehr tragen konnten. Dann hat er gesagt: ‚Bitte, lasst mich hier, ich will sterben.' Und wir haben ihn losgelassen und kurz darauf die Schüsse gehört. Drei Jahre lang war er in diesem Konzentrationslager gewesen und dann wurde er in den letzten Tagen erschossen – mein Kollege, ein guter Kollege." Rund 15.000 Häftlinge wurden am 20. April aus dem Lager getrieben. Allein 7.000, also fast die Hälfte, überlebten die Todesmärsche nicht. „Auf der linken Seite und auf der rechten Seite gingen die SS-Männer mit den Hunden", erinnert sich Julian Noga. „Wenn sie gesehen haben, dass jemand schwach wird, und das ist oft passiert, dann haben sie ihn herausgezogen und erschossen." Einen weiteren Tag hätte auch er nicht überlebt, sagt Julian Noga. Er war damals schon so schwach, dass ihm alles gleichgültig wurde. Doch nach drei Tagen, am 23. April 1945, befreite die US-Armee im Landkreis Cham seine Kolonne.

Frieda glaubte schon, er habe nicht überlebt, und überlegte sich, sich über das Rote Kreuz an seine Mutter zu wenden, um ihr zu sagen, dass Julian ein anständiger junger Mann gewesen war und wegen der Liebe zu ihr gestorben ist. Da läutete am 18. Mai 1945 um 20 Uhr die Hausglocke. „Ich war drei Wochen in einem Camp der Amerikaner, dann bin ich nach Österreich gefahren und hab mein Liebchen getroffen. Drei Wochen nach der Befreiung bin ich zu ihr gefahren", berichtet Julian Noga. Und Frieda Greinegger ergänzt: „Er hat mich gesucht und ich hab auf ihn gewartet. Ich wusste nicht, ob er lebendig ist oder tot." Julian Noga erzählt, wie er schließlich nach fünf schweren Jahren um die Hand von Frieda Greinegger anhielt: „Wir waren frei und mussten uns nicht mehr verstecken. Ich hab mit ihrem Vater gesprochen: ‚Herr Greinegger, ich möchte Ihre Tochter heiraten. Bitte, was sagen Sie dazu?' Er hat mich gefragt, was ich machen möchte, ob ich mit Frieda nach Polen fahren möchte? Ich sagte: ‚Nein, nein, nein, mein Vater und mein Bruder leben in Amerika, vielleicht fahren wir nach Amerika.' ‚Na ja', sagte er, ‚Amerika ist ein Land, das vielen Chance bietet.' Da könnten wir uns eine Zukunft aufbauen, meinte er. Und er hat mich gebeten, gut auf seine Tochter zu achten." 1946 heiratete Frieda ihren Julian in der Großstadt Linz, nicht im Kirchendorf Michaelenbach. Zum einen, weil Julian in Linz als Baggerführer arbeitete, zum

anderen, weil zu Hause die Wunden noch nicht verheilt waren. Bereits 1946 kam eine Tochter zur Welt. Fünf Jahre später folgte ein Sohn. Zu dieser Zeit lebte die junge Familie bereits in den USA. „Ich wollte nicht bleiben", erklärt Julian Noga. Er wäre in Österreich immer ein Ausländer geblieben. Und die Leute hätten vielleicht auf ihn herabgesehen, befürchtete er. Deshalb wollte er, dass seine Familie an einem Ort lebt, in dem niemand zu ihm oder seiner Frau sagen würde: ‚Du bist ein Ausländer.' Und er entschied, dass der beste Platz dafür Amerika sei.

In den USA baute sich der Steinmetz von Flossenbürg eine eigene Existenz auf. Nicht zuletzt dank der Qualifikation, die er sich, gezwungen durch den deutschen Faschismus, erworben hatte. „Zuerst haben wir in einer Fabrik gearbeitet, dann haben wir uns eine kleine Landwirtschaft gekauft. Da hatten wir Hennen und ein Kalb", erzählt Julian Noga über die ersten Jahre in den USA. „Nach fünf Jahren hatten wir genug Geld zusammen, dass wir ein kleines Grabsteingeschäft aufmachen konnten. Und nach 15 Jahren hab ich ein großes Grabsteingeschäft gekauft." Heute leben die Nogas in Clinton, einer Stadt im Bundesstaat New York. Immer noch arbeitet er hin und wieder in seinem Ein-Mann-Betrieb, weil er eine Beschäftigung braucht. Nebenbei moderiert er ab und zu eine lokale Radiosendung. Das ist sein Hobby. Julian Noga ist zufrieden mit dem Leben, das er sich nach der Befreiung vom deutschen Faschismus aufgebaut hat. „Wir haben viel bezahlt für diese Liebe, aber es hat sich ausgezahlt. Wir haben eine so schöne Familie. Unsere Tochter Frieda, Richard, unseren Sohn – und ich hab die beste Frau der ganzen Welt."

„Ich wartete – doch meine Frau kam nicht zurück"

Ferdinand Knobloch: Als Pfleger im Krankenrevier

Mirosovice, ein kleines Dorf, mit dem Zug etwa eine Stunde von Prag entfernt. Hier wohnt der Bruder von Ferdinand Knobloch. Ferdinand Knobloch stammt aus Prag und lebt heute als emeritierter Professor für Psychiatrie der University of British Columbia im kanadischen Vancouver. Im Haus seines Bruders erinnert noch vieles an seine erste große Liebe. Ferdinand Knobloch deutet auf Möbel, Bilder und Teppiche, die seine Frau Susanna mit in die Ehe gebracht hatte. „Sie war sehr schön", schwärmt Ferdinand Knobloch noch heute und zeigt ein Foto, das während der Besetzung Prags durch die Deutschen aufgenommen wurde. „Dieses Foto hat sie machen lassen, obwohl es verboten war. Die Juden durften sich nicht fotografieren lassen und zu unserem Schreck hat es der Fotograf am Wenzelsplatz auch noch öffentlich ausgestellt. Wir sind damals von einer Gefahr in die andere geraten. Die Vorschriften waren so unmenschlich, besonders für eine Frau wie Susanna. Sie war noch jung. Als sie starb, war sie 23 Jahre alt."

Susanna, die gemeinsam mit Ferdinand Knobloch wegen politischen Widerstandes 1943 verhaftet worden war, kam nach Auschwitz-Birkenau und ist dort wenig später gestorben. Ferdinand Knobloch, der nach Flossenbürg deportiert worden war, erfuhr das nicht sofort nach seiner Rückkehr 1945. „Ich habe auf sie gewartet. Dass sie gestorben ist, habe ich erst später erfahren. Als ich aus Flossenbürg zurückgekommen bin, habe ich eine Wohnung eingerichtet. Erst nach einem Monat habe ich erfahren, dass sie gestorben ist. Ihre Freundinnen waren schon zurück und ich denke, sie haben eine Weile gezögert, es mir zu sagen, wahrscheinlich wollten sie mich schützen."

Als junger Medizinstudent hatte sich Ferdinand Knobloch in die faszinierende Susanna Hartmann verliebt. Die dunkelhaarige Jüdin war nach dem Einmarsch der Deutschen enormen Repressionen ausgesetzt. „Die Schikanen waren unglaublich. Es war eine antisemitische Hysterie der

Offiziellen des deutschen Staates. Die Juden mussten den gelben Stern auf der Brust tragen. Wenn sie es nicht getan haben, bestand die Gefahr, dass sie abtransportiert wurden. Die Antwort auf alles, wenn Juden etwas falsch gemacht haben, war, dass sie auf einen Transport geschickt wurden. Die Juden mussten ihre Wohnungen aufgeben, wurden in ein Ghetto gezwungen und schließlich ins KZ deportiert." Um seine geliebte Freundin zu schützen, beschloss er, sie zu heiraten. „Die Zeit war sehr schwer. Meine Freundin litt als Jüdin unter dem Druck. Ihre Eltern wurden abtransportiert. Die ganze Verfolgung von Juden in Prag war schrecklich und mir war klar, dass ich sie verliere, wenn ich sie nicht heirate."

Susanna Hartmann hatte Tanz studiert und war sehr mutig, berichtet Ferdinand Knobloch. Zu öffentlichen Konzerten, deren Besuch Juden verboten war, ging sie ohne Judenstern. Ferdinand Knobloch bewunderte sie. „Sie war sicher meine größte Liebe und ich denke noch heute an sie, fortwährend. Sie war eine Lebenskünstlerin. Sie hatte jeden Tag einen neuen Witz auf den Lippen in diesen schweren Zeiten. Sie war wirklich eine große Persönlichkeit. Schade, dass sie ihre großen Talente der Menschheit nicht schenken konnte."

Die deutschen Besatzer hatten die Universitäten in dem so genannten „Reichsprotektorat Böhmen und Mähren" geschlossen. Ferdinand Knobloch arbeitete damals als Psychologe bei der Stadt Prag und wohnte bei seiner Frau. „Das war ihr Schutz. Es war wichtig, dass ich dort war. Wenn ich nicht bei ihr gewohnt hätte, wäre sie auf Transport gegangen. Die Eltern wurden abtransportiert. In ihrer Sterbeurkunde steht der gleiche Todestag, augenscheinlich sind sie im Gas gestorben."

Als Susanna Hartmann schwanger wurde, entschlossen sich die beiden zur Abtreibung. Doch der erste Versuch scheiterte. Eine Ärztin, die mit einem Mann verheiratet war, der in der Kommunistischen Partei eine große Rolle gespielt hatte, hatte versprochen, ihnen zu helfen. Doch sie kamen vergeblich zu ihr. „Sie hat gesagt: ‚Ich kann euch nicht helfen. Eben habe ich gehört, dass mein Mann hingerichtet wurde.' So war die Zeit. Wir haben einen anderen Weg gefunden, weil die Zeit zu unsicher war."

Ferdinand Knobloch, der am 15. August 1916 geboren wurde, ist kein Jude. Deshalb wäre seine jüdische Frau durch die Ehe mit ihm relativ geschützt gewesen und zumindest zunächst nicht deportiert worden, betont Knobloch. Trotz der großen Gefahr engagierten sich die beiden in einer linken Widerstandsgruppe – und wurden verhaftet. „Ich war noch nicht bereit zur Heirat, aber ich habe sie geheiratet und wir haben zugleich jüdischen Freunden geholfen, die sich in Prag versteckt haben. Wir wurden dann beide von der Gestapo verhaftet. Dort habe ich sie das letzte Mal gesehen. Im Urteilsspruch hieß es, dass ich dem Deutschen Reiche wegen meines judenfreundlichen Verhaltens gefährlich bin. Das war der Schutzhaftbefehl. Nach drei Monaten im Gestapo-Gefängnis in Prag wurde ich nach Flossenbürg gebracht."

Von Prag aus kam Ferdinand Knobloch zunächst nach Weiden. Hier verbrachte er eine Nacht im Gefängnis. Die Wände waren rot von den Wanzen, die seine Vorgänger hier getötet hatten. Mit zwei elend aussehenden Gestalten wurde er nach Flossenbürg gebracht. Die beiden waren aus dem KZ geflüchtete Häftlinge. „Als wir ankamen, war gerade ein Appell. Auf dem Appellplatz standen Hunderte, Tausende Häftlinge. Diese zwei mussten herumgehen und rufen: ‚Hurra! Hurra! Wir sind wieder da!' Einen Monat später wurden sie hingerichtet."

Ferdinand Knobloch erhielt die Häftlingsnummer 2487. Seine erste Nacht in Flossenbürg schildert der aufmerksame Beobachter so packend, wie wenn es gestern gewesen wäre. „Flossenbürg. Der erste Abend auf dem Zugangsblock, das war sehr schwer. Auf einmal war das Licht aus, die Decken waren schmutzig und nass. Wahrscheinlich waren sie von jemand anderem genommen, wahrscheinlich von jemandem, der gestorben ist. Auf einmal hörte ich ein Käuzchen, in der ersten Nacht, und nie mehr wieder habe ich ein Käuzchen gehört. Freilich, ich bin nicht abergläubisch, aber es ist ein tschechischer Aberglaube, dass jemand sterben wird, wenn man ein Käuzchen hört. Ich habe mich auch an die Komposition des großen tschechischen Komponisten Janáček erinnert. ‚Das Käuzchen schreit noch' hat er geschrieben, als seine 16-jährige Tochter im Sterben lag."

Es kam auch vor, dass in der Dusche ein Kapo plötzlich wie aus heiterem Himmel einen Häftling verprügelte, nur um seine Macht zu demonstrieren. Ein SS-Mann saß ruhig da und griff nicht ein. „Es war alles so unwirklich, wie ein schlechter Traum", sagt Ferdinand Knobloch. Er wurde nicht in den gefürchteten Steinbruch oder zur Flugzeugproduktion bei Messerschmitt geschickt. Der ehemalige Medizinstudent kam als Pfleger ins Krankenrevier, in dem zwei deutsche Ärzte wüteten. Einer von ihnen war der SS-Mann Schnabel. „Er war ein Alkoholiker. Manchmal war er schlechter Laune und hat alle Patienten für gesund erklärt und wir mussten sie zu ihren Baracken tragen. Das war für sie manchmal verhängnisvoll, besonders, wenn sie nicht laufen konnten und deshalb auch nicht aufs Klo gehen konnten. Deshalb ließ der Kapo sie im Winter raus tragen und mit Wasser übergießen, sodass sie in der Früh tot waren. Das geschah oft." Schnabel hat Knobloch gehasst. Irgendwann hat er den Tschechen in den Steinbruch geschickt. Aber der Kapo, ein Zuhälter aus Berlin, hat dafür gesorgt, dass er im Krankenrevier bleiben konnte. „Ja, er hat mich in den Steinbruch geschickt, aber ich bin nicht gegangen, ich habe mich versteckt, ich habe weitergearbeitet, so waren die Verhältnisse dort. Manchmal wollten die Berufsverbrecher ihre Macht zeigen, deshalb hat der Kapo, dem ich Zigaretten gegeben habe, gesagt, dass ich bleiben soll. Die haben augenscheinlich solche Geschäfte gehabt mit der SS. Als der Schnabel mich dann einmal entdeckt hat, hat er zum Kapo gesagt hat: ‚Was macht der da?' Und der hat geantwortet: ‚Den kann ich brauchen.' Das war alles."

Für eine Tagesration Brot hat sich Ferdinand Knobloch von einem anderen Häftling, dem ehemaligen Polizeipräsidenten von Budapest, eine schöne Jacke besorgt. „Er war Chef der Kleiderkammer. Es war wichtig, dass man gut ausschaut, sonst konnte man an jeder Ecke eine Ohrfeige kriegen. Im KZ galt mehr als je, dass Kleider Leute machen."

Der andere deutsche Arzt war der berüchtigte Dr. Heinrich Schmitz, der wegen ‚manisch-depressiven Irreseins' bereits sterilisiert worden war und dessen Verwendung in einem KZ SS-Führer Heinrich Himmler persönlich angeordnet hatte, wie Knobloch erzählt. Schmitz, unter dessen Regie auch Häftlinge mit Phenol zu Tode gespritzt worden sind, wurde 1948 wegen seiner Verbrechen hingerichtet. „Ich weiß zum Beispiel, dass ein 20-jähriger Junge mit Magenschmerzen gekommen ist und Schmitz gesagt hat: ‚Du kommst jeden Tag, morgen operiere ich dich', und er hat ihm ohne Grund einen Teil seines Magens herausgeschnitten. Oder ein junger Mann, der öfter kam, weil er eine schlimme Wunde vom Duraluminium hatte, dem hat er das Bein amputiert."

In Flossenbürg gab es eine klare Machthierarchie, die sich allerdings etwas anders darstellte als in anderen KZs. In Dachau oder Buchenwald hatten die politischen Häftlinge mit dem roten Winkel das Sagen. In Flossenbürg waren es die als Berufsverbrecher eingestuften „Grünwinkel". Und im Krankenrevier regierten ein Verbrecher wie Schmitz und ein Psychopath wie Schnabel, sagt Knobloch. „Wenn die soziale Rückkoppelung nicht funktioniert, dann geht es runter und runter. Schmitz war vielleicht kein schlechter Chirurg, aber es gab keine Kontrolle. Es waren mittelalterliche Verhältnisse, ein Paradox in der Mitte des christlichen Europas. Es war klar, dass das Leben keinen Wert hat. Niemand war schuldig, wenn ein Berufsverbrecher jemanden getötet hat. Niemand war schuldig, wenn Schmitz eine unnötige Operation gemacht hat. Das war ein Zustand der Gesetzlosigkeit, das System, auf dem dieses Regime basierte. Verbrechen waren ganz normal und Teil des öffentlichen Lebens. Was wichtig ist, was interessant ist, ist, dass die menschliche Natur so schwach ist, dass jeder so leicht die Moralstandards verliert. Ein Journalist hat mich gefragt: ‚Sind die Menschen gut oder schlecht?' Ich sage: ‚Beides! Also gib ihnen keine Gelegenheit schlecht zu sein.'"

Als Pfleger arbeiteten oft Häftlinge mit medizinischer Vorbildung, die versuchten, ihren Kameraden zu helfen, so gut es ging. Aber es fehlte an Medikamenten. „Es war sehr traurig. Für viele Krankheiten gab es keine Medikamente, gegen Fleckfieber gab es gar nichts. Ich habe niemanden gesehen, der über 40 Jahre alt war und Fleckfieber überlebt hat. Das Sterben von Leuten war sehr traurig, sehr rührend. Ich erinnere mich an einen Russen, der Kapiza hieß. Er hat gesagt: ‚Ich bin nicht mehr Kapiza, der Kapiza ist weggefahren.' Und nach einer Stunde oder so ist er gestorben."

Ferdinand Knobloch lebte und schlief mit den Patienten in einem Zimmer des Krankenreviers. Es gab hier drei Blocks, erinnert er sich, das Revier, den Schonungsblock, auf dem sich Patienten wieder erholen sollten, und den TBC-Block. Nachdem ihn der SS-Arzt aus dem Revier geworfen hatte, arbeitete Knobloch im Schonungsblock und infizierte sich mit Fleckfieber. Der Pfleger wurde zum Patienten. Eine falsche Diagnose erklärte ihn zum Todeskandidaten. Dennoch gab er sich nicht auf: „Ein polnischer Arzt hat mir gesagt, dass ich Miliartuberkulose habe. Damals war das zu 100 Prozent tödlich. Aber ich habe mir immer noch gesagt: ‚Was kann ich machen? Ich werde denken, dass ich überleben und für meine Prüfungen studieren werde.' Ich habe mir zwei Medizinbücher aus der SS-Bibliothek ausgeliehen, aber die haben sie mir weggenommen." Verhängnisvoll für die Häftlinge war, dass Dr. Schmitz die Existenz von Fleckfieber schlicht ignorierte und sich so eine Epidemie entwickelte, die vielen Häftlingen das Leben kostete. Als Ferdinand Knobloch erkrankte, holten ihn tschechische Freunde ins Revier und versuchten ihm zu helfen. Doch ihre Hilfe schien vergeblich zu sein. „Als ich schon am Sterben war", berichtet Ferdinand Knobloch, „brachten mich die tschechischen Kollegen ins Krankenrevier und legten mich, als ich schon zwischen 41 und 42 Grad Fieber hatte, zum Ofen. Dort verlor ich das Bewusstsein, in der Hitze. Da sagten sie: ‚Der stirbt sowieso!', und brachten mich zum Tuberkuloseblock. Dort war es kalt und dort habe ich mich erholt." Einen Monat lang konnte Ferdinand Knobloch nicht aufstehen. Doch ein kastrierter homosexueller Häftling nahm sich seiner an und pflegte ihn, bis er selbst starb.

Im Angesicht des Todes gab es aber auch völlig absurde Situationen, die Ferdinand Knobloch heute mit einem Schmunzeln erzählt. „Nach einem Appell bin ich spazieren gegangen und auf einmal stieß ich an etwas. Es war ein Galgen und es hing ein Toter dort. Nicht weit davon stand ein Mann, den ich kannte, ein Österreicher, der die Funktion hatte, das Essen mit Kesseln auszugeben und die Toten wegzutragen. Er hat mich gesehen und gelacht. Ich bin auf den Toten gestoßen und da stand der Mann und hat gelacht."

Der ehemalige Medizinstudent Ferdinand Knobloch hatte als Pfleger auch eine Zeit lang den so genannten Schonungsblock zu betreuen. „Typisch war, wenn der Arzt kam und ein Pfleger rief: ‚Achtung! Saal 3 mit 70 Häftlingen belegt, 20 hohe Temperaturen, 10 Scheißerei.' Das war eine Meldung." Unter den Pflegern war auch der französische Medizinstudent Michel Michelin, der aus der durch die Reifenproduktion bekannten Familie Michelin stammte, und dieser Franzose bekam eines Tages selbst eine Lungenentzündung. Ferdinand Knobloch erinnert sich an den ungewöhnlichen Fall. „Was sonst nicht oft vorkommt, dort war es so: Die Kranken hatten bei Lungenentzündung Halluzinationen, und er sah einen Christus. Ein Tscheche spielte schließlich den Christus und das hat ihn zur Ruhe gebracht."

Befreundet war Ferdinand Knobloch mit einigen bekannten deutschen Kommunisten, die aus Sachsenhausen zur Strafe nach Flossenbürg geschickt worden waren, weil sie dort Widerstand geleistet hatten. Sie bekamen zu den roten Winkeln blaue Blechscheiben angenäht und wurden deshalb „Blaupunkte" genannt. Von Karl Schirdewan bekam er sogar Bücher zu lesen. „Sie waren die einzigen, die kulturell lebten, sie haben sich versammelt, sie hatten deutsche Klassiker. Dort habe ich das erste Mal Schiller gelesen. So virtuos wie die Grünwinkel im Beschaffen von Essenswaren und Kleinodien waren, so erfinderisch waren die Blaupunkte im Schmuggeln von Literatur und irgendwie sind sie an die Bücher gekommen. Auf diese Weise habe ich zum ersten Mal ‚Don Carlos' von Schiller gelesen. Ich habe auch Goethe gelesen und es passte so gut zu der surrealistischen Atmosphäre, wenn das Licht aus war und ich gerade das Zigeunerlied von Goethe gelesen hatte. ‚Ich hörte der Wölfe Hungergeheul! Ich hörte der Eulen Geschrei! Wille wau wau wau! Wille wo wo wo! Wito hu!'"

Mit dem „Blaupunkt" Karl Schirdewan, der später in der DDR ein hoher Funktionär war, bis er von Ulbricht kaltgestellt wurde, verbanden ihn die gleichen Ideale und eine enge Freundschaft. Karl Schirdewan war auch sein Patient. Der einzige „Grünwinkel", von dem Knobloch positiv spricht, ist Carl Schrade, der Kapo des Reviers, der vielen Menschen geholfen hat. An Weihnachten 1944 hat Carl Schrade ein Konzert mit professionellen tschechischen Musikern organisiert. Das Konzert fand im Revier statt, SS war nicht anwesend, erinnert sich Ferdinand Knobloch. „Sie haben das ‚Amerikanische Quartett' von Dvořák gespielt. Das gab uns viel Optimismus, denn wir haben gespürt, dass wir doch imstande sind zu überleben, und dass der Krieg zu Ende geht." Ferdinand Knobloch hat Carl Schrade nach dem Krieg in Zürich besucht, wo er eine kleine Fabrik für Putzlappen betrieb. Carl Schrade bezeichnet er als den „interessantesten Grünwinkel" und einen „großen Humanisten".

Befreit wurde Ferdinand Knobloch in Flossenbürg. Die Todesmärsche in Richtung Dachau musste er nicht mitmachen. Knobloch blieb bei den rund 1.500 Kranken, die im Lager zurück geblieben waren, bis die Amerikaner kamen. Im Lager herrschte eine große Verwirrung und es war ohne Komplikationen möglich, bei den Patienten zu bleiben, erklärt Knobloch. „Es war lustig, auf einmal haben die Leute gerufen: ‚Die Amerikaner sind da!' Es ist ein Jeep gekommen und ein Amerikaner hat telefoniert und Kaugummi gekaut. Die Leute sind zu ihm gelaufen, aber er hat nicht sehr reagiert. Der Jeep ist umgekehrt und bis zum nächsten Tag haben wir nichts von den Amerikanern gesehen. Dann sind sie gekommen und haben viel Essen gebracht. Für einige war das verhängnisvoll, denn sie haben zuviel gegessen. Auch ein katholischer Pfarrer ist als Offizier gekommen und wollte, dass ich ihm zeige, wo die Patienten sind. Er hat mir ein Gebetbuch in die Hand gegeben und wir sind besonders zu den sterbenden Franzosen gegangen, die sehr glücklich waren, einen Pfarrer zu sehen. Er hat den sterbenden Franzosen die letzte Ölung gegeben. Das war sehr rührend."

Ferdinand Knobloch kehrte nach Prag zurück, bekam eine Wohnung zugewiesen und nahm sofort sein Medizinstudium wieder auf. Vom Tod seiner Frau, die ein viertel Jahr nach ihrer Deportation im KZ Auschwitz-Birkenau gestorben war, wusste er noch nichts. „Das war ein neues Leben, ich hatte alles verloren, ich hatte wirklich alles verloren. Die neue Wohnung, eine schöne Wohnung, habe ich bekommen. Auf diese Weise war ich den ganzen Tag über beschäftigt und die medizinischen Prüfungen waren auch nicht leicht. Es war eine sehr spannende Zeit, und das führte dazu, dass ich zum Trauern keine Zeit hatte." Ferdinand Knobloch traf Jirina wieder, die einst in Prag zur selben Gruppe von Intellektuellen gehörte wie er und Susanna Hartmann. Jirina, die als Medizinerin bei den Partisanen in der Slowakei aktiv war, wurde schließlich seine Frau. Jirina Knobloch ist ebenfalls Ärztin, Psychotherapeutin und emeritierte Professorin. Gemeinsam entwickelten sie das Konzept einer integrierten Psychotherapie. Ihr Buch mit dem Titel „Integrierte Psychotherapie"[1] ist in fünf Sprachen erschienen. Ferdinand Knobloch umreißt den von ihm und seiner Frau entwickelten systemischen Ansatz so: „Zum Beispiel ist Ehe- und Familientherapie Teil von jeder Psychotherapie. Das ist ein Kontrast zur

---

1 Knobloch, Ferdinand/Knobloch, Jirina: Integrated Psychotherapy. New York: J. Aronson 1979. – Ferdinand Knobloch, Jiřina Knobloch, Integrierte Psychotherapie. Stuttgart: Ferdinand Enke Verlag, 1983.

Freudschen Idee, die vorgibt, dass man mit dem Patienten in Isolierung arbeiten muss. Unsere theoretische Grundlage ist eine kleine soziale Gruppe als das kleinste System, in dem man den Einzelnen verstehen kann.“ Ferdinand Knobloch hatte von 1948 bis 1949 im psychiatrischen Spital der Londoner Universität bei dem Psychologen Hans Eysenck und seinem intellektuellen Gegenpol Anna Freud studiert. Knoblochs Ansatz basiert auf Erfahrungen, die er in Flossenbürg gemacht hatte. „In meiner Theorie der Psychotherapie spielt die Gruppe eine große Rolle und sicher hat auch mein Aufenthalt in Flossenbürg dazu beigetragen, dass ich mir der rettenden und der vernichtenden Kraft der Gruppe bewusst wurde.“

Knobloch hatte als Häftling erlebt, wie wichtig die Solidarität der „Blaupunkte“ für sie war oder der Zusammenhalt der polnischen Häftlinge und welche fatalen Folgen das Verhalten vieler Häftlingsfunktionäre hatte, die den grünen Winkel trugen. Später leitete er in Prag die Psychiatrische Abteilung der Universitätspoliklinik, ein psychosomatisches Tageszentrum und ein Rehabilitationszentrum auf dem Lande als eine therapeutische Gemeinschaft. In der sozialistischen Ära war sein Konzept umstritten. Die Psychoanalyse war in der Sowjetunion ideologisch nicht akzeptiert. Existenzbedrohend war die Kritik glücklicherweise nicht. „Wir hatten ständig Schwierigkeiten und am Schlimmsten war es, wenn die Akademiker in der Sitzung der Akademie der Wissenschaften in Moskau unsere Arbeit verurteilt haben, dann hatten wir schwere Zeiten. Sicher, unsere Arbeit war psychodynamisch orientiert, aber sie nannten mich einen ‚Psychoanalytiker‘ und Psychoanalytiker waren in der Sowjetunion das Schlimmste, was man sich denken konnte.“

Professor Knobloch sympathisierte mit dem von Alexander Dubček angeführten „Prager Frühling“. Nach der Niederschlagung dieses Reformversuchs nahm er das Angebot an, als Gastprofessor nach Chicago zu gehen. „Ich war sehr enttäuscht. Ich wollte eine Weile raus sein. Ich bin nicht als Gastprofessor nach Chicago gegangen mit der Absicht zu emigrieren, sondern ich wollte raus aus der Situation dort, Abstand bekommen, um abwägen zu können.“ Als es in der Tschechoslowakei immer schlimmer wurde, entschloss sich Knobloch Ende 1969 nicht zurückzukehren, zumal seine Frau und seine beiden Töchter ebenfalls die Möglichkeit bekamen, das Land zu verlassen. Dem Kapitalismus steht der marxistisch beeinflusste Intellektuelle dennoch kritisch gegenüber. „Ich glaube mit dem Philosophen Rudolf Carnap, dass eine Weltregierung kommen muss und der Sozialismus. Leider ist es Dubček und später Gorbatschow nicht gelungen, einen Sozialismus mit menschlichem Antlitz zu schaffen, denn die USA brauchen eine Gegenmacht.“

Ferdinand Knobloch weiß, dass es sehr viel schwieriger ist, eine Gesellschaft auf sozialistischer Grundlage zu organisieren, als die Welt einem sich frei entwickelnden Kapitalismus zu überlassen. „Man sagt, wenn die Leute der armen Länder auf das Niveau der USA kommen wollen, bräuchten sie Naturschätze, die achtmal umfangreicher sind, als wir sie haben. Es gibt also große Fragen zu lösen und das geht nur, wenn sich die Welt einig ist. Aber hoffentlich im Sozialismus und nicht im Kapitalismus. Im Moment werden in vielen Ländern die Armen immer ärmer und die Reichen immer reicher."

Insbesondere in Prag ist die Erinnerung an seine erste Frau natürlich sehr präsent. Bei einem Spaziergang durch Prag erzählt Ferdinand Knobloch von 1942, als sich er und seine Frau an einem Sonntag Nachmittag auf den Weg durch Prag machten.

„Im blutigen Prager Frühling von 1942, als nach dem Attentat auf Reichsprotektor Heydrich eine Reihe von Todesurteilen für tschechische Politiker unterschrieben worden waren, waren viele Prager von Angst gelähmt. Susanna schlief an diesem Sonntag gut und war damit wohl eine große Ausnahme unter den Einwohnern von Prag. Auch wir hatten ernst zu nehmende Gründe, um unser Leben zu fürchten. Um auf andere Gedanken zu kommen, entschlossen wir uns, zu Fuß eine Rundreise durch Prag zu unternehmen, über die Karlsbrücke und die Gärten von Petrin. Susanna trug natürlich keinen Stern. Leider war es schwer für uns, unsere bedrohliche Situation zu vergessen, da an jeder Ecke Plakate mit den Namen von Hunderten Hingerichteten hingen. Auf dem Weg zurück ins Ghetto gingen wir durch den jüdischen Friedhof. Susanna war eine Lebenskünstlerin und ihr fielen jeden Tag neue Witze ein. Als wir auf die Pinkas-Synagoge zugingen, erzählte sie zwei davon: Der zweite Witz ging so: ‚In einer Straßenbahn steht ein Jude auf, um einer Frau Platz zu machen (später wurde den Juden verboten, die Straßenbahn zu benutzen). Aber die deutsche Frau lehnte ab: Nach einem Juden setz' ich mich nicht. Da springt ein Deutscher auf, setzt sich auf den Platz, wackelt mit den Hüften und meldet triumphierend: Schon arisiert!' Wir konnten damals nicht ahnen, dass eines Tages Susannas Name und die Namen ihrer Eltern an der Wand der Pinkas-Synagoge in der Liste der Opfer des Holocaust zu lesen sein würden: ‚Zuzana Knoblochová, 28. 05. 1921–28. 02. 1944, Vitezslav Hartmann, 1880–28. 07. 1942, Melanie Hartmann, 1890–28. 07. 1942'."

In der Pinkas-Synagoge wird heute der 80.000 Juden aus Böhmen und Mähren gedacht, die während des Holocausts gestorben sind. Er wüsste nicht, wie er mit seinem Gewissen leben könnte, wenn er sie damals nicht geheiratet hätte, um sie zu schützen, fügt Ferdinand Knobloch hinzu. Er ist heute froh darüber, dem kriminellen Druck des Staates standgehalten zu haben. „Ich bedauere nicht, dass ich versucht habe, meine Frau zu retten. Ich bin glücklich, dass ich es getan habe."

„In Auschwitz habe ich meine Frau kennen gelernt"

Heinrich Dürmayer: Ein Kommunist aus Wien überlebt den „Bunker"

„Das kann sich niemand vorstellen, die Ankunft in Auschwitz", sagt Judith Dürmayer. Sie wurde am 26. März 1919 in der Slowakei geboren. Damals hieß sie Judith Kahn. Von ihrer Heimat aus wurde sie gemeinsam mit ihren beiden Schwestern in das KZ Auschwitz deportiert. Der Grund – sie waren Jüdinnen. Der Name Auschwitz ist heute der Inbegriff für die Vernichtungsmaschinerie des deutschen Faschismus. Die Ankunft in diesem Konzentrationslager hat Judith Dürmayer, die heute in Wien lebt, nie vergessen. „Da war eine Straße, ganz zarte Birkenbäumchen rechts und links, und wir sind langsam entlang gegangen. Da liefen Häftlinge, kahl geschoren, mit Holzpantinen und komischen alten Uniformen, so weit man sehen konnte, und wir dachten, wir sind in einer Gegend, wo Verrückte eingesperrt sind."

Bei ihrer Ankunft ahnte sie nicht, dass sie in Auschwitz ihren Mann kennen lernen würde, den österreichischen Kommunisten Heinrich Dürmayer, der aus Flossenbürg dorthin geschickt worden war. In ihrer gutbürgerlich eingerichteten Wohnung im 19. Bezirk, einem Außenbezirk Wiens, der als schöne Wohngegend gilt, erzählen die Eheleute ihre Geschichte.

In Auschwitz musste sie nach der Ankunft alle persönlichen Dinge abgeben, berichtet Judith Dürmayer. Ihr wurden die Haare geschoren. Als Häftlingskleidung dienten russische Soldatenuniformen. „In denen waren wir nach zwei Tagen so verlaust, das kann sich niemand vorstellen. Das war ganz fürchterlich. Die haben damals diese Unformen scheinbar nicht desinfiziert oder nicht entlaust, jedenfalls waren wir alle von oben bis unten total zerfressen. Läuse, Wanzen, Mäuse, Ratten, alles, was Sie wollen, war da und Flöhe. Wir mussten alles weggeben. Die haben uns alles weggenommen, was wir hatten. Wir standen da, splitternackt, ohne irgendetwas. So war der Anfang, ja."

Die Geschichte von Judith Dürmayer ist die Geschichte vieler Juden, die den Nazis bei ihrem Eroberungsfeldzug in die Hände fielen. Auch von ihrer Familie haben nur einige überlebt, wie sie berichtet: „Mein Elternhaus war orthodox fromm, sehr fromm. Wir waren acht Geschwister, fünf Brüder und drei Schwestern, und wir drei Schwestern kamen gemeinsam in diesen Transport. Die Eltern kamen in ein so genanntes Arbeitslager, das war in der Slowakei irgendwo, Norwaki hat's geheißen. Kurz vor Kriegsende hat die SS das Lager überfallen, meine Eltern sind geflüchtet und irgendwo ermordet worden, ganz kurz vor Kriegsende. Die Brüder waren bei den Partisanen. Die haben's überlebt, die vier. Die ältere Schwester ist vergast worden, am 13. Oktober 1942 schon."

In Auschwitz angekommen, wussten die drei Schwestern schnell über die brutale Wirklichkeit dieses Vernichtungslagers Bescheid. Schon die ersten Beobachtungen und Erfahrungen sprachen für sich: „Schon in Auschwitz haben wir gesehen, dass sie die Kinder weggenommen haben von den Müttern und die Kinderkleider dann auf einmal irgendwo wieder auftauchten. Und da wussten wir schon, was los ist. Also ich wusste das sofort. Als wir da kaserniert wurden in Pobrat und die ganzen Dokumente abgeben mussten, sie uns aber nicht registriert haben, hab ich zu meiner Schwester gesagt: ‚Das ist das Ende.' Also ich hab gleich gesehen, was los ist. Alles war ganz fürchterlich. Wir waren in Viehwagons verfrachtet worden, ohne Möglichkeit auf die Toilette zu gehen oder irgendwas. Was sich da abgespielt hat, das kann sich kein Mensch vorstellen."

Die jüngere Schwester von Judith Dürmayer lebt heute in Prag. Die Ältere hat, wie erwähnt, Auschwitz nicht überlebt. „Die Schwester, die älteste, hat geschwollene Füße bekommen und wir konnten nicht helfen, es war unmöglich. Und dann haben sie sie schon eingesammelt und in einen Spezialblock gebracht, von dort haben sie die Kranken dann immer auf Lastwägen in die Gaskammer transportiert. Wir wussten da schon von den Gaskammern. Wir wussten schon alles." Die beiden überlebenden Schwestern hatten Glück. Eines Tages wurden Arbeitskräfte für die Büros der SS gesucht. Die beiden Schwestern nutzten ihre Chance, und das rettete ihnen vermutlich das Leben. „Ich hab nie eine Schreibmaschine gesehen, ich konnte gar nicht Schreibmaschine schreiben", erinnert sich Judith Dürmayer. „Aber die haben gefragt, ob ich kann, und ich hab immer gesagt: ‚Ja, ich kann alles.' Und der Schwester hab ich auch gesagt, dass sie das sagen muss. Wir waren schließlich 30 Häftlingsfrauen, die sich splitternackt ausziehen und vor der SS auf- und abgehen mussten. Da waren alle, die Lagerkommandanten, die Lagerführerin, und die haben sechs ausgewählt, darunter waren meine Schwester und ich. Und so kamen wir ins Stabsgebäude nach Auschwitz und arbeiteten bei der SS im Büro. Dort mussten wir uns jeden Tag reinigen und sie gaben uns auch öfter frische Wäsche. Sie hatten wahnsinnige Angst vor Typhus."

Im Jahre 1944 begegnete Judith Kahn ihrer großen Liebe, dem Kommunisten Heinrich Dürmayer. Der Österreicher, der in den Augen der Nazis als Deutscher galt, kam als KZ-Häftling nach Auschwitz und war dort für die Lagerpolizei vorgesehen. Die Eheleute erinnern sich noch gut an ihre erste Begegnung, kurz nachdem Heinrich Dürmayer im Lager angekommen war. Judith Dürmayer arbeitete damals in der Lagerführerbaracke in einem Kommando, das die Lagerübersicht jeden Tag nach Berlin melden musste. „Das heißt, ich bekam die Unterlagen von der Schreibstube und musste zusammenstellen: So viele Häftlinge, so viele Frauen und Männer und so viele sind sonderbehandelt worden, das heißt, vergast worden", berichtet sie und erinnert sich an den Tag, an dem sie Heinrich Dürmayer zum ersten Mal sah: „Eines Tages ging ich raus und sah eine Gruppe Häftlinge stehen, es waren zehn oder zwölf. Und ich ging vorbei, es waren lauter Grünwinklige und drei Rotwinklige, die standen schön vorne, man konnte sie gut sehen. Er wusste damals nicht, dass ich existiere, aber ich wusste schon bald alles von ihm. Ich hatte Beziehungen zur Politischen Abteilung. Dort haben Mädchen gearbeitet, die mit mir im Lager in einem Raum gelebt haben, oder besser gesagt, geschlafen haben – wir haben ja nicht gelebt. Und ich habe zu einer gesagt: ‚Schau mal nach, wer das ist.' Und so wusste ich von ihm alles, dass er Spanienkämpfer war, dass er aus Flossenbürg kam …"

Heinrich Dürmayer wurde am 10. April 1905 in Wien geboren, war promovierter Jurist und aktiver Kommunist. Nach dem bürgerkriegsähnlichen Februaraufstand der Linken gegen das autoritäre rechte Dollfuß-Regime im Jahre 1934 wurde er erstmals verhaftet.[1] Später sollten weitere Festnahmen folgen. „Ich bin Kommunist, das genügte doch", erklärt Heinrich Dürmayer, „und war aktiv in der Illegalität und überall. Ich hatte einen Namen als Kommunist und war gehasst bei der Gestapo natürlich. Und schon bei der früheren Staatspolizei, bei der österreichischen. Politisch aktiv war ich seit der Mittelschule und in der Kommunistischen Partei bin ich seit 1934. Vorher war ich in der Sozialdemokratischen Partei, aber nach den Ereignissen des 34er Jahres war ich so enttäuscht von den Sozialdemokraten, von der Führung, die restlos versagt hat meiner Meinung nach, und das hat mir den Anstoß gegeben, zu der meiner Meinung nach konsequenteren Partei, zur Kommunistischen Partei, zu gehen. Mein Vater war gutbürgerlicher Schlos-

1 Tálos, Emmerich/Neugebauer, Wolfgang (Hrsg.): „Austrofaschismus". Beiträge über Politik, Ökonomie und Kultur 1934–1938, Wien 1988.

sermeister. Er war ein begeisterter Nationalsozialist und ich das Gegenteil. Es hat dauernd Auseinandersetzungen gegeben. Beim Mittagessen haben wir mal gestritten politisch, da war er so in Wut, dass er den Teller genommen und ihn mir auf den Schädel gehauen hat. Er war begeisterter Nationalsozialist. Und der Sohn auf der linken Seite."

Heinrich Dürmayer kam nach seiner Verhaftung im Jahre 1934 in das Lager Wöllersdorf bei Wien, aus dem er nur unter einer Bedingung entlassen wurde, wie sich Heinrich Dürmayer erinnert: „Auf die Staatsbürgerschaft zu verzichten, niemals zurückzukehren, was weiß ich, was alles. Dann bin ich nach England gegangen in die Emigration. Dort bin ich gut behandelt worden. Da ist es mir sehr gut gegangen, aber das untätige Rumsitzen war nichts für mich."

Als der Spanische Bürgerkrieg ausbrach und die Internationalen Brigaden aufgestellt wurden, um die bedrohte Demokratie gegen die aufständischen Franco-Faschisten zu verteidigen, zögerte Heinrich Dürmayer nicht und meldete sich: „Da war ich natürlich sofort dort. Ich habe dort zuerst als einfacher Soldat angefangen, bin aufgestiegen und Offizier geworden. Zuletzt war ich Politkommissar der 35. Internationalen Division." Heinrich Dürmayer zeigt Fotos, die ihn bei Treffen ehemaliger Spanienkämpfer zeigen. Trotz der Niederlage der Republikaner gegen die Franco-Truppen ist für Heinrich Dürmayer seine Zeit in Spanien eine wertvolle Erinnerung: „Sie ist für mich ein Zentrum meines Lebens. Da konnte ich kämpfen und frei sein. In Österreich bei der Regierung, die damals an der Macht war, war man doch oft in zweiter Linie, siehe Wöllersdorf und so weiter. Oft genug bin ich auf der ‚Liesl' gesessen – das war das Polizeigefangenenhaus."

Nach der Niederlage der Republik zogen sich die Aktivisten der Internationalen Brigaden nach Frankreich zurück. Dort wurden sie von der französischen Regierung in Lagern interniert. Heinrich Dürmayer wurde, wie andere österreichische Kommunisten, von der Gestapo aus Frankreich nach Wien verschleppt: „Auch in die unbesetzten Gebiete ist die Gestapo gekommen. Wir haben gehofft, dort werden sie nicht hinkommen, aber sie sind hingekommen und mich haben sie gleich herausgenommen. Ich war schon auf der Liste der Gestapo. Und dann wurde ich ins Gestapogefängnis nach Wien gebracht. Dort war ich dann zuerst über zwei Jahre bei der Gestapo in Haft."

Aus dem Polizeigefängnis in Wien schickten die Nazis den Kommunisten in das KZ Flossenbürg in Bayern. Heinrich Dürmayer kam am 16. März 1942 in Flossenbürg an, erhielt die Häftlingsnummer 3298 und blieb hier bis zum 4. Januar 1944, als er nach Auschwitz geschickt wurde. Wie fast alle anderen Häftlinge musste er in den gefürchteten Steinbruch von Flossenbürg. Dort hatten sie Granit für die Prachtbauten des Führers zu brechen. „Das war bitter", erinnert sich Heinrich Dürmayer, „ich als Intellektueller in einem Steinbruch! Außerdem in 700 Meter Höhe und einem Klima, wo selbst die Einheimischen gesagt haben: ‚Bei uns ist neun Monate Winter und drei Monate ist es kalt.' Ja, es hätte eine Möglichkeit gegeben, wo man es etwas leichter haben konnte, das waren die Baracken. Dort wurden Häftlinge zu Steinmetzen abgerichtet. Und dort war auch ein Kanonenofen. Also man hat's warm gehabt. Man musste allerdings sich abrichten lassen als Steinmetz. Und da haben aber die anderen gesagt: ‚Lass dich nicht abrichten, sonst kommst du nie mehr heraus, wenn du Steinmetz bist. Wenn du im Steinbruch arbeitest, können wir dir manchmal irgendwo einen anderen Posten verschaffen.' Ich habe mich da als Intellektueller aufgespielt. Es waren immer Arbeitsgruppen zu fünf Häftlingen, die die Steinblöcke aus dem Steinbruch heraus auf so kleine Wagen hoben und dann an den Bahnhof fuhren. Und ich habe mich reichlich blöd gestellt. Die anderen vier waren irgendwelche Kriminelle. Die haben gesagt: ‚Geh du blöder Intellektueller! Das macht man so.' Ich hab's mir gern zeigen lassen."

Durch die harte Arbeit unter menschenunwürdigen Bedingungen starben im KZ Flossenbürg, das die SS 1938 im bayerisch-böhmischen Grenzgebirge errichtet hatte, viele Häftlinge. Eines der wenigen heute noch erhaltenen Gebäude ist neben der Kommandantur das Krematorium des Lagers. „In Flossenbürg sind die Häftlinge gestorben wie die Fliegen", berichtet Heinrich Dürmayer. „Das Krematorium ist Tag und Nacht gegangen – wie dann später in Auschwitz auch. Wie in Auschwitz haben wir die Luft mit der Asche der verbrannten Körper einatmen müssen." Nach neun Monaten im Steinbruch kam seine Chance. Ein SS-Mann – wegen seines Sauberkeitswahns von den Häftlingen auch „Stäubchen" genannt – suchte einen qualifizierten Häftling für den Innendienst und Heinrich Dürmayer meldete sich sofort. „Da ist gefragt worden, ob jemand da ist, der Maschinenschreiben und Buchhaltung kann. Da habe ich mich natürlich gemeldet. Er schaute auf meine Nummer und fragte: ‚Wie lang bist du im Lager?' Ich war damals erst ein paar Monate da. ‚Verschwinde, du Mistbiene!', schrie er. ‚So einen Posten bekommst du vielleicht in drei Jahren, wenn du dann noch lebst. Weg!' Nächsten Samstag kam jemand und sagte: ‚Maschinenschreiben und Buchhaltung – wer das kann, soll sich melden.' Da habe ich mich wieder gemeldet und der SS-Mann schimpfte: ‚Mistbiene, bist du schon wieder da! Na schön, du bekommst den Posten, aber wenn du ein krummes Ding drehst!' Ich weiß nicht, was der mir alles angedroht hat. Ich habe mir nur gedacht: ‚Drch an! Hauptsache, ich kriege den Posten.' Und so bin ich hineingekommen." Heinrich Dürmayer bekam einen Posten in der so genannten Effektenkammer, in der Kleidung aufbewahrt und ausgegeben wurde, eine privilegierte Situation, in der er anderen Häftlingen helfen konnte, wie er berichtet. „Wenn Häftlinge gestorben sind, musste ich ihre Sachen zurückschicken. Aber Socken oder Hemden habe ich genommen und an unsere Häftlinge verteilt. Da konnte ich viel helfen. Für die Familie spielte es doch keine Rolle, ob sie von ihren Toten die

Socken oder ein Hemd bekamen, aber uns nutzte es was. Und die sollten glauben, die SS hat's gestohlen. Aber ich hab's an unsere Häftlinge verteilt." Es gab wenige politische Häftlinge in diesem Lager. Aber sie haben einen Widerstandskopf gebildet, sagt Heinrich Dürmayer über die Arbeit der Kommunisten in Flossenbürg. Eines Tages durfte er allerdings nicht auf seinen Block zurückkehren. Bei einer der Kontrollen fiel er auf, wie seine Frau berichtete. „In der Effektenkammer hatte er Socken bei sich, die er jemandem mitbringen wollte ins Lager und ist gefilzt worden. Deshalb kam er in den Bunker. Na, und dann kam der so genannte ‚Stäubchen' eines Tages und sagte: ‚Du Mistbiene, jetzt kommst du nach Auschwitz und dir werden wir es dort schon zeigen.' Aber Heinrich hat sich gesagt: ‚Wenn sie mich umbringen wollen, brauchen sie mich nicht nach Auschwitz schicken.'"

Heinrich Dürmayer überlebte den so genannten Bunker, das gefürchtete Lagergefängnis des KZ Flossenbürg und ist einer der ganz wenigen Zeitzeugen, die über dieses Kapitel des Lagers berichten können. „Es war ein ganz trübes Gebäude – Gebäude ist übertrieben gesagt – mit ganz kleinen Zellen. Man konnte sich kaum rühren, und immer wieder kam der Kommandant herein und versuchte uns einzuschüchtern: ‚Wollt ihr euch nicht lieber aufhängen, bevor wir euch aufhängen?' So war der Umgang. Na schön, das hat mich nicht sonderlich gestört. Wir waren da schon abgebrüht."

Die SS schickte Heinrich Dürmayer nach Auschwitz. Der Österreicher, der bei den Nazis als Deutscher galt, sollte dort in der Lagerpolizei eingesetzt werden. Doch in Auschwitz wurde ein Lagerältester gesucht und jemand empfahl den Spanienkämpfer Dürmayer. „‚Es ist einer aus Österreich gekommen, der war im Spanischen Bürgerkrieg Offizier. Der versteht es, zu kommandieren.' ‚Das ist mein Mann!', soll daraufhin der Lagerführer gesagt haben", erinnert sich Dürmayer. „Dann bin ich geholt worden und es hieß: ‚Also, du wirst Lagerältester! Halt mir das Lager in Schuss. Wenn du Dummheiten machst, gehst du durch den Kamin.' Ich dachte mir nur: ‚Na ja, red, was du willst! Hauptsache, ich bin Lagerältester.'"[2] Heinrich Dürmayer war jetzt der einflussreichste Häftling in diesem KZ und lernte auf diese Weise auch seine Frau kennen. „Du hast jemanden gesucht, der dich mit wichtigen Nachrichten versorgt", ergänzt Judith Dürmayer, „und da kamst du auf die Häftlingsfrauen zu, die da gearbeitet haben. Und so kamst du in das Zimmer, wo ich war, und hast

[2] Zum Widerstand der österreichischen Häftlinge siehe Auschwitz. Nationalsozialistisches Vernichtungslager, hrsg. v. Staatlichen Museum Auschwitz-Birkenau, Auschwitz 1997, S. 321 ff. Kritisches zu Heinrich Dürmayer in Langbein, Hermann, Menschen in Auschwitz, München 1995, S. 372 ff. sowie in Meisel, Josef: Jetzt haben wir Ihnen, Meisel! Kampf, Widerstand und Verfolgung des österreichischen Antifaschisten Josef Meisel (1911–1945), Wien 1985. Die Autoren kritisieren Dürmayer wegen seines angeblich zu selbstherrlichen Verhaltens in Auschwitz.

dich umgeschaut: Welche könnte …" „Welche hat genügend Hass, welche hat genügend Intelligenz und welche hat genügend Mut, um das zu machen, was ich von ihr verlange", fährt Heinrich Dürmayer fort. „Und ich habe mir sie angeschaut, mit der gesprochen und mit der gesprochen. Schließlich bin ich eines Tages auf Judith zugegangen und habe zu ihr gesagt: ‚Ich stell dir eine Frage: Willst du mit uns mitarbeiten? Du wirst Befehle bekommen, die hast du durchzuführen. Geht's gut, ist es gut. Geht's schief, hast du zu schweigen und zu sterben. Überleg's dir!' Das waren meine ersten Liebesworte. Und sie antwortete: ‚Ja, ja, ich kann mir's schon vorstellen. Ich will mitarbeiten. Ja, ja.' Da habe ich ihr zuerst ein paar kleine Sachen gegeben. Erstens, um zu sehen, ob sie fähig ist, zweitens, um herauszufinden, ob sie den Mut dazu hat und ob's überhaupt geht. Es funktionierte. Zum Schluss hat sie, ehe ich ihr noch einen Auftrag geben konnte, schon etwas durchgeführt. Das funktionierte großartig."

Heinrich Dürmayer war als Lagerältester so einflussreich, dass er sogar bei den Selektionen in Auschwitz Leben retten konnte. „Von Zeit zu Zeit mussten alle Häftlinge an dem Kommando vorbeimarschieren und dabei wurden so und so viele rausgeholt zum Gas. Da bin ich aber auch dort gestanden und habe vorher unseren Vertrauensräten auf dem Block gesagt: ‚Passt auf, zwei, drei, höchstens vier pro Block kann ich retten. Da kann ich sagen: Das ist ein guter Friseur, den brauche ich, den brauche ich. Drei oder vier kann ich herausholen pro Block. Also überlegt es euch gut. Und die sind dann immer hinter mir gestanden und ich konnte sagen: ‚Das ist ein guter Friseur', oder so etwas. Der Lagerführer hat schon gewusst, dass ich einfach meine Freunde raushole. Dass ich drei oder vier heraushole, das hat die SS gefressen. Aber ich werde auch nie die bittenden Blicke vergessen, von denen, die danach kamen und gemerkt haben, dass sie alle ins Gas gehen – die bittenden Blicke, die sagten: ‚Lass mich nicht ins Gas gehen, hol mich auch heraus!' Das werde ich nie vergessen. Das war schrecklich." Es gelang Heinrich Dürmayer und seiner Frau, über Kontakte zum polnischen Widerstand Nachrichten nach England zu übermitteln. Doch die Alliierten reagierten zu wenig, bedauern die beiden ehemaligen Häftlinge. „Ich habe ihm eines Tages einen Transport aus der Tschechoslowakei gemeldet: So viele Frauen, so viele Kinder, die Lokomotivnummer, die Wagonanzahl und wie viel sonderbehandelt werden sollen. Das habe ich ihm gegeben und sie haben die Informationen hinausgeschickt. In London gab es daraufhin Proteste und viele Exilschriftsteller haben sich zu Wort gemeldet – darunter auch Heinrich Mann. Es war ein schrecklicher Aufruhr, weil die Daten so genau waren. Die SS hat daraufhin gesucht wie verrückt, um herauszufinden, woher die Nachrichten kamen. Später als Heinrich Chef der Österreichischen Staatspolizei war, kam jemand vom englischen oder amerikanischen Geheimdienst und den fragte er: ‚Wieso habt ihr auf diese Nachricht – wir hatten euch ganz genau die Wagonnummer und Lokomotivnummer und die Anzahl der Deportierten übermittelt – nicht reagiert?‘ Und der Angesprochene sagte: ‚Wir haben es einfach nicht geglaubt.‘ Aber in Wirklichkeit wusste die ganze Welt von den Konzentrationslagern und dem Holocaust und sie hat geschwiegen. Es ist doch nie die Strecke Auschwitz bombardiert worden – nie, nie!“

Heinrich Dürmayer und seine Frau lernten sich in Auschwitz immer mehr schätzen – und sie verliebten sich trotz des Grauens des Konzentrationslagers ineinander. Die ersten Aufwartungen ihres Mannes waren aber nicht von Erfolg gekrönt, berichtet Judith Dürmayer. „Er kam eines Tages und brachte mir ein Stück Seife. Es war etwas Besonderes, wenn ein Häftling dem anderen eine Kleinigkeit schenkte, und ich nahm die Seife, schmiss sie ihm zurück und sagte: ‚Mich kauft man nicht mit einem Stück Seife!‘ Und dann kam er des Öfteren und hatte so eine Schnapsfahne, dass ich ihm schließlich sagte: ‚Wenn Sie noch einmal reinkommen und mich mit Ihren Augen ausziehen, will ich Sie hier nicht mehr sehen, mich ekelt das so an.‘“

Dennoch wurden sie ein Liebespaar und schmiedeten im Angesicht des Todes bald Pläne für eine gemeinsame Zukunft, denn sie wussten: Sie wollten ihr Leben gemeinsam verbringen. „Eines Tages“, erinnert sich Judith Dürmayer, „fragte er mich: ‚Wollen wir, nachdem der Zirkus hier zu Ende ist, beisammen bleiben?‘ Und ich sagte: ‚Vielleicht lebst du, aber ich bin nur eine Tote auf Urlaub. Ich kann mir nicht vorstellen, da ich Geheimnisträgerin bin, dass ich jemals lebend das Lager verlassen werde.‘ Er meinte darauf: ‚So lang ich nicht durch den Kamin gegangen bin, durch das Krematorium, so lang gebe ich die Hoffnung nicht auf. Und du darfst sie auch nicht aufgeben.‘ Aber ich habe nie geglaubt, dass ich lebend aus dem Lager rauskomme.“

Der österreichische Kommunist und die slowakische Jüdin trafen sich zu Rendezvous. Der Lagerälteste war in der Lage, einen SS-Mann mit Geld oder einer Hundehütte, die er ihm besorgen konnte, zu bestechen. Judith Dürmayer erzählt, wie die Treffen arrangiert wurden. „Der SS-Mann hat mich geholt. Er kam und sagte: ‚Häftling Nummer 1726 zum Zahnarzt.‘ In dem Zimmer, in dem ich gearbeitet habe, ist auch ein SS-Mann gesessen, der das akzeptierte, und ich konnte mit dem SS-Mann zum so genannten Zahnarzt gehen – der war im Männerlager. Aber er hat mich nicht zum Zahnarzt geführt, sondern zu ihm und hat draußen schön aufgepasst, dass nichts passiert – der SS-Mann. Wissen Sie, der Tod war überall, aber nie habe ich mir so ein Kind gewünscht, wie damals. Das Leben war stärker. Aber Heinrich sagte: ‚Nein, das geht nicht.‘ Aber das Leben war eigentlich stärker, trotz allem.“ Judith Dürmayer berichtet, dass sie im KZ keine Menstruation mehr bekam. Warum, weiß sie bis heute nicht. „Ich bin ins Lager gekommen und mir war dreieinhalb Jahre nicht einmal unwohl. Ich habe niemals die Menstruation bekommen. Und meine jüngere Schwester, die hat jeden Monat die Menstruation bekommen, das war fürchterlich, da es doch keine Möglichkeiten zur Hygiene gab, nichts."

Judith Dürmayer wurde im Januar 1945 nach Ravensbrück evakuiert und dort am 2. Mai von den Alliierten befreit. Nach der Befreiung machte sie sich auf den Weg nach Österreich. Sie wollte zu Heinrich Dürmayer, ein sowjetischer Soldat half ihr dabei. „Ich schaute ihn an und begann Jiddisch mit ihm zu reden. Ich habe erkannt, dass er ein Jude ist. Und dann sagte er, er habe das auch an mir gesehen, denn ein jüdisches Herz erkenne das andere. Das war so rührend, das ist mir haften geblieben. Er hat mir ein Schreiben mitgegeben, dass mich niemand belästigen darf."

Heinrich Dürmayer kam von Auschwitz Anfang 1945 nach Mauthausen und wirkte dort im Internationalen Lagerkomitee bei der Befreiung des Lagers mit. Judith Dürmayer hörte erst in Österreich wieder von ihm. Von einer Frau, die ebenfalls im KZ überlebt hatte, erfuhr sie, dass ihr künftiger Mann noch lebte. „Sie war aus Floridsdorf", erinnert sich Judith Dürmayer, „und als wir nach Floridsdorf kamen, sagte sie, ich solle warten, sie ginge schauen, ob ihr Haus noch steht. Als sie zurückkam, erzählte sie, dass ihr Mann bei der Polizei ist, dass er meinen Dr. Dürmayer kennt und dass Heinrich inzwischen Chef der Staatspolizei sei. Erst dadurch wusste ich, dass er lebt."

Das war im Juni 1945. Judith Dürmayer ging zum Zentralkomitee der Kommunistischen Partei Österreichs. Dort wollte man sie aber zunächst nicht vorlassen, doch dann kam Ludwig Soswinski, ein österreichischer Kommunist, der seine spätere Frau ebenfalls im KZ Auschwitz kennen gelernt hatte. „Ich hatte eine Zeitung, ‚Das neue Österreich', erwischt. Der Chefredakteur war Dr. Soswinski, der auch in Auschwitz gewesen war und den ich kannte. Deshalb sagte ich, sie sollten ihn rufen, um mich zu identifizieren. So war es auch. Dr. Soswinski rief bei der Polizei an und sagte, Heinrich müsse sofort kommen, es sei sehr wichtig. Und der antwortete: ‚Ich habe eine Besprechung, ich kann nicht kommen. Die Welt wird nicht einstürzen!' ‚Doch, sie stürzt ein, komm!' Und er kam, und der Dr. Soswinski stand unten und sagt zu ihm: ‚Geh rauf!' Und ich stand da in Häftlingskleidung. So haben wir uns wiedergefunden am 7. Juni 1945."

Heinrich und Judith Dürmayer in Warschau

Heinrich Dürmayer war der erste Chef der österreichischen Staatspolizei. Später wurde er Rechtsanwalt. „Erstens muss ich sagen, ich bin sehr zufrieden mit meinem Leben. Zweitens, dass ich nie demütig war und nie kapituliert habe, sondern um mein Leben gekämpft habe – immer. Das ist meine größte Befriedigung. Ich habe nie etwas akzeptiert gegen meinen Willen", resümiert er.

Die Dürmayers haben eine Tochter, die ebenfalls Rechtsanwältin ist, und ein Enkelkind namens Sophie, von dem sie stolz erzählen. Sie blicken zufrieden auf ein sehr engagiertes, aber auch auf ein sehr schwieriges Leben zurück. „Wir haben zusammengearbeitet. Ich war die Sekretärin und habe alles gemacht, die Buchhaltung und so weiter. Was wir haben, muss ich heute stolz sagen, haben wir uns schwer erarbeitet. Wir sind niemandem zu Dank verpflichtet." Auschwitz wird sie jedenfalls nie vergessen, betont Judith Dürmayer zum Abschluss des Gesprächs. „Ich wünsche es niemandem. Es ist so wie ein zweites Ich, das in mir lebt. Ich brauche nur eine Birke zu sehen und bin sofort in Auschwitz. Ich sage immer, zwei Leben sind in mir. Und ich wollte auch nie über Auschwitz reden, und darüber, was ich alles erlebt und mitgemacht habe." „Wir reden auch viel darüber", sagt ihr Mann und sie bestätigt. „Oh ja, wir reden schon. Wir zwei reden schon viel darüber, aber du hast das verdrängt." „Ich hab's verdrängt, sie nicht. Sie kann's nicht verdrängen", bestätigt Heinrich Dürmayer in seinem Wohnzimmersessel sitzend. Seine Frau, nebenan auf der Couch, gibt ihm Recht: „Ich kann's nicht. Bei mir ist das so lebendig. Ich träume auch so viel."

Heinrich Dürmayer ist am 22. September 2000 in Wien gestorben.

„Im Krankenhaus fand ich meine große Liebe"

Clement Meis: Im Revier wurde vergessen, sein Bein zu amputieren

„Es war sehr schwer", sagt Clement Meis im Chamer Robert-Schuman-Gymnasium auf die Frage eines Schülers, wie er nach der Befreiung wieder in ein richtiges Leben gefunden habe. „Man glaubte nicht, was wir erzählt haben, es war zu ungeheuerlich, außerdem waren wir sehr krank." Ein Jahr lang lag Clement Meis im Krankenhaus, so schwer hatte ihn die Haft im KZ Flossenbürg mitgenommen. Doch hier schöpfte er auch wieder Kraft. Im Krankenhaus verliebte er sich in eine Schwester – seine heutige Frau. „Das beweist, dass es immer Gründe gibt, zu hoffen – aber wie hart war das!"

Ein Foto vom Juli 1945 zeigt ihn „noch voller Entsetzen", auf einem Bild von 1946 sieht man, dass „ein schwaches Lächeln allmählich zurückkehrte" und am 15. April 1947 „erblühte der Frühling wieder" – da heiratete er. „Allmählich besserte sich die Gesundheit meines Mannes", ergänzt seine Frau, „aber er hat nie ganz aufgehört zu leiden. Wir bekamen vier hübsche Kinder, die uns elf Enkel geschenkt haben – eine schöne Familie, die uns mit Liebe überhäuft." Für Clement Meis ist das ein Beweis dafür, „dass man niemals verzweifeln und die Hoffnung auf den Himmel und die Erde aufgeben darf!"

Als ältester Häftling hat Clement Meis bei den Besuchen der „Association des Deportés de Flossenbürg et Kommandos", der ehemaligen Häftlinge aus Frankreich, die Ehre, die Fahne zu tragen. Der alte ruhige Mann hat das KZ mit Glück überlebt. Versöhnung muss sein, sagt er. „Wenn man so weitermacht, wie vor den letzten Kriegen, mit den Rachegefühlen, wird es immer wieder Krieg geben."

1945, 2 Monate nach der Rückkehr von Flossenbürg

Clement Meis wurde am 22. Dezember 1912 in Lille in Nordfrankreich geboren und dort verbrachte er auch seine Kindheit. Nach seinem Studium verpflichtete er sich bei der Armee und ging nach Afrika. Am Ende seines Militärdienstes war er bei der Wüstenpolizei im Süden Algeriens. Nach seiner Rückkehr nach Frankreich im Jahre 1942 beteiligte er sich bei der Résistance und wurde Funker eines Widerstandsnetzes. „Da ich in Nordfrankreich geboren bin, habe ich als kleines Kind den 1. Weltkrieg kennengelernt. Und wir haben dort sehr gelitten wegen der Deutschen. Und deshalb war es im Grunde normal, dass ich mich der Résistance angeschlossen habe. Da die französische Armee nicht mehr existierte, gab es einen Geist, nicht der Rache, aber des Nationalgefühls und den Wunsch, mein Land zu retten."

Seine Gruppe sammelte Nachrichten über die deutsche Armee und schickte die Informationen per Funk oder per Flugzeug nach England. „Ein Flugzeug landete, wir erhielten Aufträge, aber auch Dinge zum Leben – wir wurden ja von der Gestapo gesucht, von der SS, von der französischen Polizei, wir mussten uns ständig verstecken. Also hatten wir kein Geld. Deshalb bekamen wir Geld aus England. Und alle Informationen, die wir hatten, schickten wir per Flugzeug, vor allem, wenn wir viele hatten. Aber wenn es etwas Dringendes gab, schickten wir die Nachrichten per Funk."

1943 wurde ein Teil des Netzes von der Gestapo verhaftet, außer einer Person. „Dieser Mann war sehr schlecht für uns. Er kam zu uns und sagte, dass er an dem Tage, als schon ein Teil unserer Gruppe verhaftet wurde, nicht da gewesen sei. Nun, wir haben ihm geglaubt und er hat mit uns gearbeitet. Nach einiger Zeit wurden wir verhaftet – und es war dieser Mann, der uns verraten hat. Später haben wir erfahren, dass er für die Gestapo arbeitete. Nach Kriegsende haben wir ihn gesucht und wiedergefunden, er war in der französischen Armee verpflichtet. Wir haben ihn vor Gericht gestellt und er wurde erschossen." Durch die Mithilfe dieses Kollaborateurs wurden viele Widerständler verhaftet und in KZs deportiert. Am 15. Januar 1944 wurden sie fortgeschickt, Ende des Monats kamen sie nach Buchenwald, blieben dort drei Wochen und kamen im Februar 1944 nach Flossenbürg. Ein Schock war die Ankunft in Flossenbürg für Clement Meis nicht. „Ich habe in Buchenwald im Steinbruch gearbeitet bis zu unserem Aufbruch im Februar. Dann sind wir hierher gekommen und wurden erneut zur Arbeit im Steinbruch eingeteilt. Aber in Buchenwald war es ziemlich ruhig. Hier war es viel härter, weil die Kapos viel härter waren. Die Kapos in Buchenwald waren politische Häftlinge, während die in Flossenbürg keine politischen Häftlinge waren. Deshalb waren das Leute, mit denen schwer auszukommen war und die nicht viel Respekt für die Würde des Menschen hatten."

Clement Meis sitzt auf einer Parkbank in der KZ-Gedenkstätte und erzählt ruhig und unaufgeregt seine Geschichte. Auf die Frage, was für ihn das Schlimmste war in Flossenbürg, kommt die Antwort prompt: „Das Schlimmste? Der Steinbruch! Weil wir immer draußen waren. Wenn Sie nur eine Jacke haben, eine Hose, und es regnet, was machen Sie? Man wird nass. Man kommt in die Baracke zurück und ist nass. Es gibt kein Feuer. Man schläft im Bett

– nass. Man steht am nächsten Morgen auf und geht in den Steinbruch, und es regnet immer noch. Man ist immer nass. Deshalb gab es viele Tote durch Rippenfellentzündung und Tuberkulose. Im Winter hatten wir erfrorene Finger, erfrorene Füße. Man hatte nichts, um sich zu schützen, keine Handschuhe. Wir hatten Holzlatschen, aber keine Kniestrümpfe. Wir hatten keine Stiefeletten, keine Schuhe. Deshalb war das sehr hart."

Beim Besuch der ehemaligen Häftlinge im Steinbruch von Flossenbürg erklärt er den Anwesenden, wie er hier damals arbeiten musste. „Wenn mit Dynamit gesprengt wurde, waren überall in der Luft Steine und Steinsplitter. Wenn man nicht aufpasste, konnte man sich verletzen, und wenn man sich verletzte, war man selbst schuld und wurde sofort geschlagen, weil es ja immer die eigene Schuld war. Im Sommer war es ziemlich höllisch, weil der Staub, der von den Bohrhämmern kam und von den Explosionen, wenn man die Steine in die Luft sprengte, Glimmerstaub war. Das hat uns die Luft abgeschnürt. Aber das störte die Kapos nicht. Mit ihren Stöcken schafften sie es, die Deportierten zum Arbeiten zu bringen, selbst wenn sie geschwächt waren. Im Winter gab es viel Schnee, es war kalt, die Hände waren beinahe taub gefroren. Im Sommer hatten wir Durst, wir hatten kein Wasser. Von sechs Uhr morgens bis sechs Uhr abends hatten wir nur eine Pause von einer viertel bis halben Stunde. Es ist eine normale Arbeit, wenn die Person gesund ist, doch wenn man nicht die Möglichkeit hat, sich täglich zu stärken, wird man immer schwächer, und auf einmal schafft man es nicht mehr, den Stein zu tragen. Das war dann der grausame Moment: Wenn man es schaffte, den Schlägen aus dem Weg zu gehen, ging es, wenn nicht, starb man."

Hier im Steinbruch von Flossenbürg werden natürlich die Erinnerungen wieder wach. Robert Deneri, ebenfalls ein ehemaliger Häftling aus dem französischen Widerstand, ergänzt für die staunende Besuchergruppe aus Frankreich: „Ich bin viel später hergekommen als Clement. Ich kam im Februar 1945 in den Steinbruch. Es war am zweiten oder dritten Tag, nachdem ich hierher gekommen war. Ich habe in dem Abschnitt da drüben gearbeitet. Einer, der kein Franzose war, ist zwei Schritte von mir weg hingefallen. Er versuchte aufzustehen. Das gelang nicht. Dann kam der Kapo, ich glaube, es war ein Grünwinkel, hat ihn mit einem Schlag mit dem Unterarm auf den Hinterkopf zu Boden gestreckt und dann mit dem Ende der Hacke auf ihn eingestochen, ihn getötet, wie man einen Schmetterling aufspießt. Das war nicht sehr ermutigend. Das ist eine meiner ersten Erinnerungen.“

Sechs Monate arbeitete Clement Meis im Steinbruch, danach hatte er bei Messerschmitt bei der Produktion der Me 109 zu arbeiten. Dort gehörte er zu einem kleinen Kommando, das die Tragflächen, die aus der Fabrik kamen, ablud und zu den neuen Probefließbändern brachte, wenn sie fehlerhaft oder schlecht angefertigt waren. „Die Arbeit war weniger hart, weil wir in der Fabrik waren. Wenn also schlechtes Wetter war, waren wir geschützt. Aber am Schluss, als es nicht mehr genug Material gab, um zu arbeiten, arbeitete ich im Lager, ich musste Schnee schippen. Wenn es kalt war, brachte ich Kohle in die Fabriken, wenn es Kohle gab, ich sortierte Metall, kurz und gut, ich machte alle Arbeiten des Lagers, alle Dienste im Lager. Es war ein Lagerkommando, wenn Sie so wollen.“

Da hatte Clement Meis eine lebensgefährliche Situation bereits überstanden. Ende 1944 kam der Franzose nämlich ins Krankenrevier, weil er sich bei Messerschmitt eine Phlegmone am Bein zugezogen hatte. Doch er hatte Glück. „Eine Phlegmone ist ein innerer Abszess, der wächst und wächst. Wenn man ein solches Bein hat, tut das sehr weh. Ich kam ins Krankenrevier. Dort hat man mich versorgt. Man hat mich operiert, mein Bein geöffnet. Aber zur Versorgung hatte man nur Papierstreifen zum Verbinden. Eines Tages hat man mir gesagt, dass man mein Bein amputieren werde. Glücklicherweise haben sie das vergessen, denn es gab viele Kranke. Man hat die Kranken versorgt, die neu ankamen, und mich hat man vergessen. So wurde ich von allein wieder gesund. Die Wunde ist von selbst verheilt, und das hat mich gerettet. Denn alle Kameraden, bei denen die Ärzte Beine amputierten, sind gestorben.“

Im Revier kümmerten sich zwei Häftlinge um die Kranken, ein Pole und ein Tscheche. Sie taten alles, was in ihrer Macht stand, sagt Clement Meis. Nach zwanzig Tagen wurde er entlassen. Er musste weder zu Messerschmitt noch in den Steinbruch, sondern bekam leichtere Arbeit zugeteilt. „Deshalb wurde ich wieder gesund. Ich hatte eine Arbeit in einer Baracke, wo man große Seile aus Lumpen machte. Dort war es sehr gut.“ An Sabotage oder Widerstand war nicht zu denken, aber die Solidarität unter den Franzosen war gut, sagt Clement Meis. „In einem Lager versammeln sich natürlich die Franzosen, die Russen versammeln sich. Wenn jemand krank war, versuchte man, ihm zu helfen, ihn moralisch zu unterstützen vor allem. Denn was Essen, Brot anbetraf, konnte man ihm allenfalls ein kleines Stück geben, aber nicht immer. Denn, da wir selbst auch sehr schwach waren, mussten wir essen, um am Leben zu bleiben.“

Sein Blockältester war ein Grünwinkel, der viel schrie, erinnert sich Clement Meis. „Er schrie sehr laut. Man musste schnell in die Baracke zurückkehren, man musste sie immer schnell verlassen. Wenn es etwas zu essen gab, musste man sich immer beeilen. Also er schrie und verteilte Stockschläge. Wenn man zum Appell antreten musste, hatte man sich ruhig zu verhalten, denn wenn er sich verzählte, musste man von vorne anfangen, und man blieb lange auf dem kleinen Appellplatz vor der Baracke. Er war es gewohnt zu schreien, wie alle Kapos." Sein Kapo hat auch geschlagen, erinnert sich Clement Meis. „Ständig. Das ging schnell. Es war wie zur Unterhaltung. Sie mussten Schläge verteilen, weil es immer nicht schnell genug ging. Außerdem glaube ich, dass das eine Methode war, damit die Häftlinge besser arbeiteten. Und gegenüber der SS zeigten die Kapos, dass sie ihre Arbeit gut machten."

Aber Clement Meis hatte die Kraft zu überleben. „Ich war nicht verheiratet, ich war Junggeselle. Ich musste nicht an meine Frau und meine Kinder denken. Und ich hatte immer die Hoffnung in mir, dass ich widerstehen würde. Außerdem war ich fünf Jahre lang in der Sahara gewesen. Das war sehr hart. So hatte ich dort meinen Charakter gestärkt, um der Hitze zu widerstehen und den langen Fußmärschen. Also fünf Jahre als einziger Weißer unter Einheimischen, da muss man schon Willensstärke haben." Um zu zeigen, welche Willkür im Lager herrschte, erzählt Clement Meis einen weiteren Vorfall. „Während der Arbeit hat mich der SS-Mann gerufen und aufgefordert, auf das Dach einer Baracke zu steigen, weil es undicht war, wenn es regnete. Ich konnte die Arbeit nur schlecht machen, und weil er nicht zufrieden war, hat er mich mit dem Stock geschlagen. Mein Kamerad aber bekam 20 Hiebe auf dem Tisch. Man zog die Hose herunter und der SS-Mann forderte einen Gefangenen auf, 20 Hiebe zu erteilen. Der Gefangene wollte nicht heftig schlagen, da hat der SS-Mann selbst den Stock genommen und zugeschlagen."

Auch das traurigste Kapitel der Lagergeschichte, die Todesmärsche, blieb Clement Meis nicht erspart. „Ich bin nach Cham gegangen. Dieser Marsch nach Cham war furchtbar. Wir sind im Lager aufgebrochen. Man hat uns eine Handvoll Getreide gegeben, eine Decke, und dann sind wir drei Tage lang marschiert. In der ersten Nacht haben wir auf einer Wiese geschlafen, die, weil es geregnet hatte, ganz nass war, in der zweiten Nacht auch. In der dritten Nacht wurden wir vom Lärm eines Panzers aufgeweckt, eines amerikanischen Panzers, der uns gerettet hat."

In seiner Marschkolonne ging Clement als letzter Häftling. Da musste er mit ansehen, wie Häftlinge eiskalt erschossen worden. „Alle, die sich hinterher schleppten, die nicht mehr marschieren konnten, wurden mit einem Revolverschuss getötet. Als wir aufbrachen, war ich der Letzte der Kolonne. Und ich habe die SS mit einem kleinen Karren gesehen, wo sie ihre Sachen hineingaben. Ich war der Letzte. Ich habe Kameraden geholfen, die nicht mehr konnten, und habe eine Zeit lang versucht, sie zu tragen. Dann habe ich sie auf den Boden hinuntergelassen und sie wurden getötet."

Die Zivilbevölkerung reagierte sehr unterschiedlich auf die Elendsgestalten, die sich durch die Orte quälten und eigentlich bis Dachau hätten marschieren sollen. „In einem Dorf hat man uns beschimpft, das waren Jugendliche. In anderen Dörfern wollte man uns zu Essen bringen, aber die SS hat das verhindert. Ich bin schließlich nach Cham gekommen. Ich war sehr schwach und musste ein bis zwei Tage in einer Krankenstation verbringen. Ich kam aber nicht sofort nach Cham. Ich war zunächst in einem Dorf, in einem Haus, wo eine Mutter mit zwei hübschen Töchtern lebte. Wir sind in die Küche eingetreten, wir waren ungefähr 15 Franzosen, wir bekamen etwas zu essen und haben geschlafen. Dann haben uns die Amerikaner geholt und nach Cham gebracht."

Drei Monate nach seiner Rückkehr nach Frankreich kam Clement Meis in ein Krankenhaus und musste dort ein ganzes Jahr lang liegen. Dort lernte er seine Frau, eine Krankenschwester, kennen. Seine Phlegmone wurde noch einmal operiert. Noch heute hat er die Narbe am Bein und er bekam Hüftprobleme als Folge der Erkrankung. „Das ist alles nach und nach gekommen. Schließlich hat sich meine Hüfte versteift. Ich habe immer noch Schmerzen. Eine Zeit lang bin ich mit Stock gegangen, jetzt geht es so."

Clement Meis kehrte wieder in die Armee zurück und arbeitete bis zu seiner Rente in der Rundfunkabteilung. Heute werden die ehemaligen Häftlinge aus Frankreich stets freundlich begrüßt, wenn sie nach Flossenbürg kommen. Doch es war schon einmal schwieriger, berichtet der ehemalige Häftling Robert Deneri, als er einmal mit Clement Meis Flossenbürg besucht und auch den Steinbruch besichtigt. 1958 kam er mit seiner Frau und einem Freund hierher, erzählt Robert Deneri: „Wir wollten den Steinbruch anschauen. Wir kamen da vorne an und die Schranke war geschlossen. Stellt euch vor, mein Freund Mélon ist aus dem Auto ausgestiegen, hat das Schloss weggeschlagen und die Schranke geöffnet. Wir sind dann mit dem Auto bis hierher gefahren. Oh Schreck, oh Schreck, da arbeiteten 60 Leute drinnen! Sie wunderten sich – ein Auto, damals hatte ich einen 4CV –, wie ein Typ wie ich es wagen konnte, mit dem Auto hier herein zu fahren. Alle hörten auf zu arbeiten. Der Meister war in der Baracke da oben, in der damals ein Wächter, ein Grünwinkel, mit der Knarre stand. Er brüllte uns von da oben aus an. Wir ließen ihn gewähren und als er endlich sah, dass sich nichts änderte, kam er herunter und erwischte uns – ungefähr hier. Ich stand also neben meinem Freund Mélon, der einen Kopf kleiner ist als ich, dafür aber doppelt so breit und der Fäuste wie Bügeleisen hat. Er verstand kein Wort Deutsch, hörte aber sehr wohl, dass der Tonfall nicht gut war. Er sagte: ‚Robert, ich hol ihn runter, ich mach ihn fertig, ich hol ihn runter.' Ich diskutierte mit dem Kerl und erklärte ihm in meinem sehr schlechten Deutsch, warum ich hier war, warum wir durch die Schranke gefahren waren. Er fing dann damit an, das sei alles nicht wahr gewesen, es habe hier niemals Deportierte gegeben. Schließlich sagte ich zu ihm: ‚Hören Sie, das reicht, in Ihrem Alter können Sie nicht wissen, dass hier ein Konzentrationslager war, dass in diesem Lager Leute gestorben sind und dass Sie gerade auf meinen Kameraden, die hier gestorben sind, herumtrampeln.' Jetzt wurde auch ich laut. Es gab eine Sprechpause. Der Kerl stand still, sagte ‚Entschuldigung' und streckte uns die Hand entgegen. Er verharrte etwa eine Minute mit ausgestreckter Hand, aber weder Fernand noch ich ergriffen sie. Ich sagte dem Meister, dass ich sehen wollte, wo wir gearbeitet hatten, wo die Kameraden gestorben waren. Er sagte: ‚Fühlen Sie sich hier wie zu Hause.'"

Bei den ehemaligen Häftlingen dauerte es oft Jahre, bis sie von ihrem Leid erzählen konnten, betont Robert Deneri. „Als wir aus der Gefangenschaft zurückkamen, waren wir stumm – meistens. Und die, die lebend zurückgekommen sind, waren jung. Sie haben sich in das aktive Leben gestürzt, um zu vergessen, sie haben Familien gegründet und es mehr oder weniger freiwillig nicht wie ihre Vorfahren gemacht und immer von den vergangenen Kriegen geredet." Clement Meis freut sich stets bei den Pilgerfahrten der französischen Häftlinge in Deutschland Menschen zu treffen, zu denen es bereits freundschaftliche Bande gibt. „Das wird uns ermöglichen, einen Teil dieser gemeinsamen Zeit zu löschen, aber ohne diese ‚Höllenfahrt' in die nationalsozialistischen Konzentrationslager zu vergessen."

Übersetzung: Sonja Rauch, Edeltraud Reindl-Beckel.

„Ich war ein Kämpfer vom Roten Wien“

Leo Mistinger: Ein Sozialist aus dem österreichischen Widerstand

„Flossenbürg ist ein schöner Ort, aber für uns war es ein Ort des Grauens. Das kann sich niemand vorstellen, wie das ist, wenn man monatelang unter Todesangst steht. Wir mussten ja damit rechnen, dass uns der nächste SSler einfach erschießt.“ Leo Mistinger kehrte 1995 im Alter von 91 Jahren erstmals seit der Befreiung an diese Stätte des Terrors zurück. Der Grund: Die deutschen Sozialdemokraten errichteten hier einen Gedenkstein für die Opfer des KZs und suchten einen ehemaligen Häftling aus den Reihen der Sozialistischen Bewegung. Die Wahl fiel auf Leo Mistinger, der mit einer packenden Rede über seine Zeit an diesem dunklen Ort seine Zuhörer in Bann zog. Dabei hatte er 40 Jahre lang nach der Befreiung überhaupt kein ehemaliges Lager betreten. Er hatte es meist vermieden, eine Gedenkstätte zu besuchen, weil es für ihn eine zu große Aufregung bedeutete und es dauerte 50 Jahre, bis er nach Flossenbürg zurückkehrte. Jetzt fühlt er sich aber gut aufgenommen, denn es sollte nicht bei diesem Besuch bleiben.

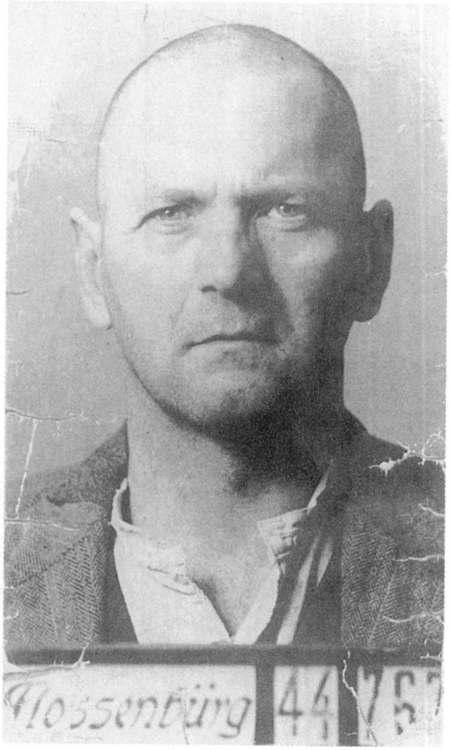

Leo Mistinger wurde 1944 nach acht Monaten Gestapohaft in Wien hierher deportiert, weil seine Familie Kommunisten beherbergt hatte, die mit Fallschirmen über Österreich abgesprungen waren. Die berüchtigten Todesmärsche kurz vor der Befreiung blieben Leo Mistinger erspart. Er wurde in Flossenbürg von der US-Army befreit. Die SS hatte rund 1.500 Häftlinge im Krankenrevier und im Quarantäneblock zurückgelassen und er war einer von ihnen. Der große alte Mann mit seiner dicken Brille schildert in seinem charmanten österreichischen Tonfall sehr eindringlich das Ende seiner Leidenszeit. „Am 23. April in der Früh ist ein Jeep da gewesen mit einem Maschinengewehr, das hat herausgeschaut, und vier Soldaten, die Kaugummi gekaut und geraucht haben. Mir sind die Tränen heruntergelaufen, ohne dass ich das Gefühl gehabt habe, zu weinen. Das war, wie wenn ich einen Nervenzusammenbruch gehabt hätte, weil ich das Gefühl gehabt habe: ‚Jetzt geh ich heim, jetzt hab ich das überstanden und geh heim.'"

Wien, 1. Mai 1998. Leo Mistinger steht auf der Ehrentribüne der zentralen Mai-Demonstration von SPÖ und Gewerkschaften und winkt ins Publikum. Zwei Tage später kommt er, wie verabredet, ins Café Landtmann, sein Stammcafe, das er täglich besucht. Nach einer herzlichen Begrüßung steht er im nahen SPÖ-Haus gleich hinter dem Burgtheater Rede und Antwort.

Das Leben von Leo Mistinger steht für die Geschichte Wiens im letzten Jahrhundert. Leo Mistinger war von 1945 bis 1970 Landtagsabgeordneter der Sozialistischen Partei Österreichs (SPÖ) und wechselte dann in den Nationalrat. Von 1963 bis 1968 führte er als Bezirksvorsitzender seine Partei in Rudolfsheim/Fünfhaus, dem 15. Bezirk, einem der klassischen Arbeiterviertel der Stadt. „Ich habe immer in Wien gelebt, ich war immer ein Kämpfer der Arbeiter vom Roten Wien", sagt er stolz. Auch eine Autorin des Wiener „Standard" schreibt 1996, dass er wohl nicht ohne Pathos vom „Roten Wien" sprechen kann und geradezu enthusiastisch von den Errungenschaften in Österreichs Hauptstadt schwärmt. Ihr hat Leo Mistinger erzählt, dass seine Eltern zwölf Kinder zur Welt brachten, aber die meisten seiner Geschwister an der „Wiener Krankheit", der Knochentuberkulose gestorben sind.

Leo Mistinger wurde am 16. März 1904 geboren. Schon seine Eltern waren Sozialisten. Im Jahre 1910 kam er zu den „Kinderfreunden", 1918 begann er eine Lehre als Buchdrucker und engagierte sich bei der Sozialistischen Arbeiterjugend SAJ. 1930 absolvierte Mistinger die Österreichische Arbeiterhochschule, für die „auserkoren" worden zu sein eine besondere Ehre war. Als Referent der SPÖ hielt er bereits 1931 Vorträge gegen die Nationalsozialisten. Im Februar 1934 beteiligte er sich an der Seite des „Republikanischen Schutzbundes" am bewaffneten, aber gescheiterten Aufstand des „Roten Wien" gegen die Etablierung eines autoritären Staates unter Bundeskanzler Engelbert Dollfuß, dessen Regime von den Linksparteien als Austrofaschismus bezeichnet wurde.[1] „Wir sind für die österreichische Republik eingetreten, wir haben uns wirklich mit Gewalt gegen den Faschismus erhoben. Ich habe aber nicht schießen müssen. Die Schusswaffe war nie mein Leben und ich war immer einer von denen, die etwas gegen Waffen haben. Wir sind der Regierung unterlegen und in die Illegalität gegangen." Seine Frau Paula Mistinger-Mraz, eine gelernte Stenotypistin, mit der zusammen er 1929 ein Internationales Jugendtreffen in Wien organisiert hatte, starb 1935 in dieser Zeit der Illegalität im Alter von 28 Jahren unter falschem Namen von Krankheit und Verfolgung

[1] Tálos, Emmerich/Neugebauer, Wolfgang (Hrsg.): „Austrofaschismus". Beiträge über Politik, Ökonomie und Kultur 1934–1938, Wien 1988.

geschwächt an einer Angina in einem Wiener Krankenhaus. Der bekannte SPÖ-Politiker Otto Bauer würdigte sie in einem Nachruf in der illegalen „Arbeiterzeitung" als „eine der tüchtigsten Kämpferinnen der revolutionären sozialistischen Bewegung im faschistischen Österreich". Für Leo Mistinger war der Tod seiner ersten Frau ein sehr schwerer Schicksalsschlag, der ihm bis heute zu schaffen macht. Leo Mistinger schloss sich den „Revolutionären Sozialisten" an und engagierte sich, zuletzt bei der Bahn beschäftigt, bei den illegalen Betriebszellen der Eisenbahner. Seine ganze Familie war dem Widerstand gegen den Faschismus verpflichtet, betont Leo Mistinger. 1943 wurden dann auch alle verhaftet. Seine Mutter Maria, seine Schwester Anna und seine Schwiegermutter Hermine Mraz kamen ins KZ Ravensbrück, sein Schwiegervater Martin Mraz und sein Stiefvater kamen nach Flossenbürg und später nach Dachau. Doch zum Glück überlebten alle das KZ. Seine Mutter wog noch 35 Kilo bei der Rückkehr nach Wien, berichtet er. Verhaftet wurden sie, weil die Sozialisten vor allem aus familiären Gründen kommunistische Nazi-Gegner unterstützt hatten. „Ein Schwager von mir ist mit den ‚Republikanischen Schutzbündlern' nach Russland gegangen. Dort ist er zu den Kommunisten gewechselt und ein höherer Funktionär geworden. 1943 sind er und seine Frau über Österreich mit Fallschirmen abgesprungen. Sie sind zu uns gekommen und wir haben sie unterstützt, bei uns beherbergt und verpflegt." Doch der Versuch, eine Widerstandsorganisation aufzubauen, ging schief. Die Aktion flog auf. Die Beteiligten wurden verhaftet, auch Leo Mistinger und seine Familie. „Die Menschen, die es auf sich genommen haben, hier abzuspringen, hätten eine Arsenkapsel schlucken sollen, damit sie nichts aussagen. Sie haben es nicht gemacht, haben ausgesagt und wir sind mit einem Schutzhaftbefehl verhaftet worden, der etwa folgenden Inhalt gehabt hat: ‚Beherbergung feindlicher Fallschirmagenten', ‚Vorbereitung zum Hochverrat', ‚Lostrennung vom Reich' und ‚Betätigung eines Feind-Senders'. All dies waren Taten, die in der Nazizeit sogenannte ‚Köpfler-Taten' waren, Sachen, von denen man annehmen musste, dass sie den Kopf kosten würden. Wir mussten das aber riskieren, weil wir die Menschen nicht verraten konnten."

In dieser Zeit gab Leo Mistinger seine Tätigkeit bei einer illegalen Organisation auf. Er wollte keine Verbindung mit anderen haben, um sie nicht zu gefährden, falls die Hilfsaktion für die Kommunisten, die er als sehr gefährlich eingeschätzt hatte, auffliegen würde. „Wir haben das unter Lebensgefahr gemacht, weil wir versucht haben, mit allen uns möglichen Mitteln den Faschismus zu stürzen und die alten demokratischen Verhältnisse wieder herbeizuführen." Doch Leo Mistinger wurde verhaftet. Acht Monate dauerte die Haft im Gestapo-Gebäude am Wiener Morzinplatz. Mistinger wurde von einem der gefürchtetsten Gestapo-Schergen Wiens verhört und misshandelt. Es fällt ihm noch heute schwer, darüber zu sprechen. „Man kann sich ja nicht vorstellen, was ein Keller bei der Gestapo bedeutet hat, wenn man von einem

Verhör zurückgekommen ist und den Rücken blau geschlagen hatte, oder wie es ist, wenn man auf der Leitung aufgehängt wurde und die Hände nicht bewegen konnte. Wenn man das Bedürfnis dazu hatte, musste man den Wärter rufen, weil es mit den Händen nicht möglich war, den Hosenschlitz aufzumachen. Das war ja das, was mir so furchtbare Schmerzen bereitet hat, dass es Menschen gibt, die diese Taten vollbringen konnten. Das war nicht nur bei der Gestapo so, auch hier im Lager hat es Kapos gegeben, die geprügelt haben." Die Erinnerung tut ihm auch heute noch weh. „Erspar mir das, reden wir über was anderes", bittet der große alte Mann, berichtet dann aber doch weiter, wie er von Wien aus nach Salzburg und nach einer Übernachtung mit dem Zug nach München gebracht wurde.

„Da gab es schon den ersten Toten. In München hat man die Tür aufgemacht und den rausgeschmissen, dann hat man uns in Ketten durch München nach Stadelheim geführt, dort haben wir übernachtet und sind dann hier herauf gekommen nach Flossenbürg. Auf dem Weg von München nach Flossenbürg hat man uns in einen Kastenwagen hineingepresst, ein Dutzend Gefangene, und wir sind durcheinander und übereinander gelegen. Das war ein ganz scheußlicher Transport. Die Straße muss ja damals furchtbar schlecht gewesen sein. Als wir hier heraufgekommen sind, haben wir das Tor mit ‚Arbeit macht frei' gesehen und da haben wir gewusst, was uns bevorsteht. Wir sind sofort empfangen worden mit den Worten ‚Du gehst nur durch den Kamin hinaus!', und sie haben uns natürlich gleich geprügelt. Wir sind über den Bock gegangen. Das war damals üblich, dass man über den Bock geht. Ich hab' das Glück gehabt, dass ich als einer der Letzten drauf gekommen bin, da haben sie schon nicht mehr so viel Kraft gehabt und nicht mehr sehr stark geschlagen. Aber das sind so entwürdigende Sachen, dass man nicht gerne darüber redet." Und doch ringt sich Leo Mistinger dazu durch, weiter zu erzählen. Es ist ihm wichtig, dass etwas Licht in die Geschichte dieses wenig erforschten Lagers kommt. Obwohl relativ wenig politische Häftlinge in Flossenbürg inhaftiert waren, haben doch einige versucht, Widerstand zu leisten, berichtet Leo Mistinger. Er glaubt sogar, dass er denen sein Leben verdankt: „Wenn nicht unsere Freunde, Häftlinge, die in der Kommandantur gearbeitet haben, unsere Akte verschwinden hätten lassen, denn wir sind ja als Todeskandidaten nach Flossenbürg geschickt worden, wären wir wahrscheinlich in den ersten Tagen zu Grunde gegangen." Bei der Ankunft im Lager verschwieg der Sozialist bewusst den Grund seiner Inhaftierung. „Irgendeiner hat gefragt: ‚Wegen was bist du denn da?' Da hab' ich gesagt: ‚Weil meine Mutter einen polnischen Freund gehabt hat.' In dem Moment, wo man gesagt hätte, wir sind wegen Feindberührung da, hätten sie uns wahrscheinlich sofort umgelegt. Es war unser Glück, dass die Akten verschwunden sind. Das war die Solidarität der Häftlinge, das waren politische Häftlinge, aber wir haben sie nicht gekannt. Es hat sich dann niemand um uns gekümmert. Ich hab' ja mein Foto noch. Nach der Befreiung hab' ich in der Kommandantur gesucht und ich habe auch mein Foto gefunden, aber die Akte von mir habe ich nicht mehr gefunden. Die war verschwunden, unauffindbar."

Flossenbürg, das bedeutete unvorstellbar schlechte hygienische Bedingungen, betont der Wiener Sozialist. „Ungeziefer gab es in einem Ausmaß, dass man sich das nicht vorstellen kann. Es war verheerend. Wir hatten keine Seife zum Waschen, wir hatten keine richtige Wäsche zum Wechseln. Wir hatten keine Strümpfe, sondern mussten Fußlappen nehmen. Und es war ja so, dass du die ersten Tage keine Schuhe bekommen hast, sondern Holzschlappen. Das waren Bedingungen, die man sich nicht vorstellen kann."

Leo Mistinger war nicht der einzige Österreicher in Flossenbürg. Im KZ waren bereits Feuerwehrleute und Eisenbahner, die in Wien Widerstand geleistet hatten, berichtet er. Mistinger ist gelernter Buchdrucker, vor seiner Verhaftung hatte er dienstverpflichtet in einer Elektrowerkstätte gearbeitet. Die österreichischen Genossen rieten ihm gleich, Elektriker als Beruf anzugeben, weil sie ihn dann in einer Elektrowerkstätte unterbringen könnten. Mit Erfolg: Er wurde als Elektriker beschäftigt und dem so genannten Kommando Stich im nahen Altenhammer zugeteilt. Dort wurden auch Flugzeuge produziert und die Häftlinge mussten nicht jeden Tag zurück ins Lager. „Das war nur durch die Hilfe der Eisenbahner möglich. Später war ich Betriebselektriker. Ich hab' also die Bohrmaschinen repariert, soweit ich es konnte. Wenn ich es nicht konnte, habe ich sie ruiniert. Und dann hab' ich gesagt: ‚Die sind unreparabel, die müssen in die Fabrik.' Das Kommando Stich war eigentlich ein Laufband, an dem Flugzeuge zusammengestellt worden sind. Wir haben die Rümpfe und die Flügel bekommen und haben auf einem Laufband die Flugzeuge zusammengenietet. Soweit es möglich war, sind die Motoren eingebaut worden und vor allem die Kanonen und die Maschinengewehre. Ich wär' wahrscheinlich mit einem Flugzeug, das ich elektrisch abgenommen habe, nie weggeflogen, weil ich da eine zu große Angst gehabt hätte. Meine Abnahme war so, dass ich der Überzeugung war, dass das Flugzeug in den nächsten fünf, sechs Tagen unfähig war aufzusteigen. Das haben sie nochmals kontrollieren müssen, davon war ich überzeugt. Dasselbe war bei den Kanonen und bei den Maschinengewehren, ich glaub', die haben bei uns, wenn sie weggebracht worden sind, nicht funktioniert. Oder ich bin hergegangen und hab' die Vorköpfe von den Bohrmaschinen abmontiert und im Kommando Stich in einen Brunnen geschmissen, und die sind verrostet und konnten nicht mehr verwendet werden. Das war ein Teil des Widerstands."

Wenn auch mit kleinen Mitteln, so versuchte Leo Mistinger doch dem System Widerstand entgegen zu setzen. Gab es auch organisierten Widerstand im KZ Flossenbürg, einem Lager, in dem die Häftlinge mit dem grünen Winkel das Sagen hatten? Leo Mistinger spricht von einer regelrechten „Politischen Organisation" und einem „Illegalen Rat", relativiert das aber gleichzeitig und schränkt es auf „Freundschaftsgruppen" ein, die sich untereinander verständigt haben. „Es war klar, dass die Kommunisten tonangebend waren. Die Kommunisten haben ja die Sozialdemokraten gehasst. Mich hat man ‚paterniert', weil ich für die Kommunisten ein ‚Austromarxist' war. Ich wurde von den Kommunisten nicht ausgeschlossen, aber auch nicht anerkannt. Ich mein', man hat mir nicht weh getan. Das war so, dass man auf dem Appellplatz oder am Abend in Gruppen zusammengewesen ist und halt spazieren gegangen ist, und da hat man sich die so genannten Latrinengerüchte gegenseitig erzählt und gewusst, na, der gehört zu mir und bei dem muss ich aufpassen, das spürst du. Wenn du in der Illegalität warst, dann spürst du das." Zum Kern der politischen Häftlinge zählten die „Blaupunkte" und die „Rotpunkte", berichtet der Sozialist. Das waren besonders gekennzeichnete Häftlinge, die zusätzlich zum roten Winkel der politischen Häftlinge mit blauen und roten Scheiben auf ihrem Häftlingsdrillich markiert wurden. Die „Blaupunkte" kamen zur Strafe aus dem KZ Sachsenhausen und die „Rotpunkte" aus dem KZ Dachau nach Flossenbürg. „Die ‚Blaupunkte', das waren wirklich fesche Burschen, wie man auf bayerisch sagt, gestandene Männer. Das waren wirklich illegale Arbeiter, Arbeiterfunktionäre, vor denen man Achtung haben musste. Konspiration ist eine Vertrauenssache gewesen, du konntest ja nicht wissen, ob dich nicht einer um ein Stückerl Brot verrät. Der Hunger war groß und die Not war furchtbar." Es ist sogar diskutiert worden, einen Aufstand zu wagen, erklärt Leo Mistinger. Aber angesichts der realen Kräfteverhältnisse war es zu keinem Zeitpunkt denkbar, sich gegen die SS zu erheben. Es war sogar die Rede davon, dass die Häftlinge über eigene Waffen verfügt hätten, so Mistinger, fügt aber hinzu: „Waffen – was heißt Waffen? Wenn einer ein längeres Messer gehabt hat, hat er schon geglaubt, das ist eine Waffe. Ich mein', das hat es gegeben, es hat in den Werkstätten Radios gegeben, es hat Empfänger gegeben, denn schließlich sind zum Teil alte Flugzeuge gekommen, da wurde Verschiedenes ausgebaut und ist verschwunden. Die SS hat keine Ahnung davon gehabt. Wie viele Waffen werden die gehabt haben? Ein Gewehr vielleicht, vielleicht haben sie ein Maschinengewehr aus einer alten Kanone herausgeholt und es irgendwo im Keller versteckt. Ich habe allerdings keine Gewehre gesehen, ich hab' nur gewusst, dass es sie gibt, und zwar waren sie in Reparaturwerkstätten außerhalb des Lagers. Das wurde im Lager von den Leuten erzählt. Außerhalb vom Lager waren die Garagen der SS, die haben die Häftlinge betreut und da waren angeblich Waffen vorhanden, aber in einem derart minimalen Ausmaß, dass man nichts riskieren konnte. Das Entscheidende war, dass man überlegte, die Russen dazu zu bringen, einen Aufstand zu wagen. Die waren ja die Hauptkraft und man war überzeugt, dass sie geschulte Soldaten sind. Für einen Aufstand hätte man ja geschulte Menschen gebraucht. Ich hab' solche linken Hände, ich wäre mitgerannt, aber ob ich was machen hätte können, das kann ich nicht sagen. Die Russen wären vielleicht fähig und vielleicht auch bereit gewesen.

Die hätte man vielleicht dazu gebracht. Aber es war ja nichts da. Wenn ich so wienerisch sagen darf, mit einem ‚Sacktücherl', also einem Taschentuch, kannst keinen Aufstand machen. Die Russen wären bereit gewesen. Die Russen, die waren ja Helden, ausgesprochene Helden, aber wie gesagt, man konnte sie ja auch nicht hineinhetzen in eine Sache, die aussichtslos war. Ein Aufstand hätte höchstens eine Chance gehabt, wenn man gewusst hätte, dass die Alliierten da sind, wie in Buchenwald. Aber die waren ja nicht da. Und als dann die Alliierten kamen, waren keine Häftlinge mehr da."

Aufmerksam verfolgte Leo Mistinger, was im Lager geschah. „Die deutschen Häftlinge hatten mit den Sowjets gute Verbindungen", sagt er. „Es war eine Reihe Polit-Kommissare da, von denen die SS nicht gewusst hat, dass sie Polit-Kommissare sind. Denn in dem Moment, wo sie es gewusst hätten, wären sie sofort erschossen oder aufgehängt worden." Er selbst hatte keine Verbindung mit den Häftlingen aus der früheren Sowjetunion, erstens, weil er nicht Russisch spricht, und zum anderen, weil die deutschen Häftlinge – und der Wiener galt bei den Nazis ja als Deutscher – in den letzten Monaten auch etwas ausgeschlossen waren, da sie sich die Haare wachsen lassen konnten, „obwohl wir politische Häftlinge waren und im gleichen Dreck gelegen sind".

Kurz vor Kriegsende bot die SS deutschen Häftlingen an, in die Lagerpolizei einzutreten, erklärt Leo Mistinger. Seine Gruppe lehnte dieses Ansinnen jedoch ab. „Eines Tages hat es geheißen: ‚Alle Deutschen auf den Appellplatz!' Und wir sind hier am Appellplatz gestanden und da ist der Lagerkommandant gekommen und hat eine schöne Anrede gehalten: ‚Der Führer hat euch entschädigt und erzogen und jetzt seid ihr Deutsche und jetzt habt ihr die Aufgabe, dem Führer zu helfen. Der Führer braucht euch, und ihr seid gute Deutsche geworden, weil ihr hier die Arbeit geleistet habt usw.' In dem Ton. Und dann hat er gesagt, jeder soll vortreten, der in die Lagerpolizei eintreten will. Es hat lange Diskussionen gegeben, ob wir in diese Hilfsorganisation eintreten. Ich vertrat in der Organisation die Meinung, man soll das machen, denn wir sind dann in der Freiheit und haben eine Waffe. Aber unsere illegale Organisation hat gesagt: ‚Nein, wir machen das nicht.' Wir haben das abgelehnt. Die Gruppen waren sehr isoliert. Man hat über das nur mit den unmittelbaren Vertrauten gesprochen. Von einer ‚Illegalen Organisation' zu reden, ist vielleicht übertrieben. Die Häftlinge haben Gruppen gebildet. Man könnte auch sagen ‚Freundschaftsgruppen'. Aber auch diese Gruppen haben sich untereinander verständigt. Das ist doch selbstverständlich, dass die kommunistischen Abgeordneten, die es hier gegeben hat, die ‚Blaupunkte', einen gewissen Anhang gehabt haben und einen gewissen Einfluss und dass die Funktionäre, die bei denen immer mitgearbeitet haben, sich an ihnen natürlich irgendwie orientiert haben oder sich mit ihnen besprochen haben und damit eine Art ‚Kreis' gebildet haben."

Im Lager war vieles möglich, berichtet Leo Mistinger. „Da haben auch die grünen Kapos mit der SS gewisse Geschäfte gemacht. Das war ja eine korrumpierte Gesellschaft, die Grünen mit der SS. Ich sag' ja, wenn ein großer Transport gekommen ist und die haben Schmuck gebracht und so Zeug, da war die SS sehr zufrieden. Weil da ist immer a bisserl was abgefallen." Grüne Häftlingskapos kamen sogar zu Alkohol, berichtet Mistinger. „Es ist doch so gewesen, dass die Methylalkohol gehabt haben und den haben die Häftlinge gesoffen. Von meinem Blockältesten wurde ich eines Tages gefragt: ‚Kannst einen Schnaps machen?' Es hat nichts gegeben, was ich nicht hätte machen können. Ich hab' gesagt: ‚Selbstverständlich kann ich einen Schnaps machen!' Und da hat er mir auch Kümmel gebracht aus dem Garten und den hab' ich gekocht, ein bisserl mit Wasser und mit dem Alkohol. Die haben Alkohol hereingebracht, Spiritus, und da hab' ich ihnen einen Schnaps gekocht und die haben mir zwei Stückerl Brot dafür gegeben. Ich hab' nichts getrunken. Und dann haben sie einmal Methylalkohol gebracht, sind davon blind geworden und von der SS sofort erschossen worden."

Die Arbeit im Kommando „Stich" hatte für Leo Mistinger den Vorteil, dass er nicht immer zurück ins Lager musste und dort ein weniger strenges Regime herrschte. Das Wachpersonal bestand im Kommando Stich vor allem aus Soldaten. „Das war schon wesentlich leichter, das waren Wehrmachtsangehörige, die hier abkommandiert wurden, die zum Teil invalid waren, der Kommandant dort war eine Zeit lang ein Lehrer aus dem Rheinland, der hat sich öfter zu mir gestellt, er hat auch hie und da Essen von der SS gebracht, ich hab' so das Gefühl gehabt, der versuchte, mit mir Freundschaft zu schließen. Das große Durcheinander im Lager haben wir nicht mitgemacht, weil wir ja im Kommando Stich waren. Wir haben dort eigentlich ein ruhiges Leben gehabt. Als die Amerikaner immer näher gekommen sind, wurden wir eingezogen in das Lager, das muss so um den 18. oder 20. April gewesen sein. Auf dem Weg dorthin ist uns eine Gruppe von SSlern, die in den Kampf ziehen mussten, entgegengekommen. Die haben sich sehr abfällig über uns geäußert. Da hatte ich Angst, dass sie auf uns schießen würden, aber das ist gut ausgegangen, wir sind vorbeigekommen. Wir hatten bis dahin in Altenhammer geschlafen. Dadurch, dass bei uns Flecktyphus ausgebrochen war, hat man uns in einen Quarantäneblock gesteckt. Vor dem Flecktyphus hat sich die SS sehr gefürchtet. Wir sind dann in einem eigenen Bereich gewesen, der extra abgegrenzt war. Ich hab' nicht Typhus gehabt, aber Freunde von uns sind daran gestorben."

Durch die Quarantäne entging Leo Mistinger auch den Todesmärschen und wurde in Flossenbürg befreit. Die Amerikaner beschäftigten ihn als „Chef-Desinfektor". So blieb er in Flossenbürg und half im Lager bei den Aufräumungsarbeiten mit. „Ich habe in der Wäscherei gewohnt und aus der Umgebung habe ich Nazis zugeteilt bekommen, die mussten alle Utensilien, Bänke, Strohsäcke und alles auf den Appellplatz tragen, und die sind dort verbrannt worden. Weil die Läus' und das Ungeziefer derart viel waren und weil sie Angst vor dem Flecktyphus hatten, haben mir die Amerikaner große Dosen von DDT gegeben. Damit mussten von den Menschen aus der Umgebung die Blocks ausgestaubt werden. Ich hab' mit denen ja fast keine Berührung gehabt. Ich habe ihnen das DDT gegeben und diese Spritzen, sie sind halt herum und ich hab' geschaut, ob sie richtig spritzen. Ich hab' mich selber von oben bis unten mit dem DDT angespritzt, damit ich nach Haus komm'."

Ein amerikanischer Offizier wollte ihn davon überzeugen, zur amerikanischen Armee zu gehen, weil es ja früher oder später doch zu einer Komplikation zwischen Russland und Amerika komme. Aber als er hörte, dass Renner und andere, die seine Lehrer in der Arbeiterhochschule waren, in Österreich wieder Funktionen übernommen hatten, da war für ihn klar, dass er heim musste. Leo Mistinger kehrte über Prag nach Österreich zurück und kam dort Anfang Juni 1945 an. Zehn Tage nach seiner Rückkehr beauftragte ihn der Bürgermeister von Wien, General Körner, eine Hilfsaktion für die Kinder von Wien zu organisieren und Leo Mistinger tat das mit all seinem Enthusiasmus für sein „Rotes Wien" und die Sache des Sozialismus.

rechts: Leo Mistinger

„Das war unmittelbar, nachdem ich selbst aus dem Lager gekommen bin. Ich will damit sagen, dass mich das Lager nicht hat brechen können, denn mein Gedanke für die Befreiung der Arbeiter, für den Sozialismus war derart groß, dass es kein Hindernis gegeben hat für mich. Aber nicht nur für mich, für alle, für die sogenannten ‚Roten Wiener Arbeiter', das war für uns das Evangelium."

Leo Mistinger ist am 3. April 2001 in Wien gestorben.

„Wir können alle nachts nicht schlafen“

Jakob Silbermann: Ein deutscher Jude – nach Israel emigriert

„Diese Nacht habe ich kein Auge zugemacht, die Erinnerungen, die Albträume“, sagt Jakob Silbermann aus Israel. Er ist zu einem Treffen ehemaliger Häftlinge mit Jugendlichen aus mehreren Ländern nach Flossenbürg zurückgekehrt. Die Albträume ließen Jakob Silbermann nie mehr los, seit er aus den KZs der Nazis befreit wurde. In Flossenbürg kommen die Ängste von einst wieder hoch. „Gucken Sie mich an, ich bin doch ein fester Mann, ein starker Mann, ein gut aussehender Mann. Aber glauben Sie mir, krank bin ich durch und durch, ich schreie bei Nacht, ich habe Albträume, ich habe immer Angstgefühle. Ich sehe einen SS-Mann kommen, er läuft mir nach und will mich schlagen, er will mich erschießen, da fange ich an zu schreien. Man merkt mir ja gar nicht an, dass ich Verfolgungswahn habe. Die ganze Nacht sind mir die Bilder vorgekommen, das Lager, die Treppen, die Schläge, diese Nacht überhaupt noch mehr wie andere Male.“

Jakob Silbermann ist einer der deutschen Juden, denen während der NS-Zeit nicht die Emigration ins rettende Ausland vergönnt war. Seine Eltern überlebten den Holocaust nicht. Einst als behütetes Kind einer jüdischen Familie aufgewachsen, war Jakob Silbermann am Ende des Krieges ein Waise. „Seelisch war ich zerbrochen, ich bin auch sehr nervös, ich bin aufgeregt. In den Momenten, in denen ich aufgeregt bin, fange ich an zu schreien. Meine Frau, meine gottselige Frau, war auch im Lager. Wenn nicht ein Stückchen Brot am Bett lag oder ein Glas Wasser dort stand, konnte sie nicht einschlafen. Das Glas Wasser und das Stückchen Brot mussten am Bett sein, obwohl sie es nie gegessen hat. Nachts, wenn sie aufstand, musste sie gucken, ob das Stückchen Brot da war. Das heißt, sie war verfolgt von der Angst, dass sie morgens kein Stückchen Brot hat.“

Jakob Silbermann wurde am 8. Januar 1927 in Düsseldorf geboren. Als er drei Jahre alt war, zogen seine Eltern nach Leipzig. Dort ging das Leben zunächst seinen ganz normalen bürgerlichen Gang. Der Vater war im Weinhandel tätig, die Mutter Hausfrau und Jakob ging in eine christliche Schule. Als das in der NS-Zeit nicht mehr möglich war, besuchte er eine jüdische Schule. In Leipzig erlebte er auch die so genannte „Reichskristallnacht“. Seine Eltern flüchteten sich mit ihm ins polnische Generalkonsulat. Und ab diesem Zeitpunkt, sagt Jakob Silbermann, war er nur noch von einem Gefühl beherrscht – Angst: „Das Generalkonsulat war extraterritorial, die Deutschen, die Nazis durften nicht rein. Mein Vater war schon im Generalkonsulat und hat uns angerufen, wir sollten sofort auch dorthin kommen, und das war in der Kristallnacht. Meine Mutter ist rechts gegangen, ich bin links gegangen, damit es nicht so aussieht, als würden wir zusammen gehen. Und dann sind wir ins polnische Konsulat, und da waren wir bis abends. Abends hieß es dann, die Aktion ist eingestellt und wir dürfen nach Hause gehen. Wir sind nach Hause gekommen, wir haben kein Licht gemacht, haben nur so geguckt. Um 8 Uhr abends hat es an der Türe geklopft, da standen zwei deutsche Polizisten: ‚Guten Abend, guten Abend, ist Ihnen etwas passiert?' ‚Nein', hat meine Mutter gesagt, ‚nein, bei uns ist alles in Ordnung', und sie sind weg. In dem Haus gegenüber da war die Synagoge, ganz demoliert. Sie konnten sie nicht anzünden, weil rechts und links und oben christliche Familien gewohnt haben, die haben nur innen demoliert."

Das Leben der Juden wurde immer schwerer, doch die Familie konnte nicht aus Nazi-Deutschland ausreisen. Nur Jakob Silbermanns Bruder gelang im Rahmen einer Hilfsaktion, die jüdischen Jugendlichen die Emigration nach Palästina ermöglichte, der rettende Sprung in die Freiheit. „Er konnte nach Israel emigrieren. Wir konnten nicht raus, weil wir kein Zertifikat bekommen haben. Es gab ja noch kein Israel, es gab nur Palästina und da saßen die Engländer. Die wollten uns doch auch nicht und sie haben nur Leute mit Zertifikaten hineingelassen. Wer hat die Zertifikate ausgestellt? Die Engländer! Erstens haben Zertifikate viel Geld gekostet und es hat sie auch nicht jeder bekommen. Wieso ist mein Bruder rausgekommen? Mit der Jugend-Aliyah ist er rausgekommen. Und wer konnte die Zertifikate bezahlen? Wir waren keine reichen Leute. Wir konnten keine kriegen ohne Geld."

Der Bruder war gerettet, doch die Situation der Familie Silbermann in Leipzig spitzte sich rasch dramatisch zu. Die behütete Kindheit von Jakob Silbermann war endgültig zu Ende, als der Vater von der Gestapo verhaftet wurde und Jakob und seine Mutter einige Tage später Deutschland verlassen mussten. „Mein Vater wurde schon im Juni 1939 verhaftet, weil er Jude war, nur, weil er Jude war! Und wir haben dann ein paar Tage später eine Aussiedlung bekommen, das heißt meine Mutter und ich, wir mussten Deutschland verlassen. Wir mussten den Koffer nehmen, alles stehen und liegen lassen und Deutschland verlassen. Wir sind dann nach Polen gefahren, weil die Eltern von meinem

Cham 1946

Vater und seine ganze Verwandtschaft in Polen lebten, das war eine große Familie. Wir sind nach Polen gefahren und nach vier Wochen begann der Krieg. Die Deutschen sind einmarschiert und ich war wieder bei den Deutschen, aber in Polen waren die Umstände anders als in Deutschland."

Im September 1939 hatten Hitler-Deutschland und sein antisemitischer Terror Jakob Silbermann wieder eingeholt. Der jüdische Junge, der mit seiner Mutter in einer kleinen Stadt bei Krakau lebte, sah, dass die Nazis in Polen rücksichtsloser agierten als in Deutschland. „Einmal", erinnert er sich, „haben sie den Nachbarn erschossen, frühmorgens um 4 Uhr habe ich Schreie und Weinen gehört. Gegenüber wohnte ein Zahnarzt, den haben sie einfach heruntergeholt und erschossen. Ich war ein Junge von zwölfeinhalb Jahren. Ich sehe das Bild noch heute, wie die Frau auf ihrem Mann lag, und die SS-Leute, die hat das gar nicht interessiert, so wie ein Hund Pipi macht, hat die das interessiert. Rausgeholt und erschossen. Das lastet mir noch heute auf dem Gemüt. Glauben Sie mir, nachts träume ich davon. Ich sehe gut aus, ich fühle mich sehr wohl, aber was innen los ist, weiß niemand."

In Polen erreichte die Familie noch ein Lebenszeichen des Vaters. Doch Jakob Silbermann sollte seinen Vater nie wieder sehen. „Ich glaube, wir haben nach Polen einmal eine Karte bekommen, so eine vorgedruckte Karte von meinem Vater mit: ‚Mir geht es gut.' Ich glaube, 1941 haben wir diese Karte bekommen, es war die letzte. Er war in Sachsenhausen und in Buchenwald. Ich habe die Auszüge der KZs mit genauer Sterbeurkunde daheim. Er ist gestorben an Lungenentzündung oder so was, das haben sie uns damals geschrieben. Herr Benno Silbermann ist an … verstorben, Punkt."

Für Jakob Silbermann begann ein langer Leidensweg. Er musste zunächst in einem Arbeitslager für das Deutsche Reich am Bau einer Talsperre mitarbeiten. Das war noch harmlos gegen die Lager, in die er später verschleppt wurde. Doch es folgte bald der nächste Schicksalsschlag für den jüdischen Jungen, der damals bereits den gelben Stern tragen musste: „Als Kind habe ich schon viel gelitten. Kein Kontakt mit dem Vater und es hat nicht lange gedauert, bis ich ins Arbeitslager gekommen bin. Das war kein KZ, wir waren ein bisschen freier, aber wir mussten hin, als Juden mussten wir hin, denn 1942 wurde das Städtchen ‚judenrein' gemacht. Weiß Gott, wohin die Leute gebracht wurden. Es wusste ja niemand, wohin. Die SS ist mit Autos gekommen, haben sie aufgeladen und die Leute weggeführt, auch meine Tanten und meinen Großvater. Ich bin nach Hause gekommen und es war niemand mehr da. Wir haben im Arbeitslager gehört, dass in der Stadt die Juden ausgesiedelt wurden. Ich habe aber niemanden mehr getroffen, als ich zurückkam. Es war niemand mehr da."

Was mit seiner Mutter und seinen Verwandten passiert war, erfuhr Jakob Silbermann nicht. Den Weg durch die KZs der Nazis musste er nun alleine gehen. „Wie fühlt sich ein Kind, das allein geblieben ist? Das spaziert heute noch in mir herum, das Alleinsein, dass ich nicht weiß, wohin ich komme. Und ich hatte nichts gelernt, ich habe schon ein Jahr Schule verloren in Deutschland, weil die jüdischen Schulen zugemacht wurden. Ich hatte nicht mehr als sechs oder sieben Klassen, dann war es schon zu spät, um noch zu lernen. Ich war vier Jahre im KZ. Als ich das KZ verlassen habe, war ich ein Junge von 18 Jahren und ich war allein. Das sind seelische Sachen, die kann man nicht erzählen. Das drückt auf das Herz, das ist wie eine Krankheit: alleine zu sein, ohne Eltern aufgewachsen zu sein. Das Alleinsein, das ist eine der Krankheiten, die mich drücken."

Im täglichen Kampf um das Überleben musste Jakob Silbermann jetzt für sich selbst sorgen. Großes Glück hatte er, als er einmal auf Amon Göth traf, wie er glaubt sich erinnern zu können, einen gefürchteten SS-Mann, der auch durch den Film „Schindlers Liste" zu trauriger Bekanntheit kam. Für Jakob Silbermann endete diese Begegnung jedoch glimpflich: „Ich wusste nicht, sollte ich ‚Guten Tag' sagen, sollte ich nicht ‚Guten Tag' sagen, sollte ich die Mütze abnehmen, ich habe ihn nicht angeguckt. Er hat mir einen Arschtritt gegeben und gesagt: ‚Warum sagst du nicht Guten Tag?', oder so. Habe ich Glück gehabt, dass mir nichts passiert ist."

Die nächste Station von Jakob Silbermann war Mielec, das ebenfalls im heutigen Polen liegt. Auf seinem rechten Unterarm tätowierte die SS hier, wie bei allen jüdischen Häftlingen, mit blauer Tinte die beiden Buchstaben „KL" ein, für „Konzentrationslager". In Mielec fertigten die Häftlinge Flugzeuge für die Firma Heinkel. Auch Jakob Silbermann wurde in der Produktion eingesetzt. „Das Lager ist umzäunt gewesen, mit SS-Bewachungen, mit SS-Hunden. Es war ein miserables Lager, da wurde schon gefoltert. Und wer nicht machte, was von ihm verlangt wurde, wurde erschossen. Die Wanzen haben gebissen, die Flöhe haben gestochen, wir konnten nicht baden. Ich kann mich erinnern, ich habe gefrorene Kartoffelschalen gegessen. Das wünsche ich keinem Menschen, dass er die essen muss. Kartoffelschalen ja, aber keine gefrorenen Kartoffelschalen. Die schmecken wie Gift. Sie wurden von Leuten weggeworfen, die Geld hatten und sich durch Schleichwege Kartoffeln kaufen konnten. Weil sie die Schalen nicht wollten, habe ich die Schalen gegessen. Also es war kein leichtes Leben, glauben Sie mir."

Als die Rote Armee näher rückte, wurden die Häftlinge Anfang 1944 von Mielec nach Wieliczka bei Krakau gebracht, um dort in einer unterirdischen Salzgrube zu arbeiten – ebenfalls in der Flugzeugproduktion. „Zu fressen gab es nichts, es war doch unter der Erde und überall war Salz. Die Maschinen standen da und konnten nicht arbeiten, so salzig war es. Die Deutschen konnten da offenbar auch nicht arbeiten, das Material verrostete durch das Salz. Ich kann nicht viel dazu sagen, gefressen haben wir nichts. Ich selber habe nichts getan, ich habe mich dahin gedreht und dorthin gedreht. Sie wussten gar nicht, dass ich da war und ich hatte keinen festen Platz, aber raus konnte ich auch nicht."

In Wieliczka blieb Jakob Silbermann nicht lange. Die schreckliche Reise durch die Lager ging weiter. Einmal stand der überfüllte Deportationszug mit den jüdischen Häftlingen kurze Zeit vor Auschwitz. Doch der Zug fuhr weiter. Sein Ziel war das KZ Flossenbürg in der Oberpfalz: „Der Transport war miserablig, wir hatten nichts zu essen, nichts zu trinken. Wir standen vor Auschwitz, wir haben die Transporte mit Menschen, die vernichtet wurden, durchfahren sehen. Es waren meist belgische Juden, die französisch gesprochen haben. Wir standen auf demselben Gleis und durch die Fenster haben wir gehört, wie sie gerufen haben: ‚Wasser, Wasser!' Wir kamen nach Flossenbürg, weil wir Arbeitskräfte für Messerschmitt waren. Ich sage Ihnen, ohne Essen, ohne Trinken, ohne sanitäre Vorkehrungen waren wir in dem Wagon eingesperrt, ohne nichts! Es hat gestunken, nach Urin und nach Toten, wir sind auf Toten gesessen. Wir waren 50 Mann im Viehwagon, vielleicht noch mehr. Wer kann sich daran erinnern, wer hat gezählt, wer konnte zählen? Man hat uns reingestopft wie Vieh. Oben gab es so kleine Fensterchen, die mit Stacheldraht vergittert waren. Mit wem kannst du reden in so einer Situation, mit deinem Nachbarn vielleicht. Wir saßen ganz still, wir haben keine Kräfte gehabt zum Schreien. Das kann man nicht erzählen, das kann niemand glauben."

Im August 1944 kam der Transport mit den jüdischen Häftlingen aus Polen in Flossenbürg an. Zu Fuß marschierten die Häftlinge den Berg hoch in das Lager, an dessen Eingang sie die Tafel mit der Aufschrift „Arbeit macht frei" passierten. Schon unterwegs fiel Jakob Silbermann der eigenartige Geruch auf, der über dem Ort hing: „Ganz Flossenbürg hat gerochen. Wie die Leute hier gewohnt haben, das kann ich mir nicht vorstellen. Sobald wir nach Flossenbürg gekommen sind, haben wir den Rauch gerochen. Als ich drin war, habe ich das Krematorium rauchen sehen, aber vorher wusste ich nicht, woher der Geruch kam."

In Flossenbürg blieb ihm der gefürchtete Steinbruch erspart. Die jüdischen Häftlinge aus Mielec galten als Fachkräfte und Jakob wurde zur Flugzeugproduktion von Messerschmitt geschickt. Der Weg zur Arbeit führte stets vorbei an der mächtigen Kommandantur des KZs, die heute noch steht. „‚Häftlinge, Mützen ab!', hieß es hier immer, wenn wir durch das Tor gingen. ‚Häftlinge, Mützen ab!', und dann mussten wir die blauweißen Mützen abnehmen." Im Gegensatz zu anderen Häftlingen kam Jakob Silbermann hier gut zurecht. „Für mich war Flossenbürg im Vergleich zu den anderen Lagern ein Paradies. Warum? Weil ich eine regelmäßige Arbeit hatte. Weil ich in der Frühe raus aus dem Lager und erst abends zurückgekommen bin, war es für mich gut, und der Fliegeralarm war für mich noch besser, wirklich ein Paradies war der

Fliegeralarm für mich. Das war die beste Zeit in Flossenbürg, die wir hatten, da hat dir niemand etwas getan und du hattest keine Angst vor nichts. Und es war viel Fliegeralarm. Es war schon Ende 1944, da ging es schon los, da hat man schon in der Luft gerochen, dass was nicht stimmt, obwohl wir keine Zeitung hatten. Der Fliegeralarm hat uns viel erzählt."

Anders als in Mielec fand er in Flossenbürg Freunde und – hier wurde Deutsch gesprochen, er verstand die Befehle von SS und Kapos. Hoffnung auf ein baldiges Ende des Krieges machten ihm neben dem häufigen Fliegeralarm auch aufmunternde Worte, wie die eines deutschen politischen Häftlings. „Ich hatte einen deutschen Meister in der feinmechanischen Abteilung, der war erstklassig, der war links eingestellt", erinnert sich Jakob Silbermann. „Der Mann hat uns auch gesagt: ‚Jungs, seid brav, ihr kommt nach Hause.' Ich glaube, er war ein Sachse, er hat gesächselt und ich bin doch selber ein halber Sachse. Er war ein feiner Mann, wie er geheißen hat, daran kann ich mich nicht erinnern, aber ich weiß noch, wie er ausgesehen hat, das Bild sehe ich noch vor mir. Er war ein feiner Mann!"

Angefreundet hat er sich hier auch mit einem Juden, der ebenfalls aus Mielec gekommen war. Er lag auf seinem Block, arbeitete mit ihm bei Messerschmitt und half dem jungen Häftling, wo er nur konnte. „Mit dem habe ich mich gut verstanden, er hat mir viel gelernt, er war älter als ich und schon verheiratet. Er war 29 oder 30 Jahre alt und ich war 15. Von diesem Mann habe ich viel gelernt. Er hat gesagt: ‚Geh nicht hierhin, geh nicht dorthin!', auf Jiddisch. Weil er nur ein bisschen Deutsch konnte und ich nicht Polnisch sprach, haben wir Jiddisch gesprochen."

Mit seinem Blockältesten, den die Häftlinge den „blutigen Alois" nannten, kam Jakob ganz gut zurecht, weil er ihm auf Deutsch antworten konnte und sehr diszipliniert war. Dennoch machte ihm der Sadismus von SS-Leuten und Kapos mit dem grünen Winkel der so genannten kriminellen Häftlinge sehr zu schaffen – körperlich und seelisch. „In Flossenbürg habe ich Ausschlag gehabt an den Füßen, aber ich hatte Angst davor, ins Revier zu gehen, denn wer ins Revier gegangen ist, ist nicht mehr zurückgekommen. Da haben sie meistens noch etwas gefunden und gesagt: ‚Weg mit dem.' Ich habe noch heute die Narben am Fuß. Warum ich 25 auf den Arsch bekommen habe, weiß ich nicht. Vielleicht bin ich mit dem rechten Fuß ein bisschen zu weit auf der linken Seite gestanden, ich wurde herausgeholt und es hieß: ‚Nummer 16089, heute Abend kriegst du auf'n Arsch.' Das wurde aufgeschrieben, und als ich abends zurückkam, hieß es: ‚16089, komm mal raus, 25 auf'n Arsch.' Im Block gab es einen Tisch, da musste ich mich drüber legen, dass der Po so richtig rausguckte. Da habe ich heute noch Narben. Und die Frage ist: Warum? Was habe ich gemacht? Das war die Schikane. Sie wollten die Leute schikanieren, damit sie morgen vielleicht sterben, eine Schikane, einer weniger."

Schikane war auch ein spezieller Haarschnitt, der den Häftlingen in Flossenbürg verpasst wurde, damit sie im Falle einer Flucht leichter zu identifizieren gewesen wären. „Der Friseur ist in den Block gekommen und hat uns einem nach dem anderen mitten durch die Haare einen breiten Weg rasiert. Seinerzeit nannten wir das die Läusestraße. Wir nahmen das mit ein bisschen Humor, aber eigentlich hat es uns deprimiert."

Seelisch am schwersten zu ertragen war es für Jakob Silbermann, wenn er die Hinrichtung eines Kameraden mit ansehen musste. Ein grauenvolles Schauspiel, das des Öfteren (auf dem Appellplatz von Flossenbürg) inszeniert wurde – im Beisein aller Häftlinge: „Am Appellplatz wurde einer aufgehängt und man musste zuschauen, richtig stehen, auf dem Appellplatz, stramm stehen, Kopf hoch. Er wurde in der Früh aufgehängt beim Appell und der Mann blieb hängen, bis wir wieder nach Hause kamen von der Arbeit."

Als die US-Army näherrückte, evakuierte die SS das Lager. Zuerst trieb sie die jüdischen Häftlinge auf einen der berüchtigten Todesmärsche in Richtung Dachau. Die Juden wurden als erste losgeschickt. „Dann hieß es frühmorgens: ‚Alle Juden raus!' Nicht alle KZler, alle Juden! Und wir sind runter nach Flossenbürg und sind wieder einwagoniert worden, mit offenen Türen. Wir sind Richtung Schwarzenfeld gefahren. Dann kam der erste Bombenangriff. Die Engländer oder Amerikaner haben den Zug attackiert mit Maschinengewehren, die wussten nicht, wer drin war. Ich bin herunter vom Zug. Auch der SS-Mann, der vorne saß. Ich habe die Kugeln pfeifen hören. Viele Leute sind herausgesprungen und in den Wald gelaufen. Ich glaube, es gab 200 Tote, ein SS-Mann hat dann auf Polnisch geschrien: ‚Leute, rettet euch, wenn ihr könnt!' Dann habe ich ihn nicht mehr gesehen. Die Leute wurden wieder aus dem Wald geholt und wir sind weiter gefahren."

Als der Zug wenig später wieder angegriffen wurde, ließ die SS die Häftlinge zu Fuß weiter marschieren. Von den 15.000 Häftlingen, die zuletzt im KZ Flossenbürg inhaftiert waren, überlebten rund 7.000 die mörderischen Todesmärsche in Richtung Dachau nicht. Jakob Silbermann hatte Glück, er war jung und noch relativ kräftig. „Wer umgefallen ist und nicht gleich aufstehen konnte, wurde erschossen. Ich kann mich erinnern, wie wir auf einem Kreuzweg gegangen sind und nicht wussten, ob wir rechts gehen oder links gehen sollten. Da lag ein Toter und ein SS-Mann sagte: ‚Wir müssen wahrscheinlich hier entlang gehen, die haben einen Wegweiser liegen lassen.'"

Unterwegs steckte eine alte Frau den vorbeimarschierenden Elendsgestalten gekochte Kartoffeln zu. Dann kam die US-Army immer näher. Plötzlich war die SS weg und die Häftlinge scheinbar frei. Sie gingen in ein Haus und baten um Essen. Ob aus Angst oder aus Mitleid, die Leute deckten den Tisch und gaben den Ausgehungerten zu essen. Doch die SS kehrte zurück: „Da kamen drei SS-Leute: ‚Alle Häftlinge raus!', befahlen sie. Die anderen sind vor mir raus, ich war einer der letzten. Beim Hinausgehen habe ich eine Tür gesehen, ich habe die Türe aufgemacht. Da stand eine Kuh, ich bin auf die Kuh, und hab gesehen, dass oben im Dach ein Loch ist. Ich hab noch zwei oder drei Mann mit mir hinaufgezogen. Die, die herausgekommen sind, die haben sie alle erschossen."

Jakob Silbermann und seine Kameraden verhielten sich auf dem Dachboden mucksmäuschenstill und so entgingen sie diesem Massaker unmittelbar vor dem Eintreffen der US-Army. Seine schnelle Reaktion hatte Jakob Silbermann das Leben gerettet. „Nachts haben wir gehört, dass sich etwas in der Scheune bewegte. Das war ein Verwundeter, der sich aus dem Wald hierher retten konnte. Er sagte: ‚Man hat alle erschossen, ich bin verwundet, bin hier herunter gekrochen.' Die Hausfrau hat ihn bemerkt und ihm zu essen gegeben. Das war ein Zeichen, dass nicht alle Deutschen so antisemitisch waren. Am anderen Tag sahen wir Amerikaner kommen. Wir sind herunter von dem Dachboden und haben mit dem Hausinhaber gesprochen. Er sagte: ‚Ich wusste, dass ihr oben wart, ich habe euch gehört.'"

Sein Weg führte Jakob Silbermann in die nächste Stadt, nach Cham. Mit seinem Freund und Leidensgefährten Josef Steinlauf wurde er bei dem Kaminkehrermeister Ludwig Meiler in der Katzbacher Straße 1 einquartiert. In Cham machte er auch seinen Motorradführerschein. „Wir waren ja befreit, aber wohin sollte ich gehen? Wir sind nach Cham gekommen, und waren dann knappe drei Jahre in Cham. Dort wurde eine jüdische Gemeinde gebildet, die durch die UNRRA versorgt wurde. Die haben Essen gekocht, Mittag- und Abendbrot gab es dort und wir haben so trockene Portionen bekommen. Ich war ein junger Mann, ein junger Bursch, ein Schürzenjäger. Vielleicht hätte ich mehr für die Zukunft sorgen sollen, aber ich hatte keine Eltern mehr, niemand, der auf mich aufpasste. Ich war ein Schürzenjäger, bis ich dann nach Israel gekommen bin."

Jakob Silbermann hat sich gut mit der deutschen Familie Meiler verstanden, die ihn betreute. Frau Meiler hat ihm noch 1958 das Rezept für bayerische Knödel nach Israel geschickt, erzählt er. Jedesmal, wenn er nach Flossenbürg zurückgekehrt sei, betont Jakob Silbermann, habe er auch die Familie des Kaminkehrermeisters besucht. Wenn ihn Frau Meiler nicht so mütterlich betreut hätte, wäre er womöglich schon früher ausgewandert. „Es war für mich auch nicht leicht in Cham. Mein Bruder war in Amerika, er hat mir geholfen, hat immer ein paar Dollar geschickt, so konnte ich leben, und seinerzeit gab es einen Schwarzmarkt. Wir haben Zigaretten bekommen, wir haben Zigaretten verkauft, Kaffee verkauft. Er hat geschrieben, ich solle nach Amerika kommen, doch dann haben mich die Amerikaner geschnappt, als Schwarzmarkthändler. Ich war sechs Wochen im Gefängnis, weil ich ‚black market' gemacht habe in Cham. Dann gab es die Aussiedlung nach Amerika, aber ich konnte nicht nach Amerika fahren, weil ich als Schwarzmarkthändler auf der schwarzen Liste stand. Obwohl mein Bruder seinerzeit in Amerika war und ich zu ihm wollte, konnte ich nicht nach Amerika fahren. Als dann der Krieg in Israel ausgebrochen ist, bin ich nach Israel. Ich bin zum Militär, habe in Israel gekämpft und habe für Israel gearbeitet. Ich bin stolz heute, dass wir das Land haben."

Die Zeit der Freiheit war für den jungen Mann aber auch die Zeit einer traurigen Vergewisserung. Er wusste, dass sein Vater in einem KZ gestorben war. Doch über das Schicksal seiner Mutter wusste er nichts – man hatte sie abgeholt, als er nicht zu Hause war. Deshalb machte er sich von Cham aus auf den Weg nach Polen, um seine Mutter zu suchen. „Ich habe gehofft. Ich habe die Hoffnung nicht verloren. Ich bin zu dem Haus meines Großvaters gefahren, es war niemand da. Doch ich hab gehofft, dass sie vielleicht noch am Leben ist. Man kann doch nicht wissen, was passiert ist. Ich wusste ja nicht, wo sie hin ist. Meine Mutter, weiß Gott im Himmel, die ist wahrscheinlich zur Vernichtung gegangen, so wie die ganze Familie, Großeltern und alle. Niemand ist mehr zurückgekommen, niemand war mehr da. Schmerzlich ist es noch heute. Ohne das Grab der Eltern, wusste ich nicht, wo ich weinen sollte. Das ist eine der Krankheiten, die seelisch innen brennen. Da hilft keine Tablette, wenn ich einen alten Mann sehe oder einen Sohn, der mit seinem Vater geht. Gut, heute bin ich schon selbst ein alter Mann, ja, so ist es eben."

Jakob Silbermann baute sich schließlich in Israel eine neue Existenz auf und ergriff den Beruf, den er auch im KZ Flossenbürg ausgeübt und sich dort im Wesentlichen selbst beigebracht hatte: er wurde Dreher. Einen Beruf hat er im KZ gelernt, den Glauben an Gott aber hat Jakob Silbermann, der aus einem frommen Haus stammte, im KZ verloren. „Ich bin nicht mehr religiös, ich bin traditionell. Ich halte die Traditionen, die ich von zu Hause her kenne, wenn Feiertage sind, weil ich dasselbe machen will wie meine Eltern. Aber ich selbst bin nicht mehr fromm, weil ich zuviel gesehen habe, was der liebe Gott gemacht hat, wie … wie er dabei hat zusehen können. Es gibt keinen Gott. Es gibt keinen Gott, sag ich nochmals."

Um ihnen das Herz nicht allzu schwer zu machen, erzählte Jakob Silbermann seinen Kindern erst, als sie erwachsen waren, was er wirklich in den Lagern erlebt hatte. Bei seiner ersten Rückkehr nach Flossenbürg im Jahr 1995 stand noch eine Fabrik, die in der Nachkriegszeit auf dem Appellplatz erbaut worden war. Auch aufgrund der Proteste ehemaliger Häftlinge wurde diese Fabrik schließlich abgebrochen. Für Jakob Silbermann ist es auch nicht nachvollziehbar, wie auf den Fundamenten der Lagerbaracken Wohnhäuser errichtet werden konnten. „Hier auf dem Hof wurden unschuldige Menschen aufgehängt, die niemandem etwas getan haben. Die Welt darf wissen, was hier passiert ist. Darum wundere ich mich auch darüber, dass sie hier gegenüber

Jakob Silbermann und Michael Smuss

Wohnungen gebaut haben. Es wohnen Privatleute im ehemaligen KZ-Lager, da wachsen Kinder auf. Und Kinder fragen ihre Eltern: ‚Papa, Mama, was war mal hier?' Was sagen die Eltern ihren Kindern? Gerade hier im KZ mussten sie so was machen, wo ich hier auf Block 10 gelitten habe, ein Jahr lang. Wo ich 25 auf'n Arsch bekommen habe, wohnt heute eine Familie. Fehlt in Deutschland Platz?"

Jakob Silbermann hat es nie bereut, wieder nach Flossenbürg gekommen zu sein. Die Rückkehr als freier Mann, die Begegnungen mit Jugendlichen und das Treffen mit alten Kameraden wie Michael Smuss, der ebenfalls in Israel lebt, all dies war für ihn dann doch sehr wichtig. „Ich habe vorgestern Abend in dem SS-Casino gegessen, das war doch das SS-Casino da oben. Wir haben Abendbrot gegessen, der Michael Smuss und ich. Das war für uns eine gewaltige Sache. Da sagte ich: ‚Michael, unsere Betreuer, die uns umbringen wollten, saßen hier. Und heute sitzen wir hier und trinken jetzt ein Bier!' Das war für uns auch eine gewaltige Sache, eine Genugtuung."

Jakob Silbermann ist am 14. Januar 2003 in Ramat-Gan bei Tel Aviv in Israel gestorben.

„Meinen Vater sah ich das letzte Mal auf Block 9"

Waldemar Szatanowski: Der Vater starb in Flossenbürg, der Onkel in Leitmeritz

Warschau. Die ehemaligen Häftlinge des KZs Flossenbürg sind zu einem ihrer regelmäßigen Treffen zusammengekommen. Etwa 50 Personen sind anwesend. Auf dem Podium sitzt ein großer, kräftiger Mann, der die Veranstaltung leitet: Es ist Waldemar Szatanowski. Als er nach Flossenbürg deportiert wurde, war der Pole gerade mal 17 Jahre alt und Schüler. „Am Schlimmsten in Flossenbürg waren drei Dinge: Die Ankunft, meine schwere Krankheit – und die Trennung von meinem Vater." Waldemar Szatanowski kam mit seinem Vater Marian und seinem Onkel Wladyslaw nach Flossenbürg – die beiden haben nicht überlebt.

Waldemar Szatanowski wurde am 21. Februar 1927 in Warschau geboren. Nach dem Warschauer Aufstand gegen die deutsche Besatzung, an dem sie sich beteiligt hatten, wurden er, sein Vater und sein Onkel im September 1944 von der Straße weg verhaftet und über das Sammellager Pruskov am 20. Oktober nach Auschwitz-Birkenau deportiert. „Es wurde uns zuerst gesagt, wir werden für zivile Arbeiten nach Breslau geschickt. Stattdessen landeten wir in Auschwitz. Vom 17. September 1944 bis zum 21. Oktober 1944 war ich im so genannten Quarantäne-Kommando und am 22. Oktober bin ich nach Flossenbürg geschickt worden. Ich kam mit meinem Vater und dem Onkel väterlicherseits hierher."

In Flossenbürg erhielt Waldemar Szatanowski die Häftlingsnummer 31755. Obwohl er vorher in Auschwitz war – heute der Inbegriff des Grauens –, war die Ankunft in Flossenbürg für ihn deprimierend. „Es war ein Schock. Die warme Kleidung, mit der wir in Auschwitz ausgerüstet worden sind, wurde uns hier weggenommen. Wir standen im kalten Oktober nur mit dünnen Häftlingsanzügen und Hosen auf dem Appellplatz. Es war kalt, es hat uns gefroren. Wir sind von Auschwitz nach Flossenbürg mit dem Zug gekommen. Durch Flossenbürg gingen wir zu Fuß zum Lager. Wir wurden unterwegs nicht geschlagen, wir gingen ganz normal. Das Schlagen begann erst auf dem Gebiet des Lagers. Wir sind in einer großen Gruppe auf dem Lagergelände angekommen. Man hat uns nach den Berufen gefragt: ‚Wer ist Schuhmacher, Tischler, Mechaniker?' So wurden wir nach den Berufen der passenden Tätigkeit zugeordnet. Ich wurde für das Messerschmittwerk eingeteilt und habe dort gearbeitet. Mein Vater wurde der Bauleitung zugewiesen."

Der 17-jährige Waldemar Szatanowski kam in den so genannten Jugendblock, den Block 19. Sein Vater Marian, geboren am 19. Juli 1900 und sein Onkel Wladyslaw, Jahrgang 1906, waren in der Baracke 9 einquartiert. Gesehen haben sie sich abends nach der Arbeit und am Sonntag, wenn nicht gearbeitet wurde und die Häftlinge sich im Lager bewegen konnten. Doch dann – der Schock. Plötzlich war sein Vater eines Tages nicht mehr da. „Ich habe meinen Vater das letzte Mal am 8. März 1945 im Block 9 gesehen", sagt Waldemar Szatanowski, schluchzt, hält inne, weint kurz, spricht dann aber weiter. „Bei dem letzten Treffen war mein Vater schon krank. Er fühlte sich schlecht. Laut der Dokumente, die es noch gibt, wurde er nach Bergen-Belsen geschickt, dort ist er aber nicht angekommen. Wir wissen nicht, was aus ihm wurde. In den Akten von Flossenbürg taucht sein Name auf, in denen von Bergen-Belsen nicht. Wir vermuten, dass der Transport entweder bombardiert worden ist oder gar nicht losgefahren ist und die Leute erschossen wurden." Waldemar Szatanowski macht eine kleine Pause, wischt sich mit einem Taschentuch die Tränen aus dem Gesicht und berichtet, dass auch sein Onkel nicht mehr heimgekehrt ist. Sein Onkel wurde Anfang Januar 1945 in das Außenlager Leitmeritz geschickt. Dort ist Wladyslaw Szatanowski am 6. Februar 1945 gestorben.

Von seinem Vater konnte er sich nicht einmal verabschieden, erklärt Waldemar Szatanowski noch einmal. Er war einfach nicht mehr da. „Ich hatte immer Kontakt zu meinem Vater. Abends nach der Arbeit und in der Früh bin ich immer zu ihm gegangen. Ich teilte mein Essen mit ihm, da ich als junger Mensch öfters eine Suppenzulage bekommen habe, von der ich ihm immer etwas gegeben habe. An diesem Morgen ging ich zum Vater in die Baracke 9. Ich hatte ein wenig Suppe mitgenommen, aber an diesem Morgen war keiner mehr in der Baracke zu finden." Waldemar Szatanowski vermutete, dass sein Vater abtransportiert worden war, da die Belegschaft der ganzen Baracke weg war. Er wollte dennoch genau Bescheid wissen. Doch es fand sich niemand, der dem jungen Polen gesagt hätte, was aus seinem Vater geworden ist. „Ich wollte beim Schreiber nachfragen, was mit dem Vater und der ganzen Gruppe passiert ist. Die SS-Männer haben mich zusammengeschlagen und aus der Tür geworfen."

Marian Szatanowski

Plötzlich allein zu sein, war schwer für den 17-jährigen Polen, der bis dahin sein ganzes Leben lang mit seiner Familie zusammen gewesen war. Zu meinen, dass das Leben in dem so genannten Jugendblock leichter war, wäre ein Irrtum, betont er. „In

Wirklichkeit war es das Gleiche wie in allen anderen. Unser Kapo war ein deutscher Häftling, ein älterer Herr, der seit 1939 oder 1940 in Flossenbürg war. Die Verhältnisse waren genau so wie woanders. Jeder musste den SS-Männern aus dem Weg gehen. Sie holten ab und zu die jungen Menschen aus den Baracken und schlugen sie. Einfach zum Spaß!"

Der Pole wurde eines Tages selbst Opfer der Willkür, die in dem Lager herrschte. „In Flossenbürg umwickelte ich meine Füße mit einem Handtuch, um sie warm zu halten. Das bemerkte der Blockälteste im Block 19 und bestrafte mich mit 25 Peitschenhieben auf den Hintern in der Schreibstube. Bis heute habe ich Spuren. Die Haut war zerrissen und bis jetzt sieht man es, dass ich geschlagen worden bin. Ich wurde nicht versorgt. Die Haut ist zusammengewachsen und so blieb es bis heute."

Die Arbeit bei Messerschmitt war an sich nicht schwer, sagt Waldemar Szatanowski, der beim Bau der Flügel eingesetzt wurde. Schwierig war für ihn, dass er als junger Mensch eine Woche Frühschicht und die zweite Woche Nachtschicht hatte. Die Nachtschicht machte ihm zu schaffen. „Ich war hungrig und müde, nicht ausgeschlafen." Zudem hatte der junge Pole noch nie in seinem Leben körperlich gearbeitet. „Es war sehr schwer", sagt er und betont, dass die Kapos den Arbeitern über die Schulter schauten und die Leute terrorisierten. Kurz vor der Befreiung war dann Schluss mit der Produktion bei Messerschmitt. „Die letzten acht Tage haben wir nicht mehr bei Messerschmitt gearbeitet, da es keine Arbeit mehr gab. Wir wurden zum Steinbruch getrieben. Dort habe ich noch acht Tage gearbeitet. Nach den acht Tagen wurde ich krank. Ich hatte Typhus und 40 Grad Fieber und wurde ins Revier verlegt." Waldemar Szatanowski blieben die Todesmärsche erspart. „Es gab einen Befehl an alle, die gehen konnten, sich auf den Weg zu machen. Ich war mir bewusst, dass ich für den Marsch zu krank und zu schwach war. So bin ich im Revier geblieben, bevor ich unterwegs erschossen werden konnte. Und zum Glück habe ich überlebt."

Im Krankenrevier gab es keine Versorgung mehr, sagt der Pole. „Ich habe am Anfang eine Tablette bekommen, wahrscheinlich Aspirin. Und so lag ich die nächsten Tage ohne Verpflegung auf der Schlafkoje – bis die Amerikaner kamen." An die Ankunft der US-Army kann er sich noch gut erinnern. „Ich lag auf dem Bett mit dem Rücken zum Fenster. Als ich die Schreie ‚Amerikaner' hörte, wollte ich aus dem Fenster hinausschauen, um sie zu sehen. In diesem Moment fiel ich in Ohnmacht. Als ich wach wurde, lag ich auf einer Bahre auf dem Appellplatz, neben mir stand ein amerikanischer Soldat mit einer Armbinde des Roten Kreuzes. Er gab mir ein Stück Kuchen und ich war so schwach, dass ich nicht mal meinen Mund öffnen konnte. Ich konnte nicht essen."

Zwei Tage blieb der Pole noch in Flossenbürg, dann wurde er gemeinsam mit anderen Häftlingen nach Hohenfels in ein Sammellager gebracht und von

hier aus kehrte er nach drei Monaten nach Polen zurück. Einen Monat lang erholte er sich, dann begann er eine Lehre in der Buchhaltung der Nationalen Wirtschaftsbank und arbeitete schließlich in verschiedenen staatlichen Institutionen und Betrieben.

Die Rückkehr nach Flossenbürg fällt ihm auch heute noch schwer, sagt der Pole. Wie Jakob Silbermann und andere Häftlinge kann er nicht verstehen, dass hier Wohnhäuser auf den Fundamenten der Baracken gebaut wurden. „Das erste Mal bin ich zum Gedenken an meinen Vater nach Flossenbürg gekommen, um ein Erinnerungslicht anzuzünden. Es war ein Schock für uns, als wir statt der Baracken Häuser gesehen haben. Dort standen die Baracken, in denen Häftlinge vor Hunger und Kälte, geschwächt von der schweren Arbeit gestorben sind. Jetzt wohnen dort Menschen, schlafen, essen und sehen unterhaltsame Fernsehprogramme. Für mich ist das ein Schlag!"

Zum Schluss kommt Waldemar Szatanowski noch einmal auf seinen Vater zu sprechen. Zum Glück hatte seine Mutter überlebt. Für ihn war es schwer zu akzeptieren, dass sein Vater nicht mehr lebt, sagt Waldemar Szatanowski: „Ich habe immer gehofft, dass mein Vater zurückkommt. Nach einem halben Jahr bin ich leider zu der Erkenntnis gekommen, dass er die Haft wahrscheinlich nicht überlebt hat, ansonsten wäre er nach Warschau zur Familie, zu seiner Frau, zu seinem Sohn zurückgekehrt, aber er ist bis zum heutigen Tag nicht gekommen."

Übersetzung: Celina Wojnarowicz

„Mein Leben war zerstört"

Josef Tacikowski: Im Krankenrevier wurde sein linkes Bein amputiert

„Mein Leben war zerstört", sagt Josef Tacikowski bitter. Er war 16 Jahre alt, als er befreit wurde, und für sein Leben gezeichnet. Im KZ Flossenbürg war ihm das linke Bein amputiert worden. Als er nach Hause kam, wartete noch eine schreckliche Nachricht auf ihn. Sein Bruder Wladyslaw, der mit ihm nach Flossenbürg gekommen war, ist in dem Außenlager Hersbruck gestorben. Vielleicht war es ein Glück, dass er das nicht in Flossenbürg erfahren hat, sagt Josef Tacikowski heute. „Sonst hätte ich vielleicht nicht die Kraft gehabt zu überleben."

Josef Tacikowski, der am 24. August 1928 in Grojec geboren wurde, kehrt meist allein nach Flossenbürg zurück und nimmt dafür eine weite Anreise mit dem Bus auf sich. Im Jahr 2002 hat er seine Enkelin dabei, um ihr alles zu zeigen. Josef Tacikowski ist ein bedächtiger, zurückhaltender Mann. Wie sich die Anlage präsentiert, gefällt ihm nicht. „Es blieb zu wenig Authentisches übrig, es wirkt wie ein Kurort", sagt er. „Wer nicht weiß, wie ein Lager aussah und nach Flossenbürg kommt, kann sich kein Bild machen. Man kommt, schaut sich die schöne Landschaft an und könnte sagen: ‚So schlimm ging es denen ja nicht.'"

Der Pole, der zu Hause seine Erinnerungen an die KZs in einem kleinen Büchlein veröffentlicht hat, wurde nach dem Warschauer Aufstand wie viele andere nach Auschwitz deportiert.[1] Am 16. September 1944 umzingelten deutsche Soldaten und Polizisten Wlochy, einen Vorort von Warschau, in dem er lebte. „In der Stadt fuhren Lastwägen mit Lautsprechern herum, die bekannt gaben: Alle Männer zwischen 16 und 50 Jahren sollten sich am Bahnhof einfinden. Etwa 4.000 Männer wurden aus Wlochy während des Aufstandes verhaftet und zuerst nach Pruszkow bei Warschau gebracht und von dort in verschiedene KZs deportiert. Man sollte warme Kleidung, Essen für zwei Tage und seinen Personalausweis mitnehmen. Wer sich nicht unterordnen würde, würde sofort erschossen werden, hieß es. Die Männer würden nach Deutschland gebracht, um in der Landwirtschaft und Industrie zu arbeiten. Das war aber eine Falle: Wir wurden in Viehwagons geladen, die Wagons wurden verriegelt, die Wachposten waren mit Maschinenpistolen bewaffnet. Uns wurde keine Möglichkeit eingeräumt, unsere Bedürfnisse zu erledigen. Nach 30 Stunden Fahrt unter schrecklichen Bedingungen erreichten wir am 17. September Auschwitz. Dort erst merkten wir, dass wir in einem KZ waren. Man begrüßte uns mit

1 Tacikowski, Josef: Obozowe Pieklo, Bytom 1998.

1942
Josef Tacikowski, 14 Jahre alt

Stockschlägen, wir verbrachten dort sechs Wochen. Mein Bruder bekam die Nummer 198 610, ich selbst die 198 611. Nach sechs Wochen in so genannter Quarantäne wurden wir nach Deutschland, nach Flossenbürg gebracht."

Nach der Haft in Auschwitz-Birkenau kamen die beiden Brüder am 22. Oktober 1944 in Flossenbürg an und wurden in den Quarantäne-Block 23 gesteckt. Josef erhielt die Nummer 31 863, sein Bruder die 31 862. Nach drei Wochen, am 5. November 1944, wurden sie getrennt. Josef blieb im Stammlager und kam in den Jugendblock, den Block 19. Sein älterer Bruder Wladyslaw, der am 30. Januar 1925 geboren worden war, wurde nach Hersbruck geschickt. Bereits nach knapp vier Wochen starb er dort am 2. Dezember 1944. Die Umstände seines Todes sind bis heute ungeklärt. Josef erfuhr es nicht, obwohl er nachsah, wenn Leichen aus dem gefürchteten Außenlager Hersbruck zurückgebracht wurden. Die Gesichter waren auch manchmal nicht zu erkennen, etwa, wenn sie mit Schnee bedeckt waren. „Ich ging auf den Appellplatz, suchte nach meinem Bruder. Manche Leichen waren massakriert. Sie lagen im Schnee. Es kann sein, dass mein Bruder unter ihnen war, es war ja einen Monat, nachdem wir uns voneinander verabschiedet hatten. Ich habe ihn da aber nicht gesehen. Es war schlimm. Ich hörte mit dem Suchen auf, nachdem ich vielleicht zwanzig Leichen angeschaut hatte und es war richtig so. Denn, wenn ich meinen Bruder unter ihnen gefunden hätte, hätte ich meinen Lebenswillen verloren."

Gut erinnert sich der Pole an die bekannte Hinrichtung von sechs russischen Häftlingen an Weihnachten 1944. Die Leichen hängen zu sehen, hinterließ einen bleibenden Eindruck bei ihm. „Die Exekution selbst habe ich nicht gesehen, zu dieser Zeit habe ich gearbeitet. Wir kehrten dann aber von der Arbeit zurück und da stand ein beleuchteter Christbaum, es hingen sechs Leichen dort. Sie hingen die ganze Nacht da. Später erfuhr ich, dass die Russen flüchten wollten. Nach drei Tagen wurde wieder einer erhängt. Ich weiß aber nicht, wer und warum. Es war fürchterlich. Anderseits waren wir an den Tod schon gewöhnt. Als ich im Revier war, starb auf der Pritsche neben mir einmal ein Häftling. In der Nacht drückte er sich so an mich und ich schob ihn immer weg, dann war er am Morgen tot. Das beeindruckte mich aber nicht mehr. Er hatte beide Füsse amputiert und konnte nicht aufstehen. Alle Häftlinge, denen beide Füsse amputiert worden waren, starben nach einigen Tagen."

Im Jugendblock war es nicht besser als in den anderen Blocks, sagt der Pole. Um das zu verdeutlichen, erzählt er von einer nächtlichen Läusekontrolle. „Man musste sich nackt auf einen Stuhl stellen und die Hose herunter lassen. Der Blockälteste und seine Helfer hatten eine Glühbirne, die an einem langen Kabel hing und schauten, ob man im Genitalbereich eine Laus hatte. Wenn man eine hatte, wurde man in den Waschraum geschickt. Dort wartete man die ganze Nacht nackt auf die Kleider, die desinfiziert wurden. Man stand dort die ganze Nacht und musste dann in der Früh auf den Appellplatz. Das war das Schlimmste in Flossenbürg, weil wir uns nicht ausruhen konnten. Wir standen in der Kälte da und mussten dann am nächsten Tag arbeiten. Wir arbeiteten ja zwölf Stunden am Tag, dann mussten wir die ganze Nacht dastehen und dann wieder zwölf Stunden arbeiten. Wir mussten 36 Stunden lang wach bleiben. Das war das Schlimmste, davor hatte jeder Angst. Es gab auch Schikanen durch die Stubenältesten. Wenn sie sich einschleimen wollten bei dem Blockältesten, behaupteten sie, man hätte eine Laus gehabt, auch wenn es nicht stimmte."

Solidarität unter den Häftlingen gab es nicht, sagt der Pole. Er jedenfalls hat so etwas nicht erlebt, nicht in Auschwitz und nicht in Flossenbürg. „Wenn ich höre, dass jemand von Solidarität spricht, finde ich es lächerlich. So etwas gab es einfach nicht. Wegen einem Stück Brot hätte man sich gegenseitig umbringen können. Solidarität gab es nur, wenn ein Vater mit seinem Sohn da war oder so. Jeder sah zu, dass er eine Zulage bekam. Es gab Handel, aber das war keine Solidarität."

Josef Tacikowski arbeitete jeweils vier Wochen bei Messerschmitt, dann bei einem Transportkommando und schließlich im Steinbruch. Bei Messerschmitt wurde er bei der Montage der Flügel der Me 109 eingesetzt. Danach folgte sein Einsatz im Transportkommando, dort musste er gemeinsam mit anderen Flugzeugteile von einer Halle zur anderen tragen. Die Arbeit im Steinbruch war für ihn folgenschwer, denn dort ereignete sich ein Zwischenfall, der letztlich zur Amputation seines Fußes führte. „Einmal musste ich mit anderen einen Kessel mit Suppe von dem Auto holen, das die Suppe brachte. Wir sind auf dem

Wladyslaw Tacikowski

Schnee ausgerutscht, der Kessel kippte um und wir haben den ganzen Inhalt ausgeschüttet. Das hat der Kapo gesehen und schlug uns einige Minuten mit dem Stock. Ich bekam unter anderem einen Schlag auf den Fuß. Als ich zurück ins Lager kam, sah ich, dass der Fuß blau und lila war. Ich hatte starke Schmerzen. Die ganze Nacht habe ich nicht geschlafen. Am nächsten Tag ging zum Revier und ich blieb dort. Man behandelte mich drei oder vier Tage lang mit einer Salbe und Tauchbädern. Doch es entstand ein Geschwür, ich wurde halb bewusstlos und am 6. Februar 1945 wurde das linke Bein amputiert."

Er hatte eine Phlegmone bekommen, eine eitrige Entzündung, und die Krankheit war mit jedem Tag schlechter geworden. Zum Zeitpunkt der Amputation gab es wohl keine Alternative mehr, meint der Pole. „Wenn sie mich nicht amputiert hätten, wäre ich sicher gestorben. Die Krankheit war dermaßen fortgeschritten, dass es gemacht werden musste, es war vereitert. Wenn sie mich gleich im Anfangsstadium behandelt hätten, wäre es noch zu vermeiden gewesen. Sie machten es aber mit Absicht, dass sie die Leute so weit kommen ließen, sodass es zum Schluss nötig war. Sogar in Auschwitz behandelte man Phlegmone, ich kannte einen, der noch die Narben davon hatte."

Amputiert hat ihn der berüchtigte Lagerarzt Dr. Heinrich Schmitz, sagt Josef Tacikowski. Er nahm 26 Zentimeter seines linken Unterschenkels ab. Josef Tacikowski geht davon aus, dass die Operation nicht nötig gewesen wäre. „Die Ärzte wollten ihre Kenntnisse und Fertigkeiten verbessern und üben. Ich würde es als ein medizinisches Experiment bezeichnen. Mein Bein wäre sicher zu retten gewesen. Die Lagerärzte hätten genug Möglichkeiten gehabt, das Bein zu behandeln, aber es war am einfachsten, es zu amputieren. Sie rechneten damit, dass die Häftlinge nach ein paar Tagen sowieso sterben würden. Die meisten starben ja auch nach einer Amputation." Er war keineswegs der einzige Häftling, dessen Bein im Krankenrevier amputiert wurde, sagt Josef Tacikowski. Auch seine Freunde Ryszard Olczak und Andrzej Zagrojski wurden amputiert. „Ich habe das linke Bein verloren, sie das rechte."

Nach der Operation gab er sich nicht mehr viele Chancen zu überleben. „Nach sechs Stunden wachte ich aus der Narkose auf und hatte schlimme Schmerzen. Ich hatte Durst. Die Schmerzen kann man nicht beschreiben. Ich wartete auf den Tod, ich glaubte nicht, dass ich überlebe." Einige Tage blieb Josef Tacikowski noch im Krankenrevier. Schlicht als „schrecklich" bezeichnet er die Bedingungen, die dort herrschten. „Die Wunde wurde nach der Amputation nicht mehr behandelt, es waren viele Läuse da, wir bekamen dasselbe Essen wie andere Häftlinge auch. Es gab keine richtigen Stoffverbände, sondern nur welche aus Papier, es war wie Klopapier. Als ich auf dem OP-Tisch lag und auf die Operation wartete, hatte ich nur ein Hemd an. Als ich auf dem Tisch lag, zerdrückte ich 50 Läuse, die in meinem Hemd waren. Ich erzähle das nur selten, weil ich mich so schäme. Das Revier war dermaßen von Läusen befallen, dass sich die Decken nur noch bewegten. Dort gab es mehr Läuse als im Jugendblock. Ich hatte Glück, dass ich nicht Typhus bekam. Viele von denen, die an Typhus erkrankt sind, wurden abtransportiert und kamen nicht mehr zurück. Zwei Polen und ein Franzose kümmerten sich um die Häftlinge. Sie taten, was sie konnten. Sie trugen die Kranken in den Waschraum und zur Toilette und brachten ihnen Suppe oder Brot zum Bett. Einer von den Pflegern tröstete mich, er sagte, ich würde überleben, weil ich jung wäre. Ich kann über die drei nichts Schlechtes sagen. Im Revier wartete man auf den Tod. Ich kann nicht sagen, dass man dort einen geschlagen hätte. Man lebte von einem Tag auf den anderen. Man wurde geschlagen, wenn man ins Bett machte. Ich blieb ein paar Wochen im Revier, dann kam ich in den Schonungsblock 17."

Im Schonungsblock 17 blieb der Pole bis zum 21. April. Das Lager war fast leer. Die berüchtigten Todesmärsche in Richtung Dachau hatte die SS am 20. April in Bewegung gesetzt. Rund 1.500 Kranke und Typhusverdächtige waren zurück geblieben. Jetzt kam tatsächlich noch jemand auf die Idee, Männer wie Josef Tacikowski nach Dachau bringen zu wollen. Der Pole sagt, es war der Blockälteste von Block 17, der um 15 Uhr den Befehl gab, vor dem Block anzutreten. Auf Krücken machten sich Josef Tacikowski und seine beiden Freunde Ryszard Olczak und Andrzej Zagrojski auf den Weg.

„Ich hatte unglaubliche Schmerzen. Die Stelle, an der ich amputiert wurde, war feucht, der Eiter floss aus der Wunde. Die zwei Knochen ragten heraus. Die Wunde war nur mit einem Papierverband umwickelt. In dem Zustand wurde ich nach Dachau evakuiert. Das war am 21. April. Die anderen Kolonnen gingen schon am 20. April. Ihren Abtransport habe ich nicht gesehen, weil ich auf dem Schonungsblock war. Der Appellplatz war leer. Wir bekamen neue Häftlingsanzüge. Wir lagen oder saßen einige Stunden lang auf dem Boden vor dem Lagertor. Um 22 Uhr kam dann ein Wachmann und sagte ‚Aufstehen!' und alle gingen wir durch das Lagertor. Das war ein wichtiger Moment in unserem Leben. Wir gingen zum letzten Mal durch das Lagertor mit der Inschrift ‚Arbeit macht frei!'. Es war ganz dunkel, nur der Mond beleuchtete unseren Weg. Wir gingen zum Bahnhof. Wir bestiegen den Zug, der in Richtung Dachau fuhr. Im Zug gab es Personenwagons und Viehwagons. Wir waren 100 bis 120 Personen und wurden in Viehwagons geladen. In den

Personenabteilen saßen prominente Häftlinge. Ich habe sie nicht erkannt, weil ich erst 16 Jahre alt war. Sie waren in Zivil, hatten ihre Aktentaschen dabei, es waren meistens ältere Herren, in ihrer Zivilkleidung haben sie viel gesünder ausgeschaut.“ Im Zug spielten sich absurde Szenen ab. Die Häftlinge hatten irrsinnigen Durst. Einer urinierte in eine Schüssel und wollte den Inhalt trinken, aber ein anderer nahm ihm die Schüssel aus der Hand und trank sie aus. Der andere Häftling starb nach wenigen Minuten. Es war furchtbar mit anzusehen, dass ein Häftling vor Durst starb, betont Josef Tacikowski.

Nach einigen Stunden dieser schrecklichen Fahrt mussten die Häftlinge in Nabburg aussteigen und zu Fuß weiter gehen. „Irgendwann merkten wir, dass unsere Wachmänner nicht mehr da sind. Nach einigen Stunden entschieden Ryszard Olczak, der auch amputiert war, und ich, aus dem Zug auszusteigen und in Richtung einer Ortschaft zu gehen. Auch ein Tscheche stieg mit uns aus. Er zitterte vor Fieber. Nach einiger Zeit blieb er am Weg liegen. Wir gingen weiter. In der Ferne sahen wir Häuser und einen Kirchturm. Nach einer Stunde mussten wir zum Zug zurückkehren, da es dunkel wurde. Wir kletterten ins Lokführerhäuschen, um dort die Nacht zu verbringen. Nach kurzer Zeit kam ein deutscher Zivilist und fragte, wer wir seien. Wir antworteten, dass wir Häftlinge aus Flossenbürg sind und dass wir nach Dachau evakuiert werden. Er sagte, wir sollen warten, ging nach Hause und brachte uns heißen Kaffee und Zwieback. Das war unser erstes Essen nach drei Tagen. Er nahm uns mit nach Hause in eine Kammer, wir durften dort auf dem Heu schlafen. Wir schliefen sofort ein. Nach einiger Zeit kam einer unserer Wachmänner in die Kammer, es war ein Jugoslawe. Er sagte, dass wir frei wären, weil das Gebiet von den Amerikanern besetzt sei. Der Jugoslawe kümmerte sich zwei Tage lang um uns, fütterte uns mit Brei, Brot und Kaffee. Am nächsten Tag kam ein amerikanischer Rot-Kreuz-Wagen. Die Amerikaner trugen meinen Freund und mich in den Krankenwagen und brachten uns nach Schwandorf. Dort wurde ein Krankenhaus für ehemalige Häftlinge errichtet. Nach zwei Wochen wurde ich nach Amberg gebracht, wo ich acht Monate verbrachte. Dort wurde ich das zweite Mal amputiert. Es wurden noch drei Zentimeter abgenommen, weil mein Bein im Lager nur abgehackt worden war. Dann bekam ich eine Prothese und wurde nach Regensburg gebracht, weil dort ein Gymnasium für Polen war. Dort beendete ich die zweite Klasse.“ Josef Tacikowski blieb von März bis Oktober 1946 in Regensburg. Während seines Aufenthalts organisierten die Lehrer und Pflegerinnen Stadtführungen und Ausflüge nach Donaustauf, Weltenburg sowie in die Alpen.

Als die Schule in Regensburg aufgelöst wurde, kehrte Josef Tacikowski über Hohenfels nach Polen zurück. Am 30. November 1946 traf er in Wlochy seine Mutter und seine Schwester wieder. Dabei hatte nicht viel gefehlt und er wäre in die USA ausgewandert. „Es herrschte eine Aufbruchstimmung und die Amerikaner machten es einem leicht, auszuwandern. Ich füllte schon alle Formulare aus, dann erfuhr es aber meine Mutter. Sie wollte, dass ich zurückkomme, Wladek war ja schon tot. Außerdem hatte ich Sehnsucht nach Polen.“ Das Wiedersehen mit seiner Mutter wird er nie vergessen. „Es war sehr bewegend, schon deswegen, weil mein Bruder nicht zurückgekehrt ist. Ich war zwar amputiert, aber am Leben.“

1946, Gymnasium Regensburg

Zu Hause in Polen machte er sein Abitur, studierte Chemie, arbeitete 33 Jahre lang bis zu seiner Pensionierung in der Kunststoffverarbeitung und durfte als Invalide etwas früher in Rente gehen. Seine Amputation war natürlich für den jungen Mann eine schwere Bürde auf dem Weg in ein neues Leben. „Mein Leben war zerstört. Dazu muss ich aber sagen, dass die zweite Amputation gut durchgeführt wurde, sodass ich eine Prothese tragen konnte.“ Josef Tacikowski kehrte dennoch als ein gebrochener Mann nach Hause zurück, aber er fand eine Frau, der sein Herz und seine Einstellung zum Leben wichtiger waren, sagt er über seine dicke Hornbrille hinweg.

Was hatte ihm die Kraft gegeben, im KZ zu überleben? „Schwer zu sagen. Man betete zwar, aber nicht allzu viel, die Religion spielte für mich keine übertrieben große Rolle. Wichtig war, dass ich jung war und Junge halten wohl mehr aus. Ich habe die Hölle gesehen, die Menschen anderen Menschen zugefügt hatten. Innerlich rebellierte ich, ich konnte nicht verstehen, wie Gott zusehen kann. Ich trank zum Beispiel kein Wasser im Lager, weil es den Tod bedeutet hätte. Andere verkauften sogar ihren Schmuck. Ich machte so was nicht. Bei dem Todesmarsch trank man zum Beispiel aus den Pfützen. Ich machte es nicht, ich hatte Angst vor den Krankheiten. Mich rettete meine Willenskraft.“

Übersetzung: Sabine Fulczyk

„Warum nicht ich, warum meine Brüder?"

Marcel Durnez und Julien Van den Driessche: Ihre Brüder starben in Flossenbürg

Mit seiner ganzen Familie kommt der Belgier Marcel Durnez jedes Jahr zum Treffen ehemaliger Häftlinge. Seine Enkelinnen und sein Sohn sind im Camp der Internationalen Jugendbegegnung aktiv, das gleichzeitig stattfindet. Viele der ehemaligen Häftlinge kehren überhaupt nur wegen dieses Gedankenaustausches mit der jungen Generation zurück. Auf seinen Stock gestützt steht Marcel Durnez vor der mächtigen Kommandantur des KZ Flossenbürg. Bei ihm ist sein Landsmann Julien Van den Driessche. Die beiden alten Männer nehmen gerne an den Gesprächen mit den Jugendlichen teil. Doch über ihre Zeit im KZ Flossenbürg können sie kaum sprechen – sie haben hier ihre Brüder verloren.

Die beiden älteren Brüder des Flamen Marcel Durnez waren bereits 1943 zur Zwangsarbeit in Deutschland verpflichtet worden. Aber sie wollten diesem Befehl keine Folge leisten. In einem Brief der Ortskommandatur wurde der Familie mitgeteilt, dass das nächste Familienmitglied herangezogen würde, wenn sich die beiden Brüder nicht freiwillig zur Arbeit in Deutschland meldeten. Daraufhin floh Marcel Durnez mit seinen Brüdern Anfang 1943 nach Frankreich, doch sie wurden bald verraten und von der Gestapo festgenommen. Im Gefängnis von Fontainebleau und Melun sind sie am 29. März von der SS verhört worden. Die SS bot den Brüdern an, an der Ostfront zu kämpfen. Sie lehnten den Vorschlag ab. Vom Lager Compiègne bei Paris aus wurden sie schließlich am 27. April 1944 zusammen mit mehreren tausend Häftlingen nach Auschwitz transportiert und kamen am 1. Mai in Auschwitz an. Dort wurde Marcel die Nummer auftätowiert. Für die Brüder Durnez ging die Deportation nach zwei Wochen über Buchenwald weiter nach Flossenbürg,

Daniel Durnez

Gilbert Durnez

Marcel Durnez

wo sie am 25. Mai 1944 eintrafen. „Als wir am Bahnhof angekommen sind, wurden wir aus den Wagons getrieben und geschlagen. Wir mussten eine Kolonnenform bilden. Verschiedene sind liegen geblieben. Wir sind zu Fuß ins Lager gegangen. Wir sind in Quarantäneblocks gekommen und wurden desinfiziert. Da war ein großes Bad. In einer Gruppe von drei bis fünf mussten wir in ein Bad gehen, ganz nackt. Wer sich weigerte, wurde mit Gewalt ins Bad hineingedrückt, zwei, drei Minuten lang, bis ihm die Luft ausging." Die Brüder erhielten ein „B" für belgische Häftlinge und fortlaufende Nummern: Daniel B 9590, Gilbert B 9591, Marcel B 9592.

Vor der Desinfektion wurden die neu angekommenen Häftlinge in „Spezialisten" und „Nicht-Spezialisten" unterteilt. Marcel Durnez, der als 17-jähriger Schüler verhaftet wurde, hatte selbst noch keine Ausbildung, doch seine Brüder rieten ihm, als Beruf Zimmermann anzugeben. So kam er zunächst nicht in den gefürchteten Steinbruch, sondern wurde zusammen mit seinen Brüdern der Messerschmitt-Fabrikation zugeteilt. „Ich war in 2004 in der Abteilung 11. Die anderen im Steinbruch hatten es viel schwerer. Im Winter war es sehr, sehr kalt. In den 2004-Hallen waren wir drinnen, geschützt vor Regen und Schnee, das war noch zu ertragen. Ich war eigentlich kein Spezialist. Meine Brüder waren Spezialisten, ich war ja noch zu jung, ich war Schüler. Meine Brüder waren Zimmerer. Mein Bruder Daniel hat mir geraten, zu sagen, dass ich auch Zimmermann bin. Ich habe gesagt: ‚Ich kann noch nicht einmal einen Nagel einschlagen.' Doch er hat mich überzeugt und so konnten wir zusammenbleiben." Die drei wurden jeweils einem anderen Block zugeordnet. Die beiden Brüder von Marcel Durnez waren auf Block 7 und Block 9. Er selbst kam, weil er unter 18 Jahren war, in den Block 19, den so genannten Jugendblock. Doch auch dort herrschte, wie in den anderen Baracken, die gewalttätige Willkür der Kapos mit dem grünen Winkel. Marcel Durnez erzählt von einer der zahllosen Beispiele dieses Gewaltregimes. „Um halb vier mussten wir aufstehen. Eines Morgens, ich war früh wach geworden, um drei Uhr, zog ich meine Kleidung an und ging zum WC, und nachdem ich zurückgekommen war, stand plötzlich der Blockälteste vor meiner Pritsche. ‚Raus, raus, aufstehen', brüllte er. Ich sprang auf. ‚Du hast angezogen geschlafen. Komm mal hierher.' Ich musste im Kreis laufen und alle schlugen mit Stöcken und Gummischläuchen, bis ich blutig war und schließlich umfiel."

Wenn für die Messerschmitt-Produktion kein Material vorhanden war, wurden auch die Häftlinge, die normalerweise in den Werkhallen arbeiteten, in den Steinbruch geschickt. Für die beiden Brüder von Marcel Durnez bedeutete das den Tod. „Unser Daniel ist krank geworden und in den Krankenblock gekommen. Da ist er am 28. Januar 1945 gestorben. Mein anderer Bruder hat sich im Steinbruch am Fuß verletzt. Er konnte nicht mehr gut marschieren. Eines Tages musste ich mit in ein Außenkommando. Als ich zurückkam, hatten sie ihn schwer geschlagen. Zwei oder drei Tage hat er noch gelebt. Am

15. April 1945 ist er gestorben. Ich war in Block 19 und habe ihn jeden Tag im Krankenblock besucht. Eines Tages war er nicht mehr da. Ich fragte den Blockältesten, wo mein Bruder ist. ‚Auf Himmelfahrtskommando', hat er mir geantwortet. Ich wusste nicht, was das war. Er war weg, er war im Krematorium."

Etwas Kraft in dieser trostlosen Situation gab Marcel Durnez, dass er Postkarten nach Hause schicken konnte und auch Briefe von seiner Mutter erhielt. Da die Karten für die Zensur, die alle Korrespondenzen kontrollierte, auf Deutsch geschrieben werden mussten, konnten wichtige Informationen, wie zum Beispiel über die Ereignisse im Lager oder den Verlauf der Front, nur verklausuliert ausgetauscht werden. „Wir mussten auf Deutsch schreiben. Ich habe die Briefe noch. Ich habe auch Post von zu Hause bekommen. Die Verbindung nach Hause war sehr wichtig. Die Post wurde allerdings zensiert. Meine Mutter hat mir in ihren Briefen Mut gemacht. In einem Brief hat sie geschrieben: ‚Hier kommen viele Vögel vorbei, die nach Osten fliegen.' Da wusste ich, dass sie Flugzeuge meinte. Ein feiner Sinn war in den Briefen."

Kurz vor der Befreiung wurde Marcel Durnez wie die meisten Häftlinge des KZ auf den Todesmarsch geschickt. Am 20. April mussten die 15.000 Häftlinge losmaschieren. In der Kolonne, in der Marcel Durnez mitging, war auch sein Freund, der Flame Julien Van den Driessche.

Van den Driessche erinnert sich an die bedrückenden Ereignisse dieser letzten drei Tage vor dem 23. April 1945. „Beim Todesmarsch haben wir nicht gesprochen. Die Kolonne, der wir angehörten, marschierte von 6 Uhr früh bis abends um 11 Uhr. Dann haben wir im Wald Rast gemacht. Am zweiten Tag mussten wir weiter gehen. Am dritten Tag, es war ein Sonntag, haben wir uns auf einer Wiese ausgeruht. Die Wiese aber war nass. Wir haben auf unseren Schüsseln gesessen. Es war eine schreckliche Nacht. Viele konnten sich morgens nicht mehr bewegen und nicht aufstehen. Sie wurden geschlagen, fielen um und wurden erschossen. Dann sind wir weiter gegangen. Zum Essen hatten wir Roggen bekommen. Die Ration war schnell aufgegessen. Am letzten Tag haben viele versucht, Gras zu essen, aber das wurde ihnen nicht erlaubt und sie wurden mit dem Gewehrkolben geschlagen. Als wir von den Amerikanern befreit wurden, ist die SS weggelaufen. Ich hatte Glück, ein SSler hatte gerufen: ‚Aufstehen, weitermarschieren!' Ich habe versucht wieder aufzustehen, aber konnte nicht mehr. Der SSler wollte mich erschießen, zum Glück waren die Amerikaner da. Es gab SSler, die die Kleidung gewechselt hatten. Sie flüchteten in gestreifter Kleidung. Als die Amerikaner das gesehen haben, haben sie sie erschossen. Einigen SSlern ist es aber auf diese Weise gelungen, den Amerikanern zu entkommen." Auch Marcel Durnez wäre um ein Haar noch kurz nach der Ankunft der US-Army der Brutalität eines SS-Mannes zum Opfer gefallen. Er hatte versucht, sich und den anderen seiner

Ehepaare in Flossenbürg: Marcel Durnez (links) und Julien Van den Driessche (rechts)

Gruppe im Keller eines Bauern einige Kartoffeln zu besorgen. Dabei überraschte ihn ein SS-Mann und schlug ihn bewusstlos. Ich hatte viel Glück, dass der SS-Mann nicht geschossen hat. ‚Kamerad, Kamerad, nicht schießen!', habe ich zu ihm gesagt. Doch Marcel Durnez hatte Glück, er kam wieder zu sich und stieß zu einer Gruppe befreundeter Häftlinge. „Ich bin dann zum Wald zurückgekehrt. Dort saßen meine Freunde, viele Häftlinge, um ein Feuer herum. Da habe ich zwei flämisch sprechen hören. Die SS war da schon weg. Sie müssen so um 9 Uhr am Morgen weggelaufen sein. Schüsse hat man noch gehört. Zwei amerikanische Panzerwagen haben uns passiert. Der Krieg war vorbei. Mit den beiden Flamen bin ich zusammengeblieben." Eigentlich sollten Marcel Durnez und Julien Van den Driessche in das Sammellager in Cham. Da sie einen erneuten Aufenthalt in einem Lager ablehnten, sind sie innerhalb einiger Tage zu Fuß von Thierlstein über Untertraubenbach und Pösing zu einem Bauern in Roding gegangen. Über Amberg und Nürnberg kehrten sie schließlich Ende Mai mit dem Lkw nach Belgien zurück.

Julien Van den Driessche, der 1943 als Mitglied einer belgischen Widerstandsgruppe verhaftet worden war, hat ebenfalls einen Bruder in Flossenbürg verloren. Auch er litt viele Jahre an Albträumen. Von den schrecklichen Ereignissen, die zum Tod seines Bruders führten, berichtet er noch heute unter Tränen. „Den Tod meines Bruders habe ich miterlebt. Er ist an den vielen Schlägen gestorben. Weil er seinen Ehering verstecken wollte, haben die Kapos ihn zusammengeschlagen. Davon hat er sich nicht mehr erholt. Das war der Ursprung für seinen Tod. Durch die monatelange Haft zuvor hatte er an Kraft eingebüßt. Am nächsten Tag ist er vom Kapo wieder bestraft worden, weil der ihn dabei erwischt hatte, wie er sich Essensreste nehmen wollte. Das hat sich noch einmal wiederholt. Am dritten Tag abends ist er gestorben. Er ist in der Baracke 21 gestorben. Ich habe ihn mit 15 anderen Leichen draußen liegen gesehen."

Marcel Durnez brachte es lange nicht übers Herz, seinen Eltern vom Tod seiner Brüder zu berichten. „Andere Leute gingen direkt nach Hause. Ich nicht. Ich musste meinen Eltern sagen, dass meine Brüder tot sind. Ich habe ihnen das nicht sofort erzählt. Ich kam mit dem Zug in Kortrijk an und bin mit der Straßenbahn nach Geluwe gefahren. Meine Mutter und meine kleine Schwester haben mich abgeholt. Meine Mutter hat nach meinen Brüdern gefragt. ‚Sind sie nicht zu Hause?', habe ich gefragt. ‚Nein.' ‚Ich weiß nicht, was ist.' Ich durfte ihnen nicht sagen, dass sie tot sind. Der Brief, in dem meinen Eltern mitgeteilt wurde, dass meine Brüder tot sind, ist dann sieben oder acht Tage, nachdem ich zu Hause war, angekommen. Sie können sich denken, was meine Eltern empfunden haben. Ich, der Jüngste, komme nach Hause und die beiden großen starken Männer nicht."

Nach dem Krieg arbeitete Marcel Durnez als Weber in einer Textilfabrik und später als Maurer. Unter den Erlebnissen im KZ litt er jahrzehntelang. Flossenbürg besuchte er erstmals 1949 wieder und dann nochmals 1975. Ein Psychotherapeut für traumatisierte Menschen hatte ihm geraten, den Ort des Grauens wieder aufzusuchen. Seit 1995 fährt er regelmäßig zum jährlichen Treffen der ehemaligen Häftlinge.

Marcel Durnez kommt zum Schluss des Gesprächs nochmals auf seine Brüder zu sprechen. Er habe sich immer wieder gefragt: „Warum ich nicht, warum meine Brüder?" Er denkt, dass der Glaube an das Leben, der Glaube daran, dass das Grauen ein Ende haben werde, ihm geholfen hat. „Nicht aufgeben. Das war das einzige Mittel zum Überleben. An das Leben glauben. Zum Beispiel auf dem Todesmarsch: Wer nicht leben wollte, der musste sterben. Wir hatten vier Tage fast nichts zu essen. Und wir mussten sehr weit marschieren." Bis heute fällt es Marcel Durnez sehr schwer, zum Treffen der Überlebenden nach Flossenbürg zu kommen, vor allem wegen der traurigen Erinnerung an seine Brüder.

„Ich war kein Held"

Charles Dekeyser: Im „Waldkommando" einen Mordversuch überlebt

Die Nr. 1 der Tennis-Weltrangliste will Charles Dekeyser noch werden – in der Kategorie der über 85-jährigen Spieler. Der athletische Mann sieht gute Chancen, sein großes sportliches Ziel noch zu erreichen. Der Belgier ist 2004, wie in den Jahren zuvor, beim Treffen ehemaliger Häftlinge mit Jugendlichen aus vielen Ländern wieder zu Gast in Flossenbürg. Tennisspielen gelernt hat Charles Dekeyser, als er nach dem Krieg bei der britischen Armee in Bonn gearbeitet hat. Er ist jetzt 83 Jahre alt und steht bei den über 80-jährigen von 183 in der Weltrangliste geführten Spielern auf Platz 14. Charles Dekeyser ist fit und voller Lebenskraft. Im Jahr absolviert er zwölf Turniere. Seine Fitness hat ihm auch im KZ geholfen, sagt Charles Dekeyser, der in seiner Jugend eine Zeit lang geboxt hat. Gesund, jung und stark zu sein war für ihn im KZ die halbe Miete beim täglichen Kampf ums Überleben. Wenn er vor der Kommandantur steht, atmet Charles Dekeyser heute zuerst einmal kräftig durch. Er war mit der Nummer 2264 vom 22. Mai 1943 bis zum 25. Juni 1944 in Flossenbürg inhaftiert. „Der Terror hier war unbeschreiblich, nicht zu schildern", betont er. Seine Kameraden sprechen fast nur über Flossenbürg, sagt der Sprecher der ehemaligen Häftlinge aus Belgien. „Es fällt schon auf, dass Leute, die jahrelang irgendwo in Haft waren und erst in den letzten Kriegsmonaten nach Flossenbürg geschickt worden sind, nichts anderes zu erzählen haben als das, was ihnen hier passiert ist."

Am Revers seines Cordsakkos trägt er die Abzeichen der ehemaligen belgischen Häftlinge von Flossenbürg und Sachsenhausen. Nach dreizehn Monaten in Flossenbürg meldete er sich nämlich, als Facharbeiter für das KZ Sachsenhausen gesucht wurden. „Ich dachte mir, schlimmer als hier kann es nirgends sein." Den Unterschied der beiden Lager beschreibt er drastisch. „Flossenbürg war ein Krematorium und Sachsenhausen ein Sanatorium. Man soll es nicht übertreiben, das war immerhin auch ein KZ, aber ich meine, das Benehmen der Kapos, der SS, die hier regiert haben, war einmalig."

Charles Dekeyser fand erst nach Jahrzehnten die Kraft dazu, über Flossenbürg zu sprechen. Bis 1989 sprach er mit niemandem darüber. Zufälligerweise wurde dann eine Ausstellung über Sachsenhausen gezeigt. „Da habe ich mir gedacht: ‚Geh mal hin, vielleicht begegnest du da noch jemandem.'" Konfrontiert mit der eigenen Vergangenheit begann er, seiner Familie davon zu erzählen, und ging daran, seine Geschichte aufzuarbeiten.

Charles Dekeyser wurde am 23. Mai 1921 in Lille geboren. Seine Eltern hatten fünf Söhne. Er ist der älteste und einer der „drei Franzosen" in seiner Familie. Seine Eltern stammten aus dem kleinen Ort Torhout im flämischen Teil Belgiens, zogen 1919 nach Lille und kehrten 1931 nach Belgien zurück. Charles war damals gerade zehn Jahre alt. Er musste erst Flämisch lernen und zunächst die erste Klasse besuchen. Dennoch absolvierte er dann die acht Klassen in fünf Jahren, wie er nicht ohne Stolz vermerkt. Charles hätte ein Stipendium bekommen, um weiter zu lernen. Doch seine Mutter winkte ab. Die Kosten erschienen ihr trotz Stipendium zu hoch. So brachte sich der 15-jährige Junge mit Gelegenheitsarbeiten wie Hopfenzupfen durch.

Weil er keine Arbeit fand und es als ältester Sohn als seine Pflicht ansah, für den Unterhalt der siebenköpfigen Familie mit beizutragen, meldete er sich 1940 freiwillig zur Arbeit in Deutschland. Er fuhr mit dem Zug nach Brügge, unterschrieb dort einen Arbeitsvertrag, kam nach Burg bei Magdeburg und sollte dort beim Bau eines Flugplatzes mithelfen. Irritiert hat ihn, dass ein 24-jähriger Kollege aus Brüssel „wegkam", weil er zum zweiten Mal an einem Montag nicht zur Arbeit erschienen war. Nach sechs Monaten kehrte er zurück, abgemagert und mit kahl geschorenem Kopf. Was ihm passiert ist, weiß Charles Dekeyser nicht. Sein Kollege hat nie darüber gesprochen. Auf Wunsch der Bauleitung sollte Charles bleiben, als sein Vertrag nach sechs Monaten auslief. Doch nach diesem Vorfall war für ihn klar, dass er zurückfuhr. Zu Hause schlug er sich mit kleinen Arbeiten bei Bauern oder in Betrieben durch. Doch die Deutschen, die Belgien besetzt hatten, drängten darauf, dass Charles in Deutschland arbeitete. Die Feldpolizei kam öfter vorbei und setzte seine Mutter unter Druck, erzählt Charles Dekeyser. Schließlich erklärte er sich dazu bereit, forderte aber von seinen Eltern, dass sie nach Frankreich gingen, um dem Druck der Deutschen nicht mehr so ausgesetzt zu sein. Seine Eltern zogen tatsächlich nach Frankreich und blieben dort bis zur Befreiung. Charles wurde seine zweite Arbeitsstelle in Deutschland zugewiesen. Er kam nach Wetter an der Ruhr bei Hagen im heutigen Nordrhein-Westfalen zur Firma Hacort/Eiken, die Panzer produzierte. Nach einigen Monaten setzte er sich jedoch wieder nach Frankreich ab, wo seine Eltern jetzt in der Nähe von Reims lebten. Hin und wieder kehrte er in das leer stehende, väterliche

Haus nach Belgien zurück, um dort nach dem Rechten zu sehen. So kam er am belgischen Bahnhof Roeselare am 16. Dezember 1942 in eine Razzia. Die Deutschen nahmen ihm den Pass ab und schickten den Belgier wieder zu seiner Arbeitsstelle nach Wetter an der Ruhr.

Ablehnen konnte er diese Arbeit nicht mehr, es war Zwangsarbeit. Die Arbeiter schliefen in einem Gemeinschaftslager mit zweistöckigen Betten und gingen jeden Tag drei Kilometer zu Fuß zur Arbeit. Charles war Kranführer und ein guter Arbeiter, wie er betont. Warum er ins KZ kam, weiß er bis heute nicht sicher. Es ereigneten sich in kurzer Zeit zwei Vorfälle, die ihm beide die Verhaftung eingebracht haben könnten. Da war zuerst ein Zwischenfall in der Fabrik. Deutsche Arbeiter beschimpften ihn hin und wieder als „Ausländer", berichtet der Belgier. An diesem Tag – er saß im Kran – warf ein deutscher Arbeiter ein scharfes Stück Alteisen nach ihm, als er gerade in der Kaffeepause sein Butterbrot aß. Das Metallstück trifft ihn über dem linken Auge, Blut schießt heraus. Die Narbe an der linken Augenbraue sieht man heute noch deutlich. Charles Dekeyser war so wütend, dass er diesem Arbeiter mit den Ketten, die vom Kran in die Tiefe hängen, einen Schlag geben wollte. Alles ging sehr rasch. Aus Versehen riss er mit einem Seil eine Drehbank aus der Verankerung. Die Maschine flog zu Boden und war für einige Tage unbrauchbar. Die Arbeit stand still – nicht auszudenken in einer Rüstungsfabrik. „Ich war am Bluten wie ein Schwein und sah nur eine Kette richtig. Es war natürlich ein Unfall, aber logischerweise entstand da ein großes Palaver von wegen Sabotage", erinnert sich der Belgier.

Einige Tage später herrschte im Lager plötzlich große Aufregung. Der Grund: Auf der Toilette wurde eine Zeichnung entdeckt. Sie zeigte einen Mann, der an einem Galgen hing. Darunter war zu lesen, wer gemeint war: Hitler. Der Lagerverwalter bekam das mit, kam laut schreiend an und forderte denjenigen, der das gemacht hatte, auf, sich zu melden. Er drohte, dass alle nichts mehr zu essen bekämen, wenn sich der Übeltäter nicht meldete. Darauf gab sich ein junger Franzose, der die Folgen wohl unterschätzt hatte, als „Täter" zu erkennen. Am nächsten Tag wurde er abgeholt. Von deutschen Arbeitern, die in der Küche beschäftigt waren, erfuhr Charles Dekeyser, dass der Franzose in das KZ Dachau verfrachtet worden war. Er war so wütend, dass er den Lagerführer zur Rede stellte. „Ich habe zu dem gesagt: ‚Deutschland verliert den Krieg und ich werde dafür sorgen, dass du dann zur Verantwortung gezogen wirst.'"

Charles Dekeyser wurde daraufhin von der Gestapo aus dem Lager abgeholt und in das Gestapogefängnis Dortmund gebracht, in dem er von Januar bis Mai 1943 inhaftiert war. Zweimal verhörten ihn Gestapoleute. Sie interessierten sich aber nur für den Unfall in der Fabrik und drängten ihn, zu unterschreiben, dass er die Maschine absichtlich beschädigt hatte. In der Fabrik hatte ihm aber schon der Ingenieur, der für ihn zuständig war, ein Herr Schwarz, ans Herz gelegt, nie zuzugeben, dass er die Drehbank mutwillig beschädigt hatte, und Charles Dekeyser blieb bei seiner Version, obwohl er nach den beiden Verhören mehr aus der Zelle herausgetragen wurde, als dass er sie selbstständig verlassen hätte. Als er von Dortmund nach Flossenbürg überstellt wurde, weigerte er sich, eine Erklärung zu unterzeichnen, in der er als „Staatsfeind“ bezeichnet wurde. Nach dem Krieg konnte Charles Dekeyser Gestapoakten entnehmen, dass er wegen „politischer Bedrohung“ festgenommen worden war. Das bezog sich eigentlich auf die Auseinandersetzung mit dem Lagerverwalter. Dass der Zwischenfall in der Fabrik für die Verhaftung mit ausschlaggebend war, ist zu vermuten, aber er weiß es nicht mit Sicherheit. Seinen selbstbewussten Protest gegen Willkür und Terror in diesen beiden Fällen hängt er tief. Charles Dekeyser sagt von sich: „Ich war kein Held.“ Doch auch im Gefängnis zeigte er sich aufmüpfig. Zweimal kam ein Friseur in seine Zelle. Doch er verweigerte den Haarschnitt. „Meine Haare waren doch mein ganzer Stolz.“ Das erste Mal lehnte Charles nur ab, das zweite Mal warf er den Friseur mitsamt seinen Utensilien aus der Zelle. Daraufhin gab sich der Polizeipräsident selbst die Ehre, sagte aber zum Friseur nur: „Lass ihn, wo der hinkommt ...“

Charles Dekeyser wurde am 18. Mai 1943 in Dortmund auf Transport geschickt und kam am 22. Mai in Flossenbürg an. Die Ankunft in diesem Lager war für ihn ein Schock. „Da sieht man die Wachtürme an allen Ecken, die Maschinengewehre, die drauf stehen, den Draht außen herum, die Hügel, die sich links und rechts hochziehen. Das war wie ein Loch, aus dem ein Entrinnen nicht mehr möglich schien.“ Eigenartig berührt hat ihn schon bei der Aufnahme seiner Personalien die Frage, wer zu benachrichtigen sei, wenn ihm etwas zustoßen sollte, schließlich war er 22 Jahre alt und ein kräftiger junger Mann. Doch die SS hielt nicht damit hinter dem Berg, was hier gespielt wurde. „Da komme ich ans Tor ‚Arbeit macht frei‘. Ich war immer fleißig, früher, heute noch! Ich bin immer fleißig gewesen. Da steht da: ‚Arbeit macht frei‘. Das habe ich zum ersten Mal gesehen. Im Gefängnis gab's so was nicht. Wir kamen in die Politische Abteilung, und da musste man zuerst einmal angeben, wer zu benachrichtigen ist, wenn einem etwas zustößt. Das war der Anfang. Das hat schon ein bisschen komisch geklungen, ‚was zustoßen‘. Ich war noch ein ganz kräftiger Bursche. Als wir dann da raus kamen, stand man in einer Reihe, bevor man zum Bad und zur Entlausung ging und das ganze Gedöns da mitmachen musste. Da frage ich einen von diesen Scharführern: „Arbeit macht frei‘, was bedeutet das eigentlich?‘, ‚Ja‘, sagt der, ‚kommen Sie mal her!‘ Da zieht er mich am Ohr: ‚Sehen Sie da hinten, den Bau da?‘ ‚Ja.‘ ‚Den Kamin?‘, fragt er. Sage ich: ‚Ja‘. Darauf er: ‚Also wenn Sie viel arbeiten und sehr tüchtig sind, dann kommen Sie sehr schnell da unten rein. Und wenn Sie dann da oben sind, da sehen Sie dann die Wolken und da den Rauch da. Und wenn Sie da sind, dann sind Sie frei. Da kann Ihnen kein Mensch mehr was.'"

1941

Die erste Station war der Zugangsblock. Hier wurden die Häftlinge gedrillt, bevor sie zur Arbeit in den Steinbruch geschickt wurden. „Wenn Sie im Lager unterwegs waren und es kam ein SS-Mann vorbei, mussten Sie sofort stramm stehen, die Mütze abnehmen, dem Mann ins Auge schauen und sich melden, aber nur mit der Nummer. Bei mir war das die 2264. Da brauchte man den Namen nicht, sondern nur 2264. Ich hatte die Nummer von Sachsenhausen, die 79916, vergessen. Aber die 2264, die an sich älter war, weil ich zuerst in Flossenbürg war, die geht mir bis zum letzten Tag nicht mehr aus dem Kopf. Denn wenn man so gerufen wurde, dann gab's immer Ärger oder manchmal noch Schlimmeres. Man vergisst den Namen seiner Mutter eher als wie diese blöde Nummer." Auf ein halbes Jahr schätzt Charles Dekeyser die Überlebenschancen eines normalen Häftlings in der Zeit, als er Häftling im KZ Flossenbürg war. Zunächst wurde der Belgier zum „Verladekommando" in den Steinbruch geschickt. Die Häftlinge hatten hier große bearbeitete Granitklötze, die neben den Baracken der Steinmetze lagen, auf Lastkarren zu hieven, die von Pferden gezogen wurden. Sie mussten den Transport zum Bahnhof begleiten, die Lastkarren entladen und die Blöcke teils schon in die Züge heben. „Das war eine sehr schlimme Zeit. Ich habe immer versucht, gut zu arbeiten, aber bei so schweren Sachen – da waren wir manchmal um die 20 Häftlinge, um einen von diesen schweren Brocken zu verladen, abzuladen oder aufzuladen. Und da wurde nur geknüppelt, ob du da gearbeitet hast oder ob du dich da irgendwie zum Schein an dieses schwere Stück gelehnt hast. Denn die Alten, die wussten schon Bescheid – von wegen schwer arbeiten, da wurde gedroschen auf die ganze Reihe. Als junger Bursche, wenn du da verdroschen wirst und arbeitest und meinst, du tust dein Bestes, damit das Ding wegkommt, und du kriegst dafür noch ein paar Schläge mit dem Knüppel, genauso wie der, der neben dir zum Schein so getan hat, wie wenn er arbeitet, das geht einem schon auf die Nerven."

Ganz nebenbei erzählt er eine eher kuriose Anekdote. Seine Bekanntschaft mit einem Häftling mit dem grünen Winkel brachte ihm einen Besuch im so genannten „Sonderbau", dem Lagerbordell ein. Dieser Häftling schlug ihm ein

Geschäft vor: Charles sollte sich am Sonntag nach dem Appell für den Besuch im „Sonderbau" melden. Wenn die Gruppe, die nur von einem Rapportführer begleitet wurde, zum Lagerbordell unterwegs war, sollte Charles die Kolonne verlassen und sein Bekannter wollte seinen Platz einnehmen. Der Lohn für den Belgier: ein halbes Brot. Vorher sollte er aber in Erfahrung bringen, ob er genügend Geld auf seinem Konto hätte, da der Bordellbesuch zwei Mark kostete. Er fragte nach und tatsächlich hatte er 36 Mark und einige Pfennige auf seinem Konto. Charles Dekeyser lacht und sagt voll bitterer Ironie: „Das war der Arbeitslohn. Das muss man den Deutschen lassen, da sind sie genau!" Zweimal funktionierte der Deal. „Ein halbes Brot, mein lieber Himmel, das war eine Wochenration!" Zwei Monate später versuchten die beiden das Spiel erneut. Doch der Rapportführer hatte den Braten gerochen, er zog Charles am Ohr und sagte: „Dieses Mal kommst du mit." Beim Betreten des Sonderbaus wurde er von Pflegern des Krankenreviers zunächst desinfiziert und musste in eines der Zimmer. Völlig verstört stand er einer der Frauen gegenüber und stammelte etwas von einem Unglück, das passiert sei. Die Frau wich bis zum Bettrand zurück. „Die dachte wohl, das ist ein Verrückter", sagt Charles Dekeyser und lacht. „Ich war so durcheinander. Ich muss aber auch sagen, bei dem Fressen und dem Malochen damals, da hast du auf diesem Gebiet überhaupt keine Bedürfnisse gehabt." Den Grünwinkel, der ihn zu dieser Aktion animiert hatte, wollte Charles Dekeyser nach der Befreiung einmal besuchen. Doch er hatte sich drei, vier Jahre nach dem Ende des Krieges erhängt. „Der kam mit dem Leben nicht mehr zurecht."

Das Lager war eine ganz eigene Welt. Trauer und Wut durfte man hier nicht zeigen, betont Charles Dekeyser und erzählt eine sehr traurige Geschichte. Eines Abends wurde sein Arbeitskollege aus unerfindlichen Gründen gehängt. Nach seiner Beschäftigung beim „Verladekommando" hatte Charles Dekeyser einen Monat im Steinbruch direkt zu arbeiten. Das war noch moderat im Verhältnis zur Arbeitshetze in der Strafkompanie, die er da beobachten konnte, sagt Charles Dekeyser. Im Steinbruch arbeitete der Belgier gemeinsam mit einem Polen, die beiden wurden Freunde. Den Namen des Polen wusste er nicht. „Wir haben uns immer nur mit ‚Du' angeredet." Dann der Schock. „Eines Tages beim Appell, da war der Apparat zum Erhängen aufgebaut und da kam der Lagerführer, den habe ich vielleicht zweimal zu Gesicht gekriegt, und hat ein Urteil aus Berlin verlesen. Da wurde eine Nummer gerufen, ich habe gar nicht auf die Nummer geachtet. Und als ich den da marschieren sah, habe ich gesehen, das ist mein Kumpel aus dem Steinbruch. Der ist dann gehenkt worden. Ich habe gar nicht gewusst, warum und wieso. Wenn man so zusammenarbeitet, da wird man wie Brüder. Ich kannte an sich keinen anderen Menschen als den, der bei mir gearbeitet hat. Und wenn das passiert, dann bist du tief enttäuscht und heulen tust du auch. Und dann musst du nur sehen, dass der Blockführer, der den Block abgeht, um zu sehen, wie sich alle benehmen, dass der nicht merkt, dass du am Heulen bist, denn sonst bekommst du wirklich noch was dazu, was dich erst recht zum Heulen bringen würde.“ Charles Dekeyser, der nur selten einen Funken Regung zeigt, hat Tränen in den Augen und schluchzt. „An dem Tag habe ich zu sämtlichen Göttern gebetet – es ist nichts passiert, und seitdem ist es mit dem Glauben bei mir vorbei. Ich bin an sich katholisch aufgewachsen, aber seitdem ist das vorbei.“

Nach einer kleinen Pause erzählt Charles Dekeyser, dass er eines Tages dem so genannten „Waldkommando“ zugeteilt wurde. Die rund 30 Häftlinge hatten Bäume zu fällen und wurden beim Straßenbau eingesetzt. Ihr Mittagessen, das aus zwei Kübeln mit je 25 Litern Suppe bestand, nahmen sie bereits morgens mit zur Arbeit. Auch hier machten Kapos und SS-Leute ihre Geschäfte. Da gab es eine Begebenheit, die Dekeyser amüsiert erzählt. Hin und wieder wurden im Wald schon mal spezielle Kämme ausgeteilt und die Häftlinge mussten Blaubeeren sammeln. In einem der großen Essenskübel hatten sie die Blaubeeren ins Lager zu schmuggeln und bei der Küche abzugeben. Einmal trugen Charles und ein Russe den Kübel mit den Früchten. Da verlangte die Kontrolle am Tor den Deckel zu heben und die Blaubeeren kamen zum Vorschein. Der Kapo wurde von den SS-Posten verprügelt und in dem Durcheinander, das dann entstand, gelang es Charles Dekeyser, den Kübel seinem Blockschreiber Erich zu bringen, der stets seine schützende Hand über den Belgier gehalten hatte. Welche Geschäfte Erich mit dem unverhofften Reichtum machte – Charles Dekeyser weiß es nicht …

Im „Waldkommando“ herrschten aber auch Terror und blanke Willkür. Charles Dekeyser erzählt von einem für ihn beinahe verhängnisvollen Ereignis. Eine Wette zwischen dem Kapo und dem zuständigen SS-Mann hätte ihm beinahe das Leben gekostet. „Der Kapo, das war ein richtiges Schwein. Der Bursche wettete mit einem SS-Mann, dem Wächter, wer als Nächster ‚eingehen wird‘, so hieß das in deren Sprache. Ja, wer ist denn jetzt als Nächster dran, hieß es. Und eines Tages hörte ich: ‚Der Belgier.‘ Ja, ich war der einzige Belgier in der Gruppe. ‚Der Belgier.‘ Und dann hörte ich den SS-Mann sagen: ‚Nee, glaube ich nicht. Schau mal, was der für ein Kreuz hat.‘ Das habe ich gar nicht richtig verstanden, was das bedeutet: ‚Was der für ein Kreuz hat.‘ Ich war halt gerade gebückt, war wahrscheinlich am Sägen oder am Hauen. Und der Kapo sagte: ‚Wenn ich sage, der Belgier, dann ist es der Belgier.‘“ Der Kapo, ein Häftling mit dem grünen Winkel, ging auf Charles Dekeyser los und es folgte nichts weniger als ein Mordversuch, den der Belgier mit Glück überlebte. „Da sagte er zu mir: ‚Ja, du dreckiges Schwein, was willst du, was hast du, was denkst du, was willst du mir sagen?‘ Und dann hat er angefangen zu knüppeln. Er hatte drei oder vier Knüppel, die er im Wald bei der Hand hatte. Aber ich blieb gerade stehen. Ich wäre eher gestorben, als in die Knie zu gehen. Da hat er die vier Knüppel kaputt geschlagen. Ich habe nur den

Kopf geschützt, so mit den Oberarmen, bis der SS-Mann, mit dem er gewettet hatte, sagte: ‚Auf, es wird wieder gearbeitet!'"

Schwer gezeichnet von der Prügelei kam Charles Dekeyser ins Lager zurück. Geholfen hat ihm sein Blockschreiber Erich, einer der ganz wenigen deutschen politischen Häftlinge, die im Lager eine wichtige Funktion innehatten. Auf Erich hält Dekeyser heute noch große Stücke. Er hat oft versucht dessen Identität zu klären, wer Erich war, wie er mit Nachnamen hieß, woher er kam und was aus ihm geworden ist. Doch bis heute ist ihm das nicht gelungen. Damals ging dieser Erich mit dem Belgier zum Krankenrevier. „Da wurde ich plötzlich behandelt wie ein Deutscher oder wie ein ‚Prominenter'. Ich bekam einen richtigen Salbenverband." Erich sorgte dafür, dass er nicht zum „Waldkommando" zurück musste. Später kam Charles Dekeyser zur Messerschmittproduktion, die hier in Steinmetzbaracken auf dem Steinbruchareal aufgebaut wurde. Zunächst aber blieb er drei Wochen im Lager und wurde Leichenträger. Um zu überleben, durfte man sich einfach nicht deprimieren lassen, betont Charles. „Die Leichen hier vor der Revierbaracke und auch die Häftlinge, die nach dem Appell auf dem Appellplatz liegen blieben, schafften wir zum Krematorium. Vor dem Block des Krankenreviers lagen immer so sieben, acht, manchmal zehn bis fünfzehn Tote. Auf dem Appellplatz waren es drei, vier, an manchen Tagen sieben oder acht. Damals wollte ich nur leben, und da habe ich mich von der Welt abgekapselt. Ich hatte nur eine Idee: ‚Was kannst du dir morgen zusätzlich besorgen?' Das war mein erster und mein letzter Gedanke des Tages: Wie kannst du morgen an ein Stückchen mehr Brot oder einen Schlag Suppe mehr kommen? Das war an sich das Einzige, wofür ich gelebt habe. Dass ich dann die Leichen wegtragen musste, das war vielleicht das erste Mal eigenartig, aber nach zwei Tagen trägt man die Toten da rauf, als ob es eine normale Arbeit wäre. Jedenfalls war es besser, als sich in diesem Waldkommando weiter verprügeln zu lassen und demnächst selber da zu liegen."

Charles Dekeyser berichtet auch von einer Art Selektion. „Es sind sechs oder sieben Burschen von Berlin gekommen und jeder Block hat an ihnen vorbei marschieren müssen. Und die haben Leute aus der Menge ausgewählt. Da bekamst du ein Kreuzchen aus einer dicken, gelbrötlichen Masse auf die Stirn und wurdest auf die Seite gestellt. Was das hieß, das wusste kein Mensch." Auch Charles Dekeyser bekam das Kreuz auf die Stirn. Er stand bei den Gezeichneten, da entdeckte ihn sein Blockschreiber Erich, packte ihn am Kragen und sagte nur kurz: „In den Block!" Und: „Bleib ja dort!" Was aus den Leuten wurde, die sie hier ausgesondert hatten, weiß Charles Dekeyser nicht. Vielleicht, sagt er, hat Erich ihm da sogar das Leben gerettet. Dieser Erich war jedenfalls eine absolute Ausnahme, betont er. „Wenn Erhängungen durchzuführen waren, wurden meistens Leute von der sogenannten Lagerprominenz gefragt, Kapos. Die SS machte das nicht selber. Der Erich hat als einziger immer gesagt: ‚So was tu ich nicht!'"

Eines Tages wurden Häftlinge gesucht, die im KZ Sachsenhausen arbeiten sollten. Charles Dekeyser meldete sich sofort, weil er sich dachte, es sei die einzige Möglichkeit hier rauszukommen und am 25. Juni 1944 waren seine Tage in Flossenbürg gezählt. In Sachsenhausen wollten wohlgesonnene Häftlinge dem Neuankömmling gute Ratschläge geben. Doch Charles Dekeyser war allein schon durch deren Anblick beruhigt. „Ich habe mir gedacht: Wenn ich euch so ansehe – hier kann es nicht so schlecht sein." Doch er kam an einen der schlimmsten Arbeitsplätze, berichtet Charles Dekeyser. Er wurde zur Arbeit in das Außenkommando „Klinker" geschickt, in eine Handgranatenfabrik. Zweimal wurde das Gebäude von amerikanischen Bombern angegriffen und es gab auch Tote unter den Häftlingen. Die Häftlinge, die diese Angriffe überlebt hatten, marschierten am 20. April zurück ins Hauptlager. Am 21. April brachen sie in Kolonnen von je 500 Mann auf und wurden zwei Wochen später am 5. Mai, nachdem alle SS-Leute geflüchtet waren, von der russischen Armee kurz vor Schwerin befreit. In Schwerin schlief Charles Dekeyser dann in der einstigen Adolf-Hitler-Kaserne zum ersten Mal wieder in einem richtigen Bett. „Wir sollten noch auf Schiffe gebracht werden. Zum Glück kam das nicht mehr zustande", sagt der Belgier erleichtert.

Nach der Befreiung bewarb er sich im November 1945 in Brüssel für eine Arbeit bei der britischen Armee. Er wurde genommen und kam zur Zensurbehörde nach Bonn. Hier lernte er seine erste Frau kennen, heiratete 1946 und zog ins belgische Welkenraedt, wo er heute noch lebt. Zunächst nahm er eine Arbeit in der Hutfabrik „Ensival" an. Er beherrschte zwar vier Sprachen, weil es aber mit der Grammatik haperte, begann er mit 30 Jahren noch einmal, die Schulbank zu drücken. 1952 heuerte er schließlich bei einem Speditionsunternehmen an. Charles Dekeyser, der 1963 bereits einen Direktorenposten bekleidete, machte im Transportgewerbe sehr erfolgreich seinen Weg. Hart zu arbeiten war für ihn stets selbstverständlich, „malochen" ist für ihn kein Schimpfwort. „Ich habe damals die Kerze von beiden Seiten angezündet", sagt Charles Dekeyser und genehmigt sich zum Schluss des Gesprächs eine Zigarre.

Heute engagiert er sich für die Neugestaltung der Gedenkstätte. Die Zeit drängt, sagt er. Warum nimmt er es immer wieder auf sich, an diesen Ort des Leidens zurückzukehren? „Wir tun das zur Erinnerung an unsere Kameraden, die hier gestorben sind. Wir sind doch auch dafür verantwortlich, was die hätten sagen wollen, wenn sie das Glück gehabt hätten zu überleben."

„Ich habe meinen Freund aus den Leichen gezogen"

Roger Becker: Im Fuhrpark der SS beschäftigt

Jodoigne, ein kleiner Ort in Belgien. Sonntag, der 10. September 2000. Ehemalige Häftlinge weihen hier einen Gedenkstein ein, der aus Flossenbürger Granit gemacht wurde. Der Stein soll an die belgischen Opfer dieses KZs erinnern. Mit dabei bei dieser Zeremonie ist Roger Becker, der hier in Jodoigne lebt. In Flossenbürg war er der Häftling mit der Nummer 39925. Der stille zurückhaltende Mann mit seinem grauen Vollbart kam am 16. Dezember 1944 über ein Bamberger Außenlager des Gefängnisses Ebrach nach Flossenbürg. Wegen Widerstands im Dezember 1941 verhaftet, führte sein Weg von Brüssel aus in das Gefängnis Nürnberg. Hier wurden ihm und anderen politischen Häftlingen gemäß dem „Nacht- und Nebel"-Erlass die entsprechenden Urteile auf Deutsch verlesen und behelfsmäßig übersetzt. Verhandlungen hatte es nicht gegeben. Anschließend wurde er in das Gefängnis Ebrach gebracht und musste im Herbst 1944 in dessen Außenlager in Bamberg Busse der Reichspost reparieren, die zerschossen oder mit Brandschäden aus Russland kamen. Kurz vor Weihnachten 1944 kam er wegen Sabotage mit zwei seiner Freunde nach Flossenbürg. „Es war ein sehr schrecklicher Moment. Wir kamen nach Bamberg, so am 13./14. Dezember 1944 und wurden in Wagons verfrachtet. Wir waren 60 bis 90 Leute eingepfercht in einem Wagon und kamen zuletzt nach einem Fußmarsch im Lager an. Es war Winter, minus 10 Grad, eiskalt, und wir kamen dann vor dieses Tor. Das war für mich einer der schrecklichsten Momente, einer der traurigsten Momente, weil das Lager in dieser Kälte und bei diesem schlechten Wetter eben auch so schlimm aussah. Wir waren völlig ausgehungert, hatten 34 Stunden nichts gegessen und getrunken, wurden rasiert, kamen unter die Duschen und mussten dann nackt zwei bis drei Stunden in der Kälte warten, bis wir Kleider zugewiesen bekamen und eine Nummer erhielten. Wir galten als Saboteure und Kommunisten. Als wir ankamen, dachten wir, wir würden von der SS schikaniert. Aber wir hatten uns getäuscht. Wir kamen in eine Quarantänebaracke und haben dann mitgekriegt, dass wir von Häftlingen geschlagen wurden, also, dass Häftlinge andere Häftlinge schlugen, das war für uns sehr schlimm, schlimmer, als wenn es SS-Leute gewesen wären."

Roger Becker wurde am 20. Juni 1922 geboren. Im belgischen Widerstand war er seit Mai 1941 aktiv, wurde aber bereits ein gutes halbes Jahr später am 25. Dezember 1941 verhaftet. Seine Aufgabe war es, Leuten, die in England als Fallschirmjäger ausgebildet worden waren, eine bestimmte Aufgabe zuzuweisen, wenn sie nach Belgien zurückkamen, und für ihre Unterkunft zu sorgen. Verhaftet wurde er gemeinsam mit zwei seiner Freunde und für alle drei hieß der Bestimmungsort nach drei Jahren in verschiedenen Lagern und Gefängnissen Flossenbürg – vermutlich, weil sie Sabotage geleistet hatten. „Als wir im Gefängnis saßen, konnten wir uns natürlich keine Vorstellung machen von dem, was ein Konzentrationslager ist. Ich war zuvor in den Gefängnissen Ebrach und Bamberg. Wir haben immer versucht, kleine Sabotageakte zu verüben mit den wenigen Mitteln, die wir hatten. Unsere Aufgabe war es zum Beispiel, Autobusse für die Wehrmacht zu reparieren, und da haben wir versucht, die nicht richtig zu reparieren, sondern die Wagen noch ein bisschen mehr zu beschädigen. Da haben wir gearbeitet etwa von Oktober bis Dezember, und in dieser ganzen Zeit haben wir nichts wirklich repariert, und das fiel dann eben auf. Dann kamen Zivilleute, die uns erklärten, wir hätten nicht gut gearbeitet und wir kämen jetzt in ein anderes Lager. Und das war dann der Auftakt für Flossenbürg. Dann haben wir uns selber Vorwürfe gemacht und gedacht: ‚Wir waren unvorsichtig. Hätten wir doch lieber ein bisschen was repariert, dann wäre uns vielleicht das KZ erspart geblieben.'"

Roger Becker wollte im KZ vor allem eines: überleben. Er merkte schnell, dass er sich zunächst einmal unauffällig eingliedern musste. Seine Devise hieß: Ja nicht auffallen. Zuerst hatte er im Lager Schnee zu räumen, dann musste er für zwei Tage in den Steinbruch. Er sah, dass er von dort schnell weg musste, wollte er überleben, und schaffte es, eine bessere Arbeit zu bekommen. „Ich bin jemand, der sehr genau beobachtet, und ich habe sehr schnell gemerkt, wenn ich hier überleben will, ist das oberste Prinzip, dass ich nicht auffalle. Ich habe schnell gesehen, dass man riskiert, denunziert zu werden, weil es ja nicht nur politische Gefangene gab. Ich wollte vorsichtig sein und habe vor allem schon nach wenigen Tagen gemerkt, dass, wer hier nicht zeigt, dass er gut arbeiten kann, der Letzte ist. Deshalb habe ich immer gezeigt, dass ich bereit bin zu arbeiten und dass ich arbeiten kann. Ich habe auch sehr bald gemerkt, dass es hier im Lager Tote gab, dass die Arbeit eigentlich die einzige Rettung war, um erst mal nicht aufzufallen und dann wurde ich eingeteilt, um Holz zu machen für die Lastwagen. Die liefen mit Holzkohle."

Roger Becker wurde im Fuhrpark der SS beschäftigt und clever, wie er war, bekam er auch schnell eine wichtige, und das hieß privilegierte, Aufgabe zugeteilt. „Ich war in diesem Fuhrpark beschäftigt, es war eine gefährliche Arbeit, bei der alles sehr genau kontrolliert wurde, denn, wenn wir das Holz bearbeitet, die Bäume gesägt und das Holz zerkleinert hatten, brauchten wir schweres Werkzeug, also Äxte, Sägen, größere Maschinen, und deshalb waren wir unter besonderer Aufsicht, weil es gefährlich werden konnte. Wer an dieser Säge gearbeitet hat, der hatte eigentlich das Kommando über alle, die kleinere Arbeiten zu verrichten hatten, und einmal ist der gestorben, der das Kommando hatte, und dann hat der Kapo gefragt: ‚Wer ist ein Fachmann?' Ich habe mich dann gemeldet. Dann kam die SS und sagte: ‚Ja, du kannst die Arbeit machen.' Dann habe ich aber Bedingungen gestellt, weil da der Wind sehr ging bei dieser Kreissäge. Ich habe gesagt, ich brauche eine Mütze, Handschuhe, einen Schal und einen Mantel, um mich besser zu rüsten, und die waren damit einverstanden. Ich habe dann die ganze Arbeitsausrüstung von dem Toten bekommen und gleich angefangen. Auch bei dieser Arbeit ist es mir gelungen, immer kleinere Sabotageakte zu machen, zum Beispiel habe ich dafür gesorgt, dass diese Maschine nicht gut funktionierte, dass die anderen rumstehen mussten und keine Arbeit hatten. Ich hatte das Holz extra verkehrt herum reingelegt, sodass die Säge das Holz quasi verbrannt hat, es wurde dann schwarz. Und dann sagte ich, „das Sägeblatt ist kaputt, da muss jetzt eine Dreikantfeile aus der Werkstatt des Fuhrparks organisiert werden." Und bei diesen ganzen Aktionen – auf die Feile warten und dies alles zu richten und zu klären – konnte natürlich nicht gearbeitet werden. So habe ich diesen ganzen Arbeitsprozess da aufgehalten."

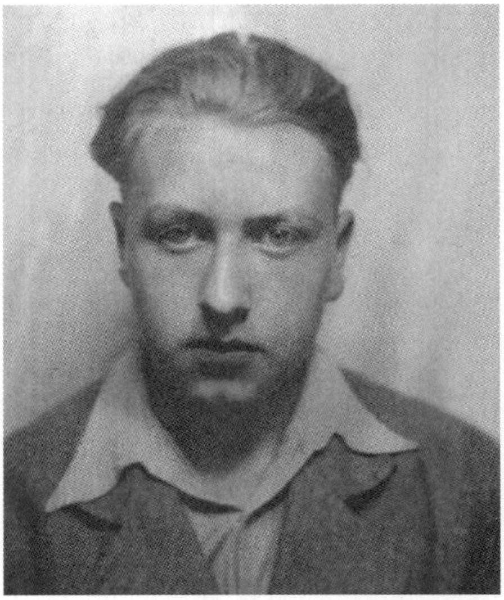

1943

Für seine Kollegen bedeuteten solche Reparaturen willkommene Ruhepausen. Roger Becker hatte es relativ gut erwischt. Die Arbeit in diesem kleinen Kommando mit ungefähr 15 Personen war weniger hart als andernorts. „Dann war es auch außerhalb des Lagers, ungefähr fünf Minuten außerhalb, und es hatte nicht diese Düsterheit und diesen Schrecken des Lagers, man wurde ein bisschen weniger geschlagen, und ich wollte auf jeden Fall bei dieser Arbeit bleiben."

Roger Becker war gelernter Elektriker. Das heißt aber nicht, dass er für diese Arbeit an der Kreissäge prädestiniert gewesen wäre. Er erkannte einfach seine Chance, als ein Fachmann gesucht wurde, sagt er: „Ich habe mir einfach zugetraut, diese Arbeit zu machen, und ich war eigentlich immer so ein bisschen ein Dickschädel. Wenn ich mir etwas vorgenommen habe, habe ich auch alles drangesetzt, das dann auch zu erreichen. Ich habe schnell gemerkt, dass die Deutschen sehr ordentliche Leute sind, die immer Wert darauf legen, dass jemand Spezialist ist, selbst für Aufgaben, für die man gar nicht Spezialist zu sein braucht. Also diese Sägen kann man eigentlich nur mit praktischem Talent bedienen. Ich habe gemerkt, wenn jetzt jemand sagt, er sei Volksschullehrer oder Rechtsanwalt, das bringt ihm gar nichts. Man muss sagen, man sei Fachmann, z. B. Maurer, Elektriker, Glaser, alle handwerklichen Fähigkeiten waren gefragt, und da musste man sich stark machen."

Roger Becker bekam den Posten an der Kreissäge zwar, doch er wurde hier auch sehr kontrolliert und schließlich zog er sich eine schwere Krankheit zu. „Es war auch gefährlich. Die SS und die Kapos haben immer besonders darauf geachtet, was da gemacht wurde bei dieser Säge, und die SS-Baracken waren direkt daneben, aber ich habe es geschafft, die Säge immer laufen zu lassen, dass die so ihren Lärm machte, auch wenn ich in Wirklichkeit gar kein Holz hineingelegt hatte. Ich habe es immer geschafft, die Arbeit ein bisschen zu bremsen. Es war allerdings auch sehr hart, weil es sehr, sehr kalt war, und ich bin dann auch krank geworden. Ich hatte eine Rippenfellentzündung und bin dann zwei, drei Monate krank gewesen. Ich fiel dann bei dieser Arbeit aus."

Am 1. April 1945 wurde er mit 40 Grad Fieber und einer Rippenfellentzündung ins Krankenrevier gebracht. Der französische Arzt Dr. Michelin, ebenfalls ein politischer Häftling, der hier als Pfleger tätig war, nahm sich seiner an. „Der Arzt hat mir gesagt, dass es keine Medikamente gibt. Aber so zwei bis drei Tage nach der Einlieferung hat er dann eine Spritze organisiert und hat mir Wasser aus der Lunge geholt, das war die einzige Möglichkeit, mir zu helfen. Und dann war ein Kamerad im Bett neben mir. Er hatte Typhus und konnte nicht mehr laufen. Um den habe ich mich gekümmert, bin jeden Tag mit ihm aufs Klo gegangen, sonst hätte er ins Bett gemacht. Ich habe ihn immer auf meinem Rücken herumgetragen. Einmal hat mich ein Arzt gesehen, der deutsche SS-Arzt, dann wurde ich geschlagen und ich habe nicht mehr gewusst, was mit meinem Freund geschehen war. Ich habe ihn überall gesucht und ihn auf einem Menschenberg entdeckt, wo die Toten lagen. Als ich näher kam, habe ich gemerkt, dass er noch atmete, und ich habe ihn dann geholt und in meinem Bett versteckt – und dieser Kamerad hat überlebt. Nach dem Krieg habe ich von dem französischen Arzt erfahren, dass im Lager ein deutscher Arzt war, der denjenigen, die nicht mehr arbeiten konnten, eine Spritze gab, eine Benzinspritze, aber der französische Arzt hat diese Spritzen mit destilliertem Wasser verdünnt, sodass sie nicht tödlich waren. Deshalb konnte dieser Kamerad von mir, er hieß Roger Louis, überleben. Der hat noch dreißig Jahre leben können. Ein Bein war völlig gelähmt, aber er hat überlebt. Dreißig Jahre!"

Inzwischen war Mitte April 1945. In diesen Tagen kamen noch viele Häftlinge aus Buchenwald in Flossenbürg an. Sie wurden außerhalb der Baracken untergebracht. Am 20. April begann dann die Evakuierung des Lagers in mehreren Kolonnen. Roger Becker ging mit der 4. Kolonne auf den Todesmarsch. „Das waren die Häftlinge aus dem Krankenrevier", berichtet er und fügt hinzu: „Ich habe nie mehr jemanden getroffen, der mit mir in diesem Zug war. Ich kann nur eine klare Aussage machen, dass mein Block mit den Kranken zu diesem Termin unten am Bahnhof in die Wagons gestiegen ist. Ich war also in dieser 4. Kolonne und am Nachmittag sind wir bis zum Bahnhof gelaufen, alles zu Fuß, wir waren alle krank. Nur die Typhuskranken blieben zurück, aber alle, die laufen konnten, gingen. Und am 23. April haben wir die Wagons eines Zuges bestiegen. Zwei Wagen waren so genannte Reisewagen und das andere waren alles Viehwagen. Ich war sowieso nie so ganz schnell, und auch aus Überlegung habe ich erst mal alle anderen einsteigen lassen, und da blieben einige übrig, und die sind dann in diese Wagons für Reisende eingestiegen, die möglicherweise für die SS reserviert gewesen waren. Ich war so mager und so krank, dass ich mich im Gepäcknetz niedergelassen habe, nicht unten auf den Sitzen, so konnte ich also die ganze Nacht mehr oder weniger in Ruhe liegen. Wir sind dann ungefähr 50 bis 60 km gefahren. Das Problem war aber, dass die Alliierten kamen und dass es Bombardements gab. Und ich dachte, in dem Netz bin ich vielleicht auch ein bisschen sicherer als unten auf dem Sitz. Am nächsten Tag mussten wir dann aussteigen, weil die Gleise bombardiert worden waren und der Zug nicht mehr weiterfahren konnte. Wir sind dann zwei Tage zu Fuß weitergegangen, immer so an den Gleisen entlang, auch andere Kolonnen, und nach drei Tagen haben wir dann leere Wagons gefunden. Inzwischen waren auch die Gleise repariert und dann ging es weiter. Wir sind zwei Nächte und einen Tag in diesen Wagons geblieben, ungefähr 15 km damit gefahren und dann wieder zu Fuß weiter, bis wir nach Regensburg kamen. In Regensburg hat man uns hinuntergeführt ins Souterrain, weil der Bahnhof bombadiert wurde. Da lagen aber Tote, und wir mussten auf den Toten gehen und warten, bis die Bombardements zu Ende waren. Dann wurden wir wieder herausgeholt und mussten wieder neben den Gleisen laufen, endlos. Dann habe ich, weil es mir sehr schlecht ging, zwei Stöcke genommen und bin dann mit Hilfe dieser zwei Stöcke weitergehumpelt. Ich habe immer darauf geachtet, dass ich die Füße auf den Schwellen habe, nicht auf den scharfen Steinen, immer auf diesen Schwellen, damit ich mir nicht weh tue und falle. Und so habe ich mich mit diesen Stöcken weitergehangelt."

Von Regensburg aus marschierten die Häftlinge weiter Richtung Süden. Am 25. April wurde er von der US-Armee befreit, berichtet Roger Becker. „An diesem Tag bin ich dann befreit worden. Als wir Regensburg verließen, habe ich noch deutsche Soldaten gesehen mit leichten Waffen auf so kleinen Wägelchen. Von denen habe ich mitgekriegt, dass die Amerikaner noch drei Kilometer entfernt sind. Dann bin ich noch weiter marschiert und kam in ein Dorf, in dem ich einen Bauernhof gefunden habe. Zwischen 7 und 8 Uhr abends ging ich da rein mit meinen zwei Stöcken und habe es geschafft, ein bisschen Brot zu kriegen und Milch. Aber die wollten mich nicht haben. Die hatten Angst, dass sie erschossen werden, wenn sie mir helfen. Aber immerhin hatte ich dann ein bisschen was im Magen und bin weitermarschiert. Am nächsten Tag habe ich keine SS mehr gesehen. Ich bin von denen, die mich noch begleitet haben, bei einem Wald zurückgelassen worden. Ich habe es dann noch geschafft, ein paar Kartoffeln auszureißen. Und als dann die Amerikaner kamen, war ich von der Ernährung her schon ganz gut ausgerüstet durch das, was ich so gefunden habe – ein bisschen Speck, ein bisschen Marmelade, ein bisschen Brot. Als Kleidung hatte ich Sachen von toten Soldaten angezogen und außerdem hatte ich den Proviant aus den Armeesäcken geholt, aber ich war völlig verdreckt."

Roger Becker war vor seiner Verhaftung gelernter Elektrotechniker und hatte in der Elektrizätsgesellschaft gearbeitet. Als er aus Deutschland zurückkam – am 1. September 1945 – nahm er dort die Arbeit wieder auf. Er hatte allerdings vier Monate gebraucht, um wieder einigermaßen auf dem Damm zu sein. „Ich lebte noch, das war für mich das Wichtigste. Es hat Jahre gedauert, bis ich überhaupt wieder richtig gesund war." Nach Flossenbürg kehrt er nicht oft zurück. „Ich wollte eigentlich vergessen, weil ich so viele Freunde und Kameraden verloren habe. Ich war auch der einzige Belgier, der in meiner Kolonne überlebt hat. Ich habe Albträume, das kann man sich vorstellen. Und diese schwere Lungenentzündung, mit der ich acht Tage marschiert bin und am Rande des Todes war. Vom 1. April bis zum 14. Mai habe ich kein Medikament gehabt. Was mir geholfen hat, überhaupt zu überleben, war der französische Arzt, der mir das Wasser aus der Lunge gezogen hat, sodass ich wieder atmen konnte. Der hat mir eigentlich das Leben gerettet und das war auch mein Glück."

Roger Becker hält Vorträge in Schulen und kümmert sich um Ausstellungen. „Meine Aufgabe ist es, gegen die Diktatur zu kämpfen, gegen den Rassismus." Ein wichtiger Grund für Roger Beckers Engagement ist aber auch die Erinnerung an seine beiden Freunde. „Wir sind ja zu dritt verhaftet worden, und meine beiden Freunde Victor Rousseau und Robert Gilsoulle sind auch nach Flossenbürg gekommen. Beide sind hier gestorben. Und deshalb wollte ich dort am Krematorium sein, also an der Stätte, die an ihren Tod erinnert. In meiner Heimatstadt gibt es auch ein Monument mit Asche aus dem Krematorium, das an Flossenbürg erinnert und eben auch an meine beiden Freunde."

Übersetzung: Christel Blumensath, Edeltraud Reindl-Beckel, Dr. Manfred Weichmann

„Der Glaube an den Segelflug, der Glaube an Frankreich“

Armand Schroeder: Ein Lothringer, der nicht für Deutschland kämpfen wollte

Nachdenklich geht Armand Schroeder über den früheren Appellplatz. Sein Blick schweift zu den Wohnhäusern, die hier innerhalb des ehemaligen Lagerbereiches auf eine Anhöhe gebaut wurden – auf den terrassierten Fundamenten der ehemaligen Baracken. „Das hätte man nicht machen dürfen“, sagt er, „das war eine Sache, die ist verpasst worden.“ Armand Schroeder kommt öfter mit den ehemaligen Häftlingen aus Frankreich nach Flossenbürg. Er hat durchaus das Gespräch mit der Bevölkerung gesucht, manche Antworten aber kann er einfach nicht begreifen. „Ich habe mal einer Dame gesagt: ‚Sie wohnen hier, wissen Sie, dass sie auf einem Blutbad von einer Meter Höhe leben?‘ Die hat mir zur Antwort gegeben: ‚Das macht mir überhaupt nichts. Die Zeit, als die SS da war, war für uns eine schöne Zeit. Ich war ein junges Mädchen und wir durften ins Kino gehen.‘ Sie wohnte in Flossenbürg und dachte nur daran, dass sie ins Kino gehen durfte.“ Armand Schroeder schüttelt den Kopf und geht weiter. Bei seinem Rundgang hält er alles mit seiner Videokamera fest. Auf einer Parkbank sitzend erzählt er in der Gedenkstätte seine Geschichte.

Der Franzose wurde 1923 in Sarreguemines in Lothringen geboren, dort ist er aufgewachsen und dort lebt er noch heute. Weil Lothringen einst zum Deutschen Reich gehörte, musste sein Vater für den deutschen Kaiser in den Ersten Weltkrieg ziehen. In Russland wurde er verwundet. 1918, als Lothringen zu Frankreich kam, wurde der Vater von Armand Franzose, sprach aber kein Wort französisch. „Wir hatten unseren Dialekt, das Francique, das ist dem Deutschen ähnlich, und ich habe das auch gesprochen. Französisch habe ich erst in der Schule gelernt.“ Identitätsprobleme hatte die Familie nicht. Ihr Herz gehörte Frankreich. „Noch von jeher habe ich mich als Franzose gefühlt. Das ist nicht auszurotten, und als wir besetzt wurden von den Deutschen, haben die sich so benommen, dass unser Glaube an Frankreich immer noch stärker wurde."

Als die Wehrmacht im Zweiten Weltkrieg Frankreich zunächst besiegt hatte, wurde Elsass-Lothringen vom Dritten Reich annektiert. Die Herzen der Franzosen hatten die Besatzer aber nicht gewonnen. „Wollen Sie einem Franzosen plötzlich eine Uniform aufzwingen? Der musste trainieren, marschieren, exerzieren. Die Jugend hat doch was anderes zu tun als das. Das war alles Zwang, alles wurde uns aufgezwungen und glauben Sie, das war kein Spaß eine Hitlerjugenduniform anzuziehen. Wir haben das nur zwangsweise gemacht und mit Widerwillen, wir mussten. Derjenige, der das nicht machte, der wurde auf seiner Arbeitsstelle bestraft."

Auch sein Vater war froh darüber, dass Elsass-Lothringen nach dem Ersten Weltkrieg wieder zu Frankreich kam, für den deutschen Militarismus hatte er überhaupt keine Sympathien. „Als wir in der Widerstandsbewegung tätig wurden, mein Bruder und ich, hat mein Vater gesagt: ‚Macht, was ihr könnt, nehmt keine Rücksicht auf uns, ihr kennt die Deutschen noch nicht! Der Barras ist was Furchtbares, ich möchte nicht, dass ihr als meine Söhne das erleben müsst, was ich erlebt habe.' Der Barras, das ist der deutsche Militarismus."

Nach der Besetzung Frankreichs durch das faschistische Deutschland war sich die Familie Schroeder einig: Alle leisteten Widerstand und halfen, wo sie konnten. „Bei uns waren die ganzen flüchtigen französischen Kriegsgefangenen, die sind als erstes nach Lothringen. Dort konnten sie Hilfe erwarten. Da bekamen sie Zivilkleidung und wir haben sie dann weitergeleitet. So begann unser Widerstand. Ab 1942 haben die Deutschen die jungen Lothringer dann zur Wehrmacht oder zum Arbeitsdienst eingezogen. Unser Ziel war dann, falsche Papiere auszustellen. Wenn sie den Stellungsbefehl hatten, waren das Fahnenflüchtige und wir haben die dann bei Nacht und Nebel über die Grenze gebracht. Eines Tages hat sich ein Gestapo-Agent bei uns eingenistet und hat dann alle verraten und so kam ich ins KZ."

Die ganze Familie wurde verhaftet. Nicht weniger als sechs Personen aus seiner nahen Verwandtschaft wurden in deutsche Konzentrationslager verschleppt. Armand Schroeder wurde am 30. November 1943 von der Gestapo festgenommen. „Dann wurden mir gleich die Augen zugebunden und ich wurde in einen LKW geschmissen, ohne Rücksicht. Wir sind dann in Metz in ein SS-Sonderlager eingesperrt worden. Das war das Schlimmste, was ich mitgemacht habe. Wie wir dort empfangen wurden, das war grausam. Der erste Schnee ist gefallen, 30. November, und wir sind dort mit kaltem Wasser geduscht und einer Wurzelbürste abgeschrubbt worden. Wir sind sozusagen abgehärtet worden. Das war viel härter als Flossenbürg. Und dort waren wir, bis die Untersuchung, bis die Vernehmung rum war, mit zugebundenen Augen und gefesselten Händen, und so mussten wir essen, das Essen in der Hand. Wir hatten dann das Essen im Gesicht verschmiert wie Vieh und nachts wurden wir ans Bett angebunden, an einem Bein mit einem Strick."

Adolphe Meysembóurg

Am 17. Januar 1944 kam Armand mit rund 100 Häftlingen aus Frankreich in Flossenbürg an. Einer von ihnen war Adolf Meysembóurg, der Vater eines Bekannten von Armand Schroeder aus Sarreguimenes, der ihn bei seinem Besuch in Flossenbürg begleitet. Seinem Bekannten, Jean-Jacques Meysembóurg, gelang die Flucht in die Schweiz, sein Vater aber starb im KZ. Jean-Jacques Meysembóurg erinnert sich: „Wir sind damals annektiert worden als Lothringer und ich habe dann die zwei letzten Schuljahre Abitur gemacht, die siebte und die achte Klasse, und habe mich nachher an der Technischen Hochschule Darmstadt angemeldet, habe dort anderthalb Semester ausgehalten und als dann der Stellungsbefehl kam, bin ich über die Grenze. Mein Vater hat mir dann geholfen. Es war die Gruppe mit Herrn Schroeder. Mein Vater war aber schon 49 Jahre alt und ist dann am 17. Januar hier eingeliefert worden und am 3. März gestorben, Herr Schroeder hat ihn acht Tage vorher noch gesehen." Armand Schroeder ergänzt: „Man kann schon sagen, er ist an Altersschwäche gestorben. Wenn man ein bestimmtes Alter hatte, konnte man die Strapazen nicht mehr mitmachen. Ich war an einem Sonntag bei ihm und habe ihn zum letzten Mal gesehen. Da war er in einem sehr schlechten Zustand, hatte Durchfall und keinen Appetit mehr. Also wenn einer keinen Appetit mehr hatte, dann ging es zu Ende und tatsächlich, eine Woche später war er nicht mehr da."

Armand Schroeder musste zum Glück nur kurz in den Steinbruch. Dann wurde er beim Flugzeugbau im so genannten Kommando 2004 eingesetzt. Sein Vorteil: Er konnte eine Gesellenprüfung als Metallfacharbeiter vorweisen und als leidenschaftlicher Segelflieger war er Flugzeugexperte. „Das war wichtig. Ich habe eine Arbeit gemacht, die ich an sich gern hatte. Ich konnte an Flugzeugen arbeiten, das war für mich eine Genugtuung und tat meiner Moral gut." Natürlich sah er die Arbeit mit gemischten Gefühlen, schließlich wurden die Flugzeuge für die Deutsche Luftwaffe produziert, aber er wusste auch, dass die Alternative Steinbruch geheißen hätte. „Im Steinbruch arbeiten, das war eine schwere Sache. Was wir bei Messerschmitt brauchten, das haben wir innerhalb von vierzehn Tagen, drei Wochen gelernt, aber durch meine Fachkenntnisse war ich bald Kontrolleur, dann habe ich auch wieder Kalorien gespart. Nun brauchte ich nur noch die Arbeit der anderen Häftlinge nachzuprüfen. Weniger Kalorien verbrauchen, das war unser Leitmotiv. Die wenigen Kalorien, die wir hatten, die mussten wir sparen. Wenn einer mal krank war, wenn einer Durchfall hatte – das kam oft vor durch schlechte Nahrung oder faule Kartoffeln in der Suppe – dann hat man automatisch zwei, drei, vier Kilo verloren, die konnte man nie mehr aufholen."

Die Arbeit bei Messerschmitt war noch keine Überlebensgarantie. Es galt auch hier dem Terror der Kapos und SS aus dem Weg zu gehen, erinnert sich Armand Schroeder. „Da war die Gefahr, Fußtritte zu bekommen, egal wohin, ins Gesicht, in die Rippen oder auf die Geschlechtsteile. So eine Prügelei, die dauerte ein paar Minuten. Da war die Gefahr, dass man verletzt wurde und das nicht mehr verkraften konnte. Viele Leute sind umgekommen, weil sie nicht mehr gesund wurden. Einmal habe ich vergessen, die Lampe auszumachen. Da hat man mir gedroht: ‚Du kommst jetzt nach Mauthausen und dort ist eine große Treppe im Steinbruch und dort musst du rauf und runter.' – Gott sei Dank war meine Arbeit an der Messerschmitt 109 sozusagen eine Spezialarbeit und ich glaube, der Zivilmeister ist für mich eingetreten."

Unter den wenigen politischen deutschen Häftlingen in Flossenbürg waren deutsche Kommunisten, die wegen Widerstands im KZ Sachsenhausen hierher geschickt wurden. Sie bekamen blaue Blechscheiben an ihre Kleidung geheftet und wurden deshalb „Blaupunkte" genannt. Mit Fritz Selbmann, einem der „Blaupunkte", hatte Armand Schroeder im KZ Kontakt. „Der hat fünf Meter von mir entfernt gearbeitet, wir haben ganz normal diskutiert. Er hat gerne mit uns französisch geplaudert. Wir haben Projekte gemacht für nach dem Krieg, wir haben auch oft erzählt, was vor dem Krieg war. Für uns gab es nur einen Ausweg, das war der deutsche Zusammenbruch, und der war programmiert. An den haben wir immer geglaubt. Derjenige, der nicht mehr an so etwas glaubte, der war ganz schnell weg, der war verloren, das ging ganz schnell. Die Moral war sehr wichtig. Man durfte nur nicht den Kopf hängen lassen!" Armand Schroeder trug den roten Winkel des politischen Gefangenen. Das „F" für Frankreich fehlte an seiner Häftlingskleidung. Der Grund: Er galt als Deutscher, weil Deutschland Lothringen annektiert hatte. „Der Kapo war ein Deutscher und wir waren auch Deutsche. Wir wurden nicht so brutal behandelt wie ein Tscheche, ein Russe, ein ‚Innerfranzose' oder ein Italiener, das waren alles arme Teufel uns gegenüber. Wir waren einigermaßen geschützt. Wir konnten uns die Haare länger wachsen lassen und galten nicht als Ausländer. Kein Pole durfte uns schlagen. Wir konnten nur von deutschen Kapos misshandelt werden. Das war ein Schutz und eine gewisse Garantie für uns."

Wie seine Peiniger von der SS hatten auch manche deutsche Häftlinge mit dem grünen Winkel für Widerständler wie Armand Schroeder kein Verständnis, obwohl sie vom Nazi-Staat ins KZ gesteckt worden waren. „Für die ‚Reichsdeutschen' waren wir Vaterlandsverräter, weil wir uns der Wehrpflicht entzogen hatten. Das hielten sie für ein schweres Delikt, selbst für die Berufsverbrecher waren wir Vaterlandsverräter. Wir waren stolz darauf, dass man uns so nannte. Da gehört schon was dazu, um zu sagen: ‚Ich gehe nicht, ich folge nicht dem Stellungsbefehl!'"

Abgeschnitten von Gott und der Welt waren die Häftlinge doch relativ gut informiert, bestätigt Armand Schroeder und die Nachrichten von draußen gaben Kraft zum Überleben. „Es gab Radios. Aber nicht nur das. Im Revier war ein Arzt, der war dort als Pfleger beschäftigt, Michelin, aus der Familie der berühmten Reifenfabrikanten Michelin. Dessen Bruder war in der Royal Airforce. Wenn er von dem einen Brief bekam, stand drin, er war in der Nähe auf Besuch. So wussten wir: Die Royal Airforce weiß, dass hier ein Lager ist und dass hier Messerschmitt-Flugzeuge gebaut wurden." Hoffnung schöpften die Häftlinge schließlich auch durch deutsche Zeitungen und deren Nachrichten von der Front. „Wir konnten ja Zeitungen lesen – mit acht Tagen Verspätung, und wir konnten den Artikeln direkt entnehmen, wie die Front verlief. Da waren Russen, mehrere russische Generäle. Ich kann mich an einen Russen erinnern, der las die deutschen Zeitungen und hat, die Artikel sobald er sie gelesen hat, auf Russisch übersetzt. Da waren unter den russischen Offizieren sehr gebildete Leute." Wer Deutsch verstand, hatte es leichter in einem Konzentrationslager. Das ist vielleicht auch ein Grund, warum Armand Schroeder das KZ überlebt hat. So konnte er sich zumindest ab und zu aus dem Staub machen, sagt er. Armand Schroeder erinnert sich daran, dass es auch im KZ Flossenbürg ein Lagerorchester der Häftlinge gab. Für ihn war es wie eine Verbindung zur zivilen Welt. „Hier war ja ein ganzes Orchester aus der Tschechischen Republik. Diese Häftlinge konnten sich ihr Instrument ins Lager senden lassen. Das Instrument blieb zwar Eigentum des Lagers, aber sie bekamen ab und zu Nachschlag beim Essen und haben auch geprobt." Und die Konzerte des Lagerorchesters, die er am Sonntag besuchen konnte, bauten ihn wieder ein wenig auf. Armand Schroeder ist musikalisch und bei den Konzerten hörte er, was er hören wollte. „In der Wäscherei mitten unter den Maschinen war so einmal im Monat ein Konzert. Moralisch war das außerordentlich. Ich hatte schon eine musikalische Ausbildung von zu Hause her und wenn ich diese Leute hörte, selbst wenn sie Wagner spielten, habe ich trotzdem Dvořák oder Smetana gehört. Ich hab nur an diese tschechischen Komponisten gedacht, nicht an Wagner."

Armand Schroeder ist gerade mal 1,55 Meter groß. Das habe ihm vielleicht das Leben gerettet, meint er, weil er dieselben Kalorien bekam wie ein großer Häftling. Wegen seiner Größe wurde er auch nicht berücksichtigt, als die

links: Armand Schroeder

SS Anfang 1945 deutschen Häftlingen noch anbot, in die Lagerpolizei einzutreten, und Armand Schroeder war froh, nicht genommen zu werden. „Die bekamen ein Gewehr, aber ohne Munition und wir wurden sozusagen gemustert. Ein Kollege von mir war genauso groß wie ich. Da hat der SS-Mann gesagt, ‚wir brauchen keine Zigeuner', weil wir so klein waren. So sind wir durchgekommen. Ich war dann auf der anderen Seite und das war mir recht, denn viele Lagerpolizisten wurden später gelyncht von Häftlingen. Bei der Befreiung war dann direkt die Abrechnung. Derjenige, der sich im KZ schlecht benommen hatte, der wurde da regelrecht gelyncht. Das habe ich miterlebt, zugesehen. Aber ich habe mir die Finger nicht dreckig gemacht."

Es spielten sich entsetzliche Szenen ab bei seinem Todesmarsch, berichtet Armand Schroeder. Noch heute hat er die Verbrechen von damals vor Augen. „Derjenige, der nicht mehr mitkam, ist dann langsam ans Ende von der Kolonne gerückt und dort wurde er liquidiert durch einen Genickschuss. Und diese Toten haben wir dann beim Vorrücken immer im Straßengraben gesehen. Dann haben wir gewusst, es wird kein Spaß gemacht. In der Nacht haben wir am Boden geschlafen. Es hatte geschneit. Geweckt wurden wir mit Maschinengewehrschüssen. Diejenigen, die nicht mehr aufstanden, das waren viele, die wurden dann an Ort und Stelle liquidiert."

Als sich amerikanische Panzer näherten, bedeutete das noch nicht die Freiheit. Die SS-Leute wollten nicht klein beigeben und Armand Schroeder musste in den letzten Augenblicken des Dritten Reiches noch um sein Leben fürchten. „In der Früh war ein Vorstoß von drei, vier amerikanischen Panzern. Vorher sahen wir ein Auto, einen Mercedes, da war der Lagerkommandant drin, da flogen Uniformteile, Mützen aus dem Auto hinaus. Die sind getürmt. Dann haben wir gesagt: ‚Jetzt haben wir es geschafft!' Doch es war noch nicht soweit. Ich war vorn in der Gruppe, an der Spitze und da gab es noch ein paar Fanatiker, SS-Leute, die haben uns versammelt, schnell über einen Hügel getrieben und dann sind wir noch mal sieben, acht bis zehn Kilometer querfeldein marschiert. Ich habe mir gedacht, das geht schief. In dem Moment weiß man ja nicht, was so ein SS-Mann vor hat." Schließlich nutzte der kleine

Franzose in einem Dorf kurz vor der Stadt Cham die Chance zur Flucht. „Da war die Eingangstür von einer Scheune direkt an der Straßenrinne. Ein französischer Kriegsgefangener, der dort bei einem Bauer gearbeitet hat, ist da hineingegangen und da war auch meine Häftlingszeit zu Ende. Dort bin ich hinein gewischt und war gerettet."

Jedes Jahr kommen die ehemaligen Häftlinge aus Frankreich auf ihrer Fahrt zu den Stätten des Terrors auch nach Cham. Hier steht am Friedhof ein Gedenkstein für die Häftlinge, die während des Todesmarsches und kurz nach ihrer Befreiung starben. „Es sind auch nachher noch Leute gestorben. Viele haben gegessen, was sie gefunden haben. Das war zu viel. Das hätte man genau kontrollieren müssen. Von den Amerikanern haben wir Corned Beef bekommen, doch unser Magen hat das nicht geschafft. Das war von den ersten Truppen, die kamen. Da waren noch keine Ärzte dabei, Priester haben wir mal gesehen, aber richtige Ärzte nicht."

Armand Schroeder kehrte am 7. Mai 1945 nach Sarreguemines zurück. Nach und nach kam seine ganze Familie wieder nach Hause. Seine Eltern konnten die neue Freiheit allerdings leider nicht lange genießen. „Die waren, was das Alter betraf, so an der Grenze, um in einem Konzentrationslager überleben zu können. 1898 geboren, waren sie 45 Jahre alt, das war tatsächlich eine Grenze. Leute, die älter waren, die sind im KZ eingegangen. Meine Eltern waren Geschäftsleute, die waren sofort wieder im Geschäftsleben drin. Die hatten gar keine Zeit krank zu werden. Aber meine Mutter ist sehr früh gestorben und mein Vater kurz danach. Alle beide an Krebs. Der Körper ist so geschwächt worden im Lager und nur die Kräftigsten haben das überstanden. Kräftig auch hier, im Kopf, das war sehr wichtig. Davon hing alles ab. Derjenige, der im Kopf schwach war, konnte nicht überleben im KZ."

Wieder zu Hause machte Armand Schroeder seine Ausbildung fertig und arbeitete bis zur seiner Pensionierung als Vermesser. Ein Hüftleiden, das er bereits vor seiner Verhaftung hatte, hatte sich im KZ verschlimmert. „Ich war schon zehn- oder elfmal auf dem Operationstisch. 1946 hatte ich ein schweres Lungenleiden und da musste ich in ein Sanatorium, habe aber immer weiter gearbeitet. Die ganzen Krankheiten kamen alle vom KZ-Leben, das ist alles ärztlich festgestellt. Ich habe auch Lungenkrebs. Ich habe nur Glück, dass ich tüchtige, gute Ärzte kenne, alles Freunde von mir und so komme ich durch."

Von Albträumen, unter denen viele Häftlinge leiden, blieb Armand Schroeder verschont. Die grausamen Erlebnisse von damals verfolgen ihn nachts nicht. „Ich habe da eine Therapie, wie die Inder. Ich kann einschlafen, innerhalb von ein paar Minuten einschlafen, wenn ich will. Schlaflose Nächte kenne ich nicht. Ich weiß nur eins, bei uns wird kein Stück Brot weggeschmissen. Das gibt es nicht. Ein Stück Brot, das ist was Heiliges. Und wenn man, auf Deutsch gesagt, Kohldampf geschoben hat, dann lernt man das Brot zu schätzen."

Selbst heute, im Jahr 1996, bei seinem Besuch im Steinbruch von Flossenbürg bleibt Armand Schroeder überraschend kühl. Er hat offenbar gute Nerven. „Ich bin da so kaltblütig, bis jetzt war das immer mein Leitmotiv, ich habe mich von nichts erregen lassen. Als Flugzeugführer hat man das im Blut. Man muss kaltblütig sein, man muss alles ohne Aufregung machen."

Als sein Sohn Marc 1981 in Paderborn Segelflug-Weltmeister wurde, betreute Armand Schroeder die französische Nationalmannschaft der Segelflieger. Bei der WM 1999 in Bayreuth coachte übrigens sein zweiter Sohn Philippe, ebenfalls ein exzellenter Segelflieger, das französische Team. Gegenüber Deutschen empfindet Armand Schroeder keinen Hass. „Wir haben das Konzentrationslager Struthof im Elsass, das ist genau die Kopie von Flossenbürg. Das haben wir meinen beiden Söhnen gezeigt, erklärt, aber ein Hass ist daraus nicht entstanden, denn durch den Segelflug haben wir internationale Bekanntschaften, auch mit deutschen Segelfliegern, wir stehen mit diesen Leuten fest in Kontakt." Armand Schroeder hatte die moralische Kraft, den Terror der Nazis zu überleben. „Das war der Glaube an meinen Segelflug, an meinen Sport, an die Heimat. So habe mich durchgeschlagen. Da hat man nicht grübeln dürfen. Mit 20 Jahren ist man da schnell drüber weg."

Es ist eine glückliche Ausnahme, dass seine ganze Familie überlebt hat, sagt Armand Schroeder. Sein Vater war im KZ Natzweiler-Struthof und später in Dachau, seine Mutter in Ravensbrück und Bergen-Belsen, sein Bruder in einem Moorlager an der holländischen Grenze. Ein Onkel und eine Tante waren ebenfalls in Dachau und Ravensbrück. „Aber wir waren alle ziemlich mitgenommen, ich war schwer lungenkrank, aber wir haben dann das alles Gott sei Dank überstanden."

Wie viele ehemalige Häftlinge hat sich Armand Schroeder nach der Befreiung von der Nazi-Diktatur nicht mehr politisch betätigt. „Was heißt politisch aktiv? Wir sind die Leute von rechts und die anderen sind links. Aber an und für sich sind das alles gute Franzosen. Politisch aktiv, dazu hatte ich keine Zeit. Meine Politik, das ist der Sport, der Segelflug. Von uns hat damals niemand gefragt: Ist das ein Kommunist oder ist das ein Gaullist? Das Einzige, was zählte, wir waren in der Widerstandsbewegung und wir waren gegen die Nazis."

„Ich habe mit Zigarettenetuis Suppe verdient“

Wassil Wladimirowitsch Lenskij: Geflohener Kriegsgefangener

„Man sah Tote herumliegen und roch das Krematorium. Die Gewalt war präsent. Es war sehr schlimm“, sagt Wassil Wladimirowitsch Lenskij über seine ersten Eindrücke in Flossenbürg. Die Ankunft im KZ war ein Schock für ihn und er hatte Angst. „Meine ganzen Gedanken konzentrierten sich nur aufs Überleben. Ich hatte großen Hunger. Ich war aber sehr jung und relativ stark im Vergleich zu den anderen, deswegen habe ich überlebt.“ Wassil Wladimirowitsch Lenskij kämpfte als Soldat der Roten Armee gegen Hitler-Deutschland, bevor er in Kriegsgefangenschaft geriet und für den Feind arbeiten musste. „Mein Vater war Tischler, meine Mutter führte den Haushalt. Ich lebte in Alma-Ata in Mittelasien. 1939 musste ich zur Armee und diente dort zwei Jahre. Dann fuhren wir an die Grenze, der Krieg begann. Ich war in der Nähe von Rziv und Polosk, wo die härtesten Kämpfe stattfanden. Im September wurden wir in einem Kessel eingeschlossen.“

Der Sowjet-Soldat wurde gefangen genommen und hatte ab jetzt für den Feind zu arbeiten. „Ich war im polnischen Thorn in einem Kriegsgefangenenlager. Danach kam ich in ein Lager bei Danzig. Dann musste ich beim Autobahnbau bei Dessau arbeiten. Dort arbeitete ich zwei Jahre lang, dann ein Jahr bei einem Bauern. Danach wurde ich nach Berlin gebracht, dort baute ich Schutzbunker.“

Im April 1944 entschloss sich Wassil Wladimirowitsch Lenskij gemeinsam mit einem Kameraden zur Flucht, doch an der tschechischen Grenze wurden sie erwischt. „Ich wollte nach Russland, um gegen die Deutschen zu kämpfen, ich war ja Soldat. Man verhaftete mich und brachte mich ins Gefängnis. Dort war ich eine oder zwei Wochen und wurde verhört. Dann setzten sie mich in einen Bus und brachten mich nach Flossenbürg. Wir stiegen aus und wurden gleich angeschrien von den Aufsehern. Sie brachten uns mit ihren Hunden in den Waschraum, dort mussten wir uns nackt ausziehen. Ärzte oder Personen in weißen Kitteln schauten uns an und zeichneten uns etwas auf die Brust. Unsere Haare wurden abrasiert. Wir mussten unsere ganzen Sachen abgeben und bekamen die gestreiften Anzüge. Danach kamen wir in den Quarantäneblock, da blieb ich eine Woche lang. Meine Nummer war 17425. Es wurde uns beigebracht, wie man richtig ‚Mütze ab!‘ macht. Wenn man einen SS-Mann erblickte, musste man die Mütze abnehmen, stramm stehen und abwarten, bis er vorbeiging oder einem einen Befehl gab.“ Im Block 7 musste er sich von einem „bösen“ deutschen Blockältesten schikanieren lassen. In der Arbeit hatte er es da besser. Der gelernte Elektriker wurde zu Messerschmitt geschickt und hatte die beschädigten Flugzeuge auseinander zu nehmen. „Die Arbeit war nicht schwer. Ich hatte aber Hunger. Wir arbeiteten zwölf Stunden am Tag. Wir waren vielleicht 100 Personen in einer Werkhalle. Wir hatten zwei zivile deutsche Meister. Der eine war der Ingenieur Krause aus Leipzig, den anderen habe ich vergessen. Sie behandelten uns menschlich. Sie haben uns nicht geschlagen. Sie haben uns gesagt, was wir zu tun hatten. Ich habe es verstanden, man musste mich auch nicht schlagen." Der Hunger war das Schlimmste für ihn, sagt der Russe, aber als geschickter Handwerker wusste er sich zu helfen. Er kam mit einem Kapo ins Geschäft. „Ich habe gelernt, an meinem Arbeitsplatz aus den Ersatzteilen der Flugzeuge schöne Sachen zu bauen, zum Beispiel ein Zigarettenmundstück. Dafür hätte man mich erhängen können. Der Krause fragte mich: ‚Wassil, weißt du, dass man dich dafür erhängen könnte?' Ich sagte: ‚Ja, ich weiß es.' ‚Warum machst du das dann?' ‚Weil ich essen möchte.' In einer Flugzeugkabine gab es Teile aus buntem Plexiglas – es waren verschiedene Farben – rosa, gelb und so weiter. Ich habe bunte Mundstücke gebaut. Für eins habe ich eine ganze Woche gebraucht. Dafür bekam ich einen Liter Suppe." Abgewickelt hat die Geschäfte sein Kapo, ein deutscher Häftling. Der vermittelte ihm die Bestellungen. „Dann habe ich sehr schöne Zigarettenetuis gemacht, dafür habe ich einen halben Monat gebraucht. Die Etuis waren entweder für fünf oder zehn Zigaretten gedacht. Der Kapo schaute sich das Werk an und dann bekam ich bei der Essensausgabe seine Portion. Er hat ja auch Suppe bekommen, aber er hat sie nicht gegessen. Das heißt, ich habe nicht eine, sondern zwei Portionen bekommen. Für ein Mundstück habe ich eine Portion Suppe bekommen, für ein Etui fünf. Während der Schicht passte der Kapo auf und signalisierte mir, ob es möglich war, zu arbeiten oder nicht. Er warnte mich rechtzeitig, wenn sich ein Aufseher näherte. Ich war ein geschickter Arbeiter, es waren wunderschöne Zigarettenetuis, der Kapo hatte auch einen Nutzen davon. Krause wusste davon, sagte aber nichts. Ich machte gleich am Anfang ein Mundstück für ihn. Er sagte, ein Stück würde ihm reichen, ich müsste keine anderen mehr für ihn machen. Im Gegenteil, er meinte, ich solle für mich welche machen, damit sie mir helfen könnten. Deswegen habe ich gesagt, dass uns die Zivildeutschen gut behandelt hatten. Einmal sagte Krause zu mir, er bräuchte einen Akku für sein Motorrad. Ich kannte mich aus und baute ihn für ihn aus Flugzeugteilen. So habe ich gelebt und so habe ich auch überlebt, weil ich zusätzliche Portionen bekommen habe. Ich hatte nichts außer meinen Händen. In unserem Block gab es Grüppchen – Tschechen, Ukrainer und Polen –, die sich gegenseitig halfen. Sie waren aber schon länger im Block als ich und mir ist es nicht gelungen, mich da zu integrieren. Auf der anderen Seite habe ich in der Arbeit einen Ausgleich gehabt, ich habe auf die beschriebene Art mehr Essen bekommen."

Geholfen zu überleben hat ihm in Flossenbürg auch, dass er niemals schwer verprügelt wurde. Er wurde zweimal geschlagen, aber die Blessuren, die er davontrug, waren nicht so schlimm und der Kräfteverlust gering, die Prügel gingen ihm nicht an die Substanz. Der Grund für die Schläge: „Ich stand nicht so, wie ich zu stehen hatte und schaute nicht so, wie ich hätte schauen sollen. Wenn ich stärker und öfter geschlagen worden wäre, hätte ich es nicht überleben können."

Auch der Russe wurde Zeuge demonstrativer Hinrichtungen. Ein Häftling, der tödlichen Alkohol ins Lager brachte, musste dafür büßen. „Einmal brachte ein deutscher Häftling Ersatzalkohol aus der Werkhalle. Es war Alkohol, den man nicht trinken konnte. Der Blockälteste vom Quarantäneblock kaufte ihn, trank ihn und starb. Zur Strafe wurde der Häftling gezwungen, sich gegen den Zaun zu werfen. Lange weigerte er sich, doch man zwang ihn dazu. Er näherte sich dem Zaun und als er kurz vor dem Zaun stand, erschoss man ihn." Viele Tote gab es auch im Steinbruch, sie wurden jeden Abend ins Lager gebracht, berichtet der Russe. Und er musste wie alle Häftlinge bei Hinrichtungen dabei sein. „Wir mussten uns in Reih und Glied aufstellen und zuschauen, wie zwei Häftlinge erhängt worden sind. Ich glaube, es war Absicht, um uns abzuschrecken. Man sagte uns, die zwei hätten sabotiert. Die zwei waren aber schon dermaßen erschöpft und nach den Schlägen schwach, dass sie es nicht mehr wahrgenommen hatten. Ich dachte nur daran, dass ich auch erhängt werden könnte, aber jemand hat auf mich geschaut und mich geschützt. Wahrscheinlich."

Zu seiner Familie hatte Wassil Wladimirowitsch Lenskij schon lange keinen Kontakt mehr. Sie wussten vier Jahre lang nicht, wo er war, aber er war entschlossen zu überleben. „Es war der Gedanke, dass ich überleben muss. Ich war davon überzeugt, dass ich stark genug bin, um zu überleben." Wassil Wladimirowitsch Lenskij, der damals sehr gut Deutsch sprach, hatte sich mit einem Grünwinkel angefreundet, Hans Jagesbacher aus Wien. Diese Freundschaft half ihm, den Todesmarsch zu überleben. Jagesbacher hatte, soweit sich der Russe erinnert, als Fahrer einer großen Bäckerei in Österreich illegal Brot gegen Gold getauscht und war deshalb nach Flossenbürg gekommen. „Der Jagesbacher bekam SS-Bekleidung und sollte während des Todesmarsches auf uns aufpassen. Er sah mich zufällig und gab mir Brot, und das immer wieder, sodass ich nicht Hunger leiden musste." Soweit er sich erinnern kann, ging der Russe mit der dritten Kolonne in Flossenbürg weg. „Ich glaube, dass von den 1000 Menschen nur 400 am Leben geblieben sind. Ich habe gesehen, wie viele am rechten Straßenrand erschossen wurden. Es waren diejenigen, die zu langsam waren. Die Leichen wurden mitgenommen und auf dem Weg begraben. Man hörte Schüsse die ganze Zeit." Den Namen des Dorfes, bei dem er befreit wurde, hat er vergessen. Aber an die Befreiung erinnert sich der Russe noch genau. „Es war in der Früh, vielleicht gegen 8 Uhr in der Früh, plötzlich kam ein amerikanischer Panzer und unsere Aufseher waren verschwunden. Das Dorf brannte, es stand in Flammen, als wir

angekommen sind. Wir gingen dann weiter und trafen die Amerikaner. Wir gingen den Panzern entgegen. Die Amerikaner behandelten uns sehr gut. Die Amerikaner gaben uns an die Russen weiter. Noch einmal wurde ich verhört, von den Russen, und musste zur Armee einrücken." In der Sowjetunion hatte es für ihn keine negativen Folgen, dass er in einem deutschen KZ inhaftiert gewesen war. „Ich merkte aber, dass ich bei der Armee anders behandelt wurde, als die anderen, die ja gekämpft hatten. Ich war der einzige, der keine Orden hatte. Beim Bergbau hatte ich keine Probleme mehr gehabt."

Zu Hause musste er seine Familie erst ausfindig machen. Seine Mutter und seine Geschwister kamen mit ihm nach Moskau. Sein Vater war an der Front gefallen. „Ich war 27 Jahre alt, als ich zurückkam. Ich war der älteste Sohn, ich hatte noch einen jüngeren Bruder und eine jüngere Schwester und musste die Rolle des Versorgers übernehmen. Ich habe meiner Mutter viel geholfen. Ich machte noch eine andere Ausbildung und baute ein Haus. Im Schacht verdiente ich relativ viel Geld."

25 Jahre lang arbeitete Wassil Wladimirowitsch Lenskij als Elektriker in einem Bergwerk in der Nähe von Moskau und wurde in die ganze Sowjetunion zu Montagearbeiten geschickt. „Meine Mutter starb mit 94. Meine Frau starb vor sechs Jahren. Sie war eine sehr schöne Frau. Ich habe zwei Töchter." Seine Töchter waren übrigens dagegen, dass er im Jahre 2003 nach Flossenbürg gefahren ist. „Sie wollten nicht, dass die Erinnerungen hochkommen."

Übersetzung: Hana Pfalzova-Karl

„Ich sagte: ‚Ich lege mich hin und sterbe'"

Georgij Iwanowitsch Kosyrev: Als Zwangsarbeiter geflüchtet

„Wo sind Eure Hörner?", riefen in Donauwörth Kinder den Zwangsarbeitern aus der Sowjetunion nach, als sie durch den Ort gingen, berichtet Georgij Iwanowitsch Kosyrev, fügt aber versöhnlich hinzu, dass die älteren Deutschen, mit denen er dann arbeiten musste, nett zu ihm waren. Als Deutschland 1941 die Sowjetunion überfiel, war er 17 Jahre alt, hatte gerade die 10. Schulklasse beendet und wollte eine Ausbildung beginnen. Doch das war nun nicht mehr möglich. Der junge Ukrainer lebte zu dieser Zeit bei seinen Eltern auf dem Land und wurde für die Zwangsarbeit in Deutschland rekrutiert. „Im März/April 1942 begann man eine Liste von Menschen zusammenzustellen, die nach Deutschland zum Arbeiten gehen mussten. Ich war 18 Jahre alt. Auf der Liste waren etwa 30 Personen aus unserem Dorf. Wir mussten zu Fuß nach Zaporoschie gehen, dort wurden wir zusammen mit vielen anderen aus den Dörfern und der Stadt Zaporoschie in Güterwagons geladen. Wir fuhren nach Deutschland. Das war im Mai 1942. Wir wurden nach München gebracht. In einem großen Gebäude, in dem sehr viele andere Leute waren, verbrachten wir zwei Tage. Dann fragte man, wer einen handwerklichen Beruf hätte, ob es unter uns Schweißer, Schlosser und Tischler gäbe. Von den 30 Personen aus unserem Dorf kamen 26 zu einem Betrieb in Donauwörth. Ich hatte keine Ausbildung, so kam ich in eine Werkstatt, in der ich Hilfsarbeiten auszuüben hatte. Ich musste mit einer großen Zange zehn Kilogramm schwere Stahlplatten aus dem Ofen ziehen und in den Sand legen, damit sie langsam abkühlen. Wenn man sie nicht in den Sand gelegt hätte, wären sie gesprungen. Nach dem Transport waren wir auch ausgehungert. Doch das Essen war schlecht und einfach zu wenig. Wir bekamen Rüben, ich kannte so etwas aus meiner Heimat nicht. Es war einfach schlimm, wir litten an Hunger."

Der Hunger war der Grund, warum er einen Monat nach seiner Ankunft gemeinsam mit zwei Freunden beschloss zu fliehen. Als sie um Mitternacht von der Nachtschicht in die Baracken zurückkamen, türmten die drei Zwangsarbeiter. „Gegen 1 Uhr nachts verließen wir die Baracke durch ein Fenster. Wir kletterten über den Zaun und flohen aus dem Lager. Der Zaun stand nicht unter Strom. Wir waren vorbereitet: wir hatten eine Karte gezeichnet." Doch sie werden erwischt: Einige Tage später sehen fünf Hitlerjungen die drei Männer und merken, dass etwas nicht stimmt. „Wir konnten nicht mehr fliehen. Sie kamen zu uns und merkten, dass wir nicht deutsch sprechen. Sie waren vielleicht 18 Jahre alt, wir mussten ihnen folgen. Wir wurden in ein Dorf gebracht und in einem Holzhaus in einem Raum untergebracht. Es war wie in einem Gefängnis. Dort blieben wir über Nacht, es war vielleicht drei Kilometer von Do-

1942

nauwörth entfernt. Am nächsten Tag wurden wir mit einem Auto abgeholt und in den Luftschutzbunker unserer Fabrik gebracht. Dort wurden wir mit zusammengebundenen Elektrokabeln geschlagen, der Lagerleiter war auch dabei. Wir wurden brutal zusammengeschlagen, wir hatten blaue Striemen am Körper. Jeder bekam eine Matratze. Insgesamt verbrachten wir dort drei Tage und drei Nächte.“

Von ihren Kameraden wurden sie herzlich begrüßt. Sie wollten auch alles wissen, denn viele dachten an Flucht – und manche wagten es. „Nach einem Jahr ist einer von unseren Bekannten geflüchtet. Er blieb in München und arbeitete dort. Er schrieb uns, wir sollen auch kommen, denn dort wäre die Arbeit viel besser. Er kaufte uns drei Fahrkarten und wartete auf dem Bahnhof in Donauwörth auf uns. Es war so geplant, dass wir je zu zweit in verschiedenen Abteilen fahren, damit wir nicht auffallen. Die ersten zwei stiegen in den Zug ein. Dann sah ich, wie meine Kameraden von zwei Zivilpolizisten angesprochen und schließlich verhaftet wurden. Deshalb stieg ich nicht in den Zug ein und kehrte ins Lager zurück.“

Im Jahre 1943 haben ihm Kameraden angeboten, einer geheimen Untergrundorganisation beizutreten, weil sein Ansehen durch die Fluchtversuche schon so gestiegen war, berichtet Georgij Iwanowitsch Kosyrev. „In der Früh bekamen wir einen Kaffee, zu Mittag eine dünne Rübensuppe, abends wieder Kaffee. Natürlich waren wir unzufrieden. Wir wollten protestieren. Wir machten aus, dass wir den 20-Liter-Behälter, in dem der Kaffee gebracht wurde, umkippen werden als Zeichen des Protests. Das machten wir.“ Und wieder schmiedeten sie Fluchtpläne. „Wir fertigten eine topographische Karte von der Umgebung von Donauwörth an. Zu fünft setzten wir uns dann zusammen und dachten darüber nach, was wir weiter unternehmen könnten.“ Schließlich war es wieder soweit: „Zwei flohen. Ich sollte mit den anderen beiden später fliehen, doch dann wurde ich gemeinsam mit einem Freund beim Kartoffelklauen erwischt. Das war einer von denen, mit denen ich das erste Mal geflüchtet war; er war Jahrgang 1915. Wir wurden ins Gefängnis in Donauwörth gebracht. Dort saßen wir zwei Wochen, dann flüchteten wir. Wir kehrten heimlich ins Lager zurück, rasierten uns. Unsere Kameraden gaben uns Essen. Dann setzten wir uns in einen Zug. Wir wollten nach München, doch wir stiegen in den falschen Zug ein und kamen nach Nürnberg. In Nürnberg sah uns ein Bahnarbeiter, telefonierte kurz und schon wurden wir verhaftet. Man brachte uns in eine kleine Stadt, etwa 70 km entfernt, und in dieser kleinen Stadt haben wir am Bau gearbeitet. Dort wurden Häuser und Bunker gebaut und Gräben ausgehoben. Dann wurden 30 Personen abgeholt, darunter auch wir. Man fragte uns aus. Wir behaupteten, wir würden aus Russland kommen und wir hätten unseren Transport verloren. Man drohte uns aber, wenn wir nicht die Wahrheit sagen würden, würden wir ins Straflager geschickt. Mein Kamerad sagte also, dass wir nach München wollten. Man brachte uns dann wirklich nach München. Dort wurden wir drei Tage lang im Gefängnis verhört. Mein Freund wurde dann nach Mauthausen geschickt, ich nach Flossenbürg."

Georgij Iwanowitsch Kosyrev wurde mit dem Zug in eine kleine Stadt gebracht, möglicherweise war es Weiden und von dort aus zusammen mit 14 oder 15 Männern in einem schwarzen Wagen vor das Lagertor gefahren. „Schon als ich den schwarzen Wagen sah, wurde mir mulmig. Jetzt war ich in einem KZ. Ich hörte vorher schon von den KZs. Man sagte, dass man ein KZ nie wieder lebend verlässt."

Aus dem „Ostarbeiter" wurde ein KZ-Häftling und Georgij Iwanowitsch Kosyrev merkte schnell, dass hier ein viel strengeres Regiment herrschte, als in dem Zwangsarbeiterlager in Donauwörth. „Wir wurden in Fünferreihen aufgestellt und zum Duschen geführt. Im Waschraum mussten wir uns ausziehen, dabei wurden wir geschlagen, man fragte uns nach Gold. Dann wurden wir rasiert. Es war im September. Wir bekamen Häftlingsklamotten." Der Ukrainer wurde in den Block 6 geschickt. „Dort war ein russischer Kriegsgefangener, Serjoscha, er war von einem Kriegsschiff. Er warnte uns Neuankömmlinge, wir sollen uns davor hüten, etwas zu stehlen, man würde uns dafür töten. Er sagte, wir sollten gar nicht nachdenken und vor allem versuchen, nicht aufzufallen." Vor willkürlichen Schlägen war er genauso wie die anderen Häftlinge trotz aller Vorsicht im Block dennoch nicht gefeit. Insbesondere der Blockschreiber setzte ihm zu. „Im Winter war es kalt. Einmal kam ich von der Nachtschicht zurück und war sehr müde. Weil es so kalt war, zog ich noch eine andere Decke über die meine. Der Blockschreiber machte aber eine Kontrolle und schlug mich dafür, dass ich zwei Decken hatte."

Auf die Frage, was das Schlimmste für ihn war, überlegt Georgij Iwanowitsch Kosyrev nicht lange. „Der Hunger!" Die Arbeit bei Messerschmitt machte ihm nicht allzu viele Probleme. „Wir nannten die Arbeitsstätte ‚Halle'. Dort wurden Flugzeug-Flügel produziert. Einer hämmerte mit dem Luftdruckhammer, ein anderer hielt das Teil fest. Wenn der Flügel fertig war, brachten wir ihn zu siebt auf die andere Seite. Die Arbeit war nicht so schwer, wir waren aber immer hungrig."

Im Winter 1944 blieb es auch Georgij Iwanowitsch Kosyrev nicht erspart, die Hinrichtung mehrerer Häftlinge mit ansehen zu müssen. Vermutlich war es die Erhängung von sechs russischen Häftlingen an Weihnachten 1944, die er sah. „Sie wurden öffentlich am Appellplatz gehängt, wir mussten es uns mit anschauen. Man hat dort auf Deutsch gesagt, dass sie für einen Fluchtversuch bestraft werden. Ich habe es mit meinen eigenen Augen gesehen. Ich hatte in Flossenbürg jeden Tag Angst, ich wurde ja schon von dem Kriegsgefangenen gewarnt. Es war schrecklich. Du siehst das erste Mal, wie jemand erhängt wird. Das ist schlimm.“

Dann schien der Albtraum plötzlich ein Ende zu haben. Die SS war weg und Georgij Iwanowitsch Kosyrev glaubte schon an seine Freiheit. „Das Schlimmste war, dass man uns sagte, wir wären frei, und am gleichen Abend kam die SS zurück. Das war das Schlimmste überhaupt. Irgendwann im April 1945 bekamen alle Kapos eine SS-Uniform. Sie sagten, wir wären frei, der Krieg wäre aber noch nicht zu Ende. Sie warfen ihren Lieblingshäftlingen Brot zu. Das waren Häftlinge, mit denen sie sexuelle Kontakte hatten. Ich gehörte zwar nicht zu den Auserwählten, wollte aber das Brot haben. So stürzte ich mich auf das Brot, aber fünfzehn andere stürzten sich auf mich. Jemand riss mir das Brot aus der Hand und ich wurde dabei verletzt.“

Statt der erhofften Freiheit wartete der Todesmarsch in Richtung Dachau auf die Häftlinge, der etwa der Hälfte von ihnen das Leben kosten sollte. „Am nächsten Tag bekamen wir Körner auf den Weg und marschierten los. Wir wussten nicht, wohin wir gehen. Wir gingen in Kolonnen, wurden bewacht. Wir gingen die ganze Nacht bis gegen 22.00 Uhr. Da war eine kleine Wiese, sie war nass. Dort setzten wir uns, es waren Tschechen und Polen da, sie hatten etwas zum Essen, wir nichts. Dort blieben wir vielleicht sieben Stunden, dann mussten wir weiter gehen. Ein Aufseher sagte, er bräuchte sieben freiwillige deutsche Häftlinge, es waren aber keine Deutschen unter uns. So meldeten sich mehr als sieben Russen. Ich kam zu der Gruppe. Er sagte, wir würden arbeiten und auch Essen bekommen. Wir bekamen ein Pferdegespann, dort standen schon acht Häftlinge. Wir fragten, was zu tun sei, doch sie nur: „Ihr werdet schon sehen!“ Als die Kolonne losging, gingen wir 14 oder 15 Personen und die Aufseher hinterher. Am Wegrand saß ein erschöpfter Häftling, der nicht mehr weiter gehen konnte. Wir setzten ihn auf den Pferdewagen. Hinter dem Dorf wurden wir in zwei Gruppen aufgeteilt, ich blieb bei dem Pferdewagen, die anderen mussten ein Grab graben, die SS haben Leute erschossen. Wir mussten sie begraben. So gingen wir hinter der Kolonne. Am Abend, als es schon dunkel war, konnten wir nicht mehr alle aufsammeln. Wir hatten auch keine Kraft mehr.“ Irgendwann war der Ukrainer so geschwächt, dass er die Hoffnung auf ein Überleben dieses Wahnsinns aufgab. „Ich sagte zu meinem Freund: ‚Morgen lege ich mich hin und gehe nicht weiter. Sie sollen mich erschießen‘. Doch er widersprach mir und machte mir Hoffnungen auf die baldige Befreiung. Nach dem Essen ging es mir schon viel besser. Seine Unterstützung war sehr hilfreich, doch das, was mir wirklich das Leben rettete, war das Brot. In der Früh gingen wir weiter. Nach zehn Minuten blieb die Kolonne stehen, wir auch. Die SS sagten, wir sollen eine Grube graben. Nach zwanzig Minuten sagten sie, wir sollen uns in die Kolonne einreihen. Als wir das hörten, dachten wir uns, wie soll es weiter gehen? Bis jetzt haben wir immer was zum Essen bekommen und schliefen in trockenen Scheunen, während die anderen draußen liegen mussten. Wir hatten auch noch Kartoffeln. Und dann sahen wir, dass die SS-Männer weg laufen! Bei diesem Städtchen war ein Steinbruch, sie liefen bergauf, das hat man gesehen. Wir haben zwei Bauernhöfe gesehen, die ganze Kolonne stürzte sich auf die Häuser. Mein Freund und ich blieben stehen und gingen schließlich eine andere Richtung, ich hatte ja diese Erfahrung mit dem Brot."

„In der Nähe war das Schloss Thierlstein, in dem wir nach der Befreiung schliefen. Ich habe zuerst keine Amerikaner gesehen. Wir gingen vielleicht fünf oder zehn Minuten und dann sahen wir Deutsche, sie waren im Rückzug vor der US-Army. Wir versteckten uns in einem Heuhaufen. Dort saßen wir vielleicht zwei Stunden. Dann musste ich austreten und Hunger hatte ich auch. Im Hühnerstall fand ich zwei Eier, die teilte ich mit meinem Kameraden. Unter dem Dach war Heu gelagert, wir verstecken uns dort. Dann ging das Hoftor auf und der Bauer kam. Er sagte uns etwas auf Deutsch, wir verstanden ihn aber nicht. Er deutete auf die Straße und da kamen schon unsere KZ-Kameraden. Jeder hatte was zum Essen. Es waren Franzosen und Tschechen darunter. Wir liefen zu ihnen und verstanden, dass wir befreit sind. Die Amerikaner sahen wir aber erst drei Tage später. Als ich den Bauern sah, dachte ich zuerst, wir werden wieder verhaftet, da war ich mir ziemlich sicher. Dabei hat uns der Bauer die Botschaft von unserer Befreiung überbracht."

Zu seiner Familie in der Ukraine hatte Georgij Iwanowitsch Kosyrev schon lange keinen Kontakt mehr. „Sie wussten nicht, was mit mir los ist. Aus Donauwörth durfte ich ihnen auch nicht schreiben. 1942 bekam ich den ersten und letzten Brief von meinen Eltern." Und es sollte auch nach der Befreiung zwei Jahre dauern, bis er dann am 1. April 1947 endlich wieder zu Hause war. Zunächst wurde er gemeinsam mit anderen befreiten Häftlingen nach Tschechien gebracht. „Dort wurden wir von den Russen verhört. Nach einem Monat ging es nach Bratislava. Wir bekamen sowjetische Uniformen und wurden als Soldaten mit dem Zug nach Rumänien gebracht.“

Das Überleben im KZ schreibt der Ukrainer auch seiner guten körperlichen Verfassung zu. „Ich hatte vor der Verhaftung viel Sport getrieben und auch im KZ habe ich versucht gesund zu bleiben. Ich habe nicht geraucht. Andere waren bereit, für eine Zigarette ihr Brot zu tauschen.“ Geblieben sind die schlechten Erinnerungen – und die Albträume. Besonders in den ersten Jahren nach der Haft hatte er mit diesem Problem zu kämpfen. Aber auch heute träumt der Ukrainer nachts noch vom KZ. Vor allem diese Szene, als kurz vor der Befreiung die SS kurz abgezogen war und dann wieder zurückgekehrt ist, hat sich tief in sein Unterbewusstsein eingegraben. „Mindestens zehn Jahre lang träumte ich, dass mir gesagt wird, ich wäre frei und dann erscheint doch ein SS-Mann.“

Übersetzung: Hana Pfalzova-Karl

„Ich habe meiner Frau nicht gesagt, dass ich im KZ war“

Nikolaj Adamowitsch Natschewski: Das Wiedersehen mit „seinen“ Bauern

Ihre Mutter würde gerne den Zwangsarbeiter wieder treffen, der auf ihrem Bauernhof in Böhmen einst gearbeitet hat. Mit dieser Bitte wandte sich Johanna Sendler an die KZ-Gedenkstätte Flossenbürg. Johanna Sendler, die heute in Leipheim im Landkreis Günzburg lebt, wusste aber nur, dass der Mann, den sie sucht, aus der früheren Sowjetunion stammte, dass er in das KZ Flossenbürg eingeliefert wurde und dass er den ungewöhnlichen Vornamen Edmund hatte. Die Antwort: keine Chance, völlig aussichtslos. Per Zufall entdeckte Johannes Ibel, ein Mitarbeiter der Gedenkstätte, dann in den Häftlingslisten einen Mann mit dem Vornamen Edmund, bei dem die Eingangsdaten mit denen des ehemaligen Zwangsarbeiters übereinstimmten – der Gesuchte war gefunden. Es handelte sich um Edmund Natschewski, der sich nach dem Krieg Nikolaj Adamowitsch nannte. Der ehemalige Zwangsarbeiter wurde eingeladen und es gab ein Wiedersehen mit „seinen“ Bauern.

Die Großeltern von Johanna Sendler hießen Suttner und hatten einen Bauernhof in Kiesenreuth bei Plan in der heutigen Tschechischen Republik. Dort hat der Weißrusse gearbeitet, erklärt Johanna Sendler. „Der Wunsch meiner Mutter war immer, in ihrem Leben noch einmal den Edmund zu sehen. Sie hat immer Angst gehabt, dass er nicht mehr lebt, dass er durch Stalin umgekommen ist oder, weiß Gott wo, nach Sibirien verschleppt worden war.“

Nikolaj Adamowitsch Natschewski lebt heute in Russland, zwei Autostunden südlich von Moskau. Geboren wurde er am 15. August 1925 in Chmelinka bei Minsk in Weißrussland. Er war 17 Jahre alt und hatte gerade die siebte Klasse beendet, als er 1942 zur Zwangsarbeit rekrutiert wurde, berichtet er bei seinem Besuch in Flossenbürg im Jahre 2003. „Damals war es üblich, dass man junge Leute zur Arbeit nach Deutschland schickte. Man brachte uns nach Marienbad. Wir waren sieben Leute aus unserem Dorf. Ich kam zu dem Bauern Anton Suttner nach Kiesenreuth.“ Trotz der schwierigen Umstände fühlte sich Edmund Natschewski wohl auf dem Hof von Anton Suttner. „Ich wurde wie ein Familienmitglied behandelt. Wir aßen alle an einem Tisch, das Essen war gut und viel. Andere Zwangsarbeiter mussten oft in einer Scheune schlafen und getrennt essen.“ Der Russe war sogar zur Hochzeit von Amalie Schön, der Mutter von Johanna Sendler, geladen. Doch plötzlich wurde er verhaftet. Warum? Er selbst weiß es bis heute nicht und Johanna Sendler hat nur eine Vermutung: „Es kursierte damals das Gerücht, die jungen russischen Zwangsarbeiter wollten das Dorf anzünden. Die Nazis haben

das anscheinend sofort gemeldet und daraufhin wurden die russischen Zwangsarbeiter inhaftiert." Der junge Mann aus der Sowjetunion, den das Schild „OST" an seiner Kleidung als Zwangsarbeiter auswies, war völlig überrascht. „Die Gestapo kam unerwartet in der Nacht. Alle sieben Leute aus unserem Dorf wurden verhaftet, man teilte uns nicht einmal mit, warum und wofür."

In einem schwarzen Wagen wurden die Delinquenten nach Flossenbürg gebracht. Die Fahrt dauerte etwa zwei Stunden. Es war schon Abend, als sie ankamen. „Im KZ bekam ich den roten Winkel, das hieß, dass ich politischer Häftling war. Mein erster Gedanke war, dass man in einem Gefängnis eine Frist bekommt. Man weiß, wie lange man eingesperrt bleibt. In einem KZ gab es das nicht." Es folgte die übliche Prozedur bei der Ankunft im Lager. Aus einem Menschen wurde eine Nummer. „Wir mussten unsere Kleidung abgeben. Ich hatte eine Kette mit einem kleinen Kreuz, die durfte ich auch nicht behalten. Unsere Sachen bekamen wir nicht mehr zurück. Sie duschten uns mit einem Schlauch mit kaltem Wasser ab. Wir bekamen Häftlingskleider, Nummern und wurden in die Baracke Nummer 6 geschickt. Am nächsten Tag gingen wir, ohne zu frühstücken, in den Steinbruch." Edmund Natschewski war ab jetzt die Nummer 10480. Der Albtraum KZ hatte begonnen und die Arbeit im Steinbruch war ein Schock für den jungen Mann. „Es war sehr heiß, zum Glück war ich nicht lange dort. Ich dachte, ich würde sterben. Ich wusste nicht, wofür der Stein gebraucht wurde. Die Arbeit war sehr schwer und die SS gingen mit ihren Stöcken herum." Nach zwei Wochen wurden die Minderjährigen zu Messerschmitt abkommandiert. Dort wurde der Weißrusse bei der Produktion von Flügeln eingesetzt. Die Arbeit dauerte von 8 bis 20 Uhr, berichtet er. Der Luftalarm, den es öfters gab, erschreckte ihn nicht – im Gegenteil. „Wir freuten uns darüber und dachten: Das wäre doch besser, wenn uns eine Bombe im Schlaf töten würde. Wie gesagt, das Schlimmste war das Bewusstsein, dass ich unbefristet in Flossenbürg war. Aber ich war jung und relativ stark, also konnte ich es beinahe gut überleben."

Überleben musste er auch das Regime seines Blockältesten, eines Häftlings mit dem grünen Winkel. Die Häftlinge bekamen es zu spüren, wenn er schlechter Stimmung war. „Wenn er gut gelaunt war, gab es keine Probleme. Wenn er aber ein Kartenspiel verloren hatte, wurde er gewalttätig. Man konnte sich dagegen nicht wehren. Jeden Abend gab es Appelle. Man musste so lange stehen, bis wir gezählt waren und bis die Zahl stimmte. Es passierte öfters, dass jemand im Block starb und tot unter der Decke lag und keiner wusste, was mit ihm los ist. Wir mussten mehrmals auch drei Stunden lang in Schnee und Regen stehen, bis man die abwesenden Häftlinge gefunden hatte."

Die Ernährung war alles andere als angemessen. Zum Glück war Edmund Natschewski im Vollbesitz seiner Kräfte, als er in das KZ eingeliefert wurde.

„Jeder bekam morgens ein Stück Brot, mittags eine dünne Suppe, abends 200 Gramm Brot, ein kleines Stück Margarine oder eine Scheibe Wurst. Mich hat gerettet, dass ich vorher bei dem Bauer genug zu essen hatte. Natürlich nahm ich im Lager ab. Ich war aber nicht so sehr abgemagert wie andere. Wie stellen Sie sich heute einen mageren Menschen vor? Das war damals anders. ‚Mager' hieß ein Skelett zu sein, ohne eine dünne Schicht Fleisch zu haben, das hieß ‚mager'. Überlebt habe ich dank dieser deutschen Familie, ich werde sie nie vergessen."

Hin und wieder, wenn ihm danach war, sprach er für sich selber das ‚Vater unser', sagt der gläubige Katholik. Sehr schwer zu ertragen war es, die Hinrichtung von Häftlingen mit ansehen zu müssen. Noch dazu wusste er nicht einmal, was sich die Kameraden hatten zu Schulden kommen lassen. „Es wurden drei Leute erhängt, ich wusste nicht warum, vielleicht wegen eines Fluchtversuches. Man baute einen Galgen auf. Die Deutschen hatten auf geeignetes Wetter gewartet. Die Hinrichtung fand statt, als es neblig war, weil die amerikanischen Flugzeuge über dem Lager kreisten. Es war morgens auf dem Appellplatz. Danach mussten wir zur Arbeit gehen."

Das schlimmste Kapitel der Lagergeschichte war für Edmund Natschewski der Todesmarsch in Richtung Dachau nach der Evakuierung des KZs. Mit einem Freund zusammen ging er in seiner Kolonne in einer der letzten Reihen. Er sah, dass immer wieder geschwächte Häftlinge zurück fielen. „Die Aufseher trieben sie nach vorne und wenn sie nicht mehr gehen konnten, wurden sie mit den Maschinengewehren erschossen. Es war ein schreckliches Bild zu sehen, dass ein Kamerad so schwach ist und dass der Aufseher zu ihm ‚komm, komm!' sagt, um ihn in der nächsten Sekunde zu erschießen. Die Toten wurden mitgenommen. Wir mussten sie auf eine Schubkarre laden und mitnehmen, damit sie am Abend gezählt werden konnten. In der Kolonne waren zum Beispiel 300 Häftlinge und die Zahl musste stimmen, egal ob sie tot oder lebendig waren. Abends wurden wir gezählt, danach wurden sie in einen Graben geworfen und man marschierte weiter. Es war schwer für uns. Wir marschierten zwei Tage lang, übernachteten auf einer sumpfigen

Wiese. Am Morgen bekamen wir ein kleines Stück Brot. Man nahm nämlich die Vorräte aus dem Lager mit. Am nächsten Tag wurde uns erlaubt, Feuer zu machen, um uns zu wärmen und unsere Sachen zu trocknen. Ich schlief bei dem Feuer ein. Meine Kameraden weckten mich auf: ‚Steh auf, die Amerikaner sind da!' Wir sahen einen Wagen, der mit deutschen Offizieren besetzt war. Ich schlug vor, zu einem Bauern zu gehen. Wir klopften an die Tür, die Bäuerin saß an einem Tisch, auf dem eine ganze Menge Brot lag. Entweder wollten sie das Haus verlassen oder sie bereiteten es für uns vor. Sie gab uns zu essen und wir gingen nach Cham. Dort blieben wir zwei Wochen. Ich dachte, ich könnte bei meinem Bauer in Kiesenreuth vorbeischauen und ihm sagen, wie es mir geht. Wir hatten Fahrräder und machten uns auf den Weg. Unterwegs sahen wir noch deutsche Soldaten und kehrten wieder um. In Cham fragten uns die Amerikaner, wo wir waren und was wir dort gemachten haben. Wir sagten, dass wir in die Tschechoslowakei fahren wollten, aber dass es da noch Deutsche gibt. Die Amerikaner sagten, dass wir noch abwarten sollten, bevor sie nicht selber in das Gebiet gefahren sind. Wir blieben eine Woche lang in Cham, die Stadt war voll von ehemaligen Häftlingen aller Nationalitäten." Nach einer Woche wurde er mit anderen ehemaligen Häftlingen nach Plan gebracht und Edmund Natschewski kehrte zu Anton Suttner zurück, dem Bauern, bei dem er einst gearbeitet hatte. Genau in dieser Zeit kam Johanna Sendler zur Welt. Als sie am 4. Mai 1945 geboren wurde, schickte der Bauer Edmund Natschewski mit dem Fahrrad los, um seinen Schwiegersohn von der Geburt der Tochter zu informieren. Der Bauer wollte den Weißrussen auch davon überzeugen, auf dem Hof zu bleiben. „Mein Bauer meinte: ‚Warte ab. Was meinst du, Hitler ist ein Hund, Stalin ist ein Hund, sie sind beide gleich. Bleib und arbeite bei mir, dann sehen wir weiter!' Ich wollte aber doch heim und fuhr mit den anderen Richtung Weißrussland. Ich kam in Minsk an, traf meine Eltern aber nicht, weil sie zu der Zeit irgendwo in Polen waren. Ich war noch jung und suchte nach meinen Schulkameraden, einen fand ich dort. Ich fand aber keine Arbeit und entschloss mich, in den Norden an die See zu gehen." Dort lernte der ehemalige KZ-Häftling seine Frau kennen, arbeitete bei der Post in der Telegraphenabteilung und stieg zum Filialleiter auf – doch den Kontakt zu seiner Familie hatte er verloren. Seine Familie war nach Polen gegangen, doch das wusste er nicht. Seine Mutter schrieb nach Kiesenreuth, das mittlerweile tschechisch war, dass sie ihn suchte. Der Kontakt kam nicht zu Stande. Erst 1960 meldete sich sein Bruder bei seiner Cousine in der Sowjetunion und so erfuhr Edmund Natschewski, dass sein Bruder in Kattowitz lebt, und besuchte ihn natürlich sofort.

Albträume hatte er nach dem Krieg nicht. Der ehemalige KZ-Häftling hat gegenüber den Deutschen keine pauschalen Ressentiments. „Der Krieg brachte niemandem etwas Gutes. Es fielen auch viele Deutsche in Russland. Der Schwiegersohn des Bauern wurde bei Stalingrad schwer verwundet." In seiner neuen Heimat legte der ehemalige KZ-Häftling den Namen Edmund ab. Er nannte sich jetzt Nikolaj Adamowitsch. Der Grund: Edmund war sehr ungewöhnlich und er wollte hier nicht auffallen. In der Sowjetunion hatten es ehemalige KZ-Häftlinge außerdem nicht leicht, deshalb verschwieg er seine KZ-Haft, sogar seiner Frau sagte er nichts. „Ich wurde zwar nicht direkt verfolgt, es wurde mir aber auch nicht geholfen zu beweisen, dass ich nicht freiwillig in Deutschland war. Ich konnte darüber mit niemandem sprechen. Ich war ja Filialleiter von der Post und es wäre unmöglich gewesen, in meinem Lebenslauf Flossenbürg zu erwähnen. Durch die Entschädigung bekommen wir jetzt zwar nicht viel Geld, es bedeutet für mich aber, dass ich nicht mehr beschuldigt werde." Ein Thema war dieser Aspekt der Nachkriegsgeschichte auch bei der Begegnung mit Jugendlichen aus mehreren Ländern, an der er im Jahre 2003 in Flossenbürg teilnahm. „Gestern fragte man mich in der Schule, was meine Frau dazu sagte, dass ich in Flossenbürg war. Ich antwortete ehrlich: ‚Ich habe es meiner Frau damals nicht gesagt. Erst später, als unsere Kinder größer waren. Im Norden, dort, wo ich in diesem großen Betrieb arbeitete, gab es sehr viele junge Männer, aber nur wenige Frauen. Man musste darauf achten, keinen Fehler zu machen. Ich hatte Angst, dass sie meinen würde, dass ich ein Verbrecher bin."

Spät kam es jetzt auch zu dem Wiedersehen mit der Familie des Bauern aus Kiesenreuth. Johanna Sendlers Großvater habe ihm Pakete ins KZ geschickt mit Broten, in die Speck eingebacken war. Aber diese Pakete erreichten ihn nie, sagte der ehemalige Ostarbeiter. Für Amalie Schön ging mit dieser Begegnung ein Traum in Erfüllung. „Wir haben ein ganz gutes Verhältnis gehabt. Meine Eltern und mein Mann und meine Schwester – er war wie ein Bruder – wir waren wie Geschwister, er war fleißig am Hof und wir haben ihn gern gehabt und mein Vater hat nie gesagt: ‚Des is mei Russ' oder ‚mei Pol'. ‚Des san meine Buam', des hat er immer gesagt." Von dem Wiedersehen nach 60 Jahren war auch „Edmund" Natschewski zu Tränen gerührt. „Ich habe dort zwei Jahre gearbeitet", sagt er und fügt hinzu: „Die Familie hat mich schließlich während des Krieges wie einen eigenen Sohn aufgenommen."

Übersetzung: Hana Pfalzova-Karl

„Ich bin gekommen, um für meinen Kameraden zu beten"

Gregorij Michailowitsch Melnik: Mit gebrochenem Fuß auf dem Todesmarsch

Mit einem Gebetbuch in der Hand steht Gregorij Michailowitsch Melnik während des Gedenkaktes bei der alljährlichen Begegnung Jugendlicher mit ehemaligen Häftlingen im „Tal des Todes" vor dem Gedenkstein für die hier gestorbenen Häftlinge aus der früheren Sowjetunion und betet laut. Wegen dieses Gebetes hat er die weite Reise auf sich genommen und ist nach Flossenbürg zurückgekehrt. Die offiziellen Reden hört er gar nicht, sie dringen nicht zu ihm durch. Er denkt an einen toten Kameraden, dem er nicht hatte helfen können.

Gregorij Michailowitsch Melnik wurde am 16. Mai 1926 in Koritna im Chmelnicki-Gebiet in der Ukraine geboren und lebt heute in Krasnogorsk bei Moskau. Er kam als Zwangsarbeiter nach Bayern. Eindrucksvoll schildert er, wie er für die Arbeit in Deutschland rekrutiert wurde. „Als der Krieg begann, beendete ich die achte Klasse, ich war 15 Jahre alt. Es war 1941. Mein Vater wurde zum Ausheben von Schützengräben rekrutiert, mein Bruder war bei der Armee und meine Schwester verheiratet. Ich blieb mit meiner Stiefmutter alleine zu Hause. Mit ihr kam ich nicht zurecht und so entschloss ich mich im Dezember 1941 wegzugehen. Ich packte ein paar Wäschestücke ein und verließ das Haus. Ich wollte in das Winitzkaja-Gebiet, wo ich geboren bin. Als ich in dem Ort ankam, wo wir einst mit meinem Vater gelebt hatten, besuchte ich das Haus, in dem wir damals gewohnt hatten. Ich wollte weiter gehen, aber unsere ehemaligen Vermieter sagten: ‚Es ist Krieg, es ist Winter, du bist allein, wo willst du hin?' Die Familie war sechsköpfig, der Vater meinte: ‚Wo sechs Menschen essen können, kann auch ein Siebter essen.' Und ich blieb. Im Juli 1942 fing man an, junge Menschen aus dem Gebiet zur Arbeit nach Deutschland zu schicken. Auch der Sohn der Familie wurde aufgefordert, sich zu melden. Sie können sich die Situation vorstellen: Der eigene Sohn hätte weggeschickt werden sollen und ich wäre dageblieben. Also ging ich auch. Ich bin nicht an seiner Stelle gegangen, wir mussten beide gehen – er und ich. Als wir in Bamberg ankamen, dachte ich mir: Andere kämpfen für unsere Befreiung, sie ziehen durch Europa und werden Hitler besiegen. Sie werden erschöpft sein, doch stark im Geist. Sie werden Orden nach Hause bringen und sagen können: Wir haben gekämpft! Was bringe ich heim? Was werde ich sagen können? Ich könnte höchstens sagen, dass ich eine Last getragen habe und zwar die, dass ich bei der Produktion der Flugzeuge beteiligt war, die auf meinen Bruder und meine Freunde Bomben abwarfen. Ich schämte mich dafür, dass ich in der deutschen Rüstungsindustrie arbeitete. Als man drei Freiwillige suchte, die in ein Werk nach Weiden gehen würden, war ich sofort einverstanden: es war näher zur Tschechoslowakei, es war dem Osten näher. Dort kam ich ins Gespräch mit Alexej Iwanowitsch. Er schlug vor, dass wir Brüder werden, er der ältere, ich sein jüngerer. Später sagte er mir, dass er fliehen möchte. Natürlich war ich zuerst erschrocken darüber, dass er weggehen würde, doch dann sagte ich ihm: ‚Wir sind doch Brüder! Was soll das heißen, willst Du alleine gehen und mich hier lassen? Ich gehe mit!'"

In Weiden hatten sie – vermutlich im ehemaligen Reichsbahnausbesserungswerk – beschädigte Tiger-Panzer auseinander zu nehmen und die einzelnen Teile wieder in Wagons zu verladen. Gregorij Melnik war in einem Privathaus untergebracht, berichtet er. In Weiden nun beschlossen die Freunde zu fliehen. „Wir machten aus, dass wir am Samstag fliehen werden. Es waren drei Erwachsene und ich. Wir machten einen Treffpunkt aus, und zwar am Samstag bei einer Brauerei hinter der Stadt. Ich wollte gehen, man forderte mich aber unerwartet auf, an diesem Samstag Nachmittag zu arbeiten! Das hieß, dass ich nicht zu der ausgemachten Zeit an dem Treffpunkt sein konnte. Ich arbeitete und dachte an meine Freunde, die auf mich warteten und fliehen wollten. Ich meinte, sie könnten nicht länger warten, sie müssten ja gehen! Ich arbeitete und es tat mir so leid, ich stellte mir vor, wie sie losgingen, und fing an zu weinen. Ein deutscher Soldat, der die Schicht leitete, hatte Mitgefühl mit mir und fragte mich, warum ich weinen würde. Ich konnte nicht antworten. Schließlich sagte ich, dass ich mich mit meinem Bruder treffen wollte, dass wir eine Zeit ausgemacht hätten, aber dass ich unerwartet zur Arbeit geschickt worden wäre. Ich durfte zwei Stunden früher aufhören. Dann lief ich gleich zu unserem Treffpunkt. In der Brauerei fragte ich den Meister, ob dort drei Männer waren. Er bestätigte dies und sagte, sie wären kurz da gewesen, hätten sich miteinander unterhalten und wären dann wieder gegangen. Ich weinte und ging zurück. Ich kam völlig geistesabwesend ins Lager zurück und sah sie dort plötzlich sitzen. Sie saßen alle drei dort und spielten Karten. Ich setzte mich neben Alexej Iwanowitsch. Ohne ein Wort zu sagen, saßen wir zwei oder drei Stunden so. Dann erklärte er mir, sie hätten die Flucht auf eine Woche später verschoben."

Nachts gingen sie, tagsüber versteckten sie sich. Als nach zwei Wochen die Vorräte knapp wurden, wurde Gregorij Michailowitsch Melnik vorgeschickt, um Lebensmittelkarten, die sie vor der Flucht gesammelt hatten, gegen Essen einzutauschen. „Meine Freunde schickten mich, weil ich der einzige war, der keinen Bart hatte und noch einigermaßen gepflegt aussah. Ich ging in einen Laden, legte die Marke dort vor. Es wurde klar, dass hier etwas nicht stimmt. Die Verkäuferin setzte mich auf einen Stuhl in einem Nebenraum und sagte, ich solle warten. Es vergingen zwanzig Minuten oder eine halbe Stunde vielleicht, dann kam ein Polizist, ein alter Mann. Er nahm mich an der Hand und sagte: ‚Komm mit!' Also gingen wir."

Gregorij Michailowitsch Melnik wurde zwei Nächte eingesperrt, nicht wissend, in welcher Stadt er sich befand, und schließlich nach Karlsbad in das Gestapo-Gefängnis gebracht. „Ich erinnere mich an den Raum, er hatte vielleicht 20 Quadratmeter, es waren 42 Pritschen dort. Wie viele Menschen dort waren, weiß ich nicht. In meiner letzten Nacht waren dort aber über 80 Personen. Das war am 29. Juli. Nach drei Tagen wurden wir in Fünferreihen in Ketten durch die Stadt geführt, keiner sagte uns wohin. Die Bevölkerung schaute uns mit Respektlosigkeit an, wir waren Verbrecher für sie. Das war sehr demütigend. Schließlich lud man uns auf Laster und brachte uns in das KZ Flossenbürg."

In der Gestapo-Haft in Karlsbad wurde er unüblicherweise nicht geschlagen. Er spielte den Naiven, erzählt Melnik und sagte, er wollte von den Sternen geleitet in Richtung Osten nach Hause gehen, die Beamten hielten ihn deshalb für dumm. Das KZ war für den Minderjährigen hart, da dieser Aufenthalt im Gegensatz zu einem Straflager zunächst unbefristet war und keine Hoffnung auf Entlassung bestand. „Ich begriff bald die elementaren Regeln eines KZs: Man musste sich anpassen. Man konnte nur das essen, was man bekam, es gab keine andere Möglichkeit. Ich wusste, dass ich hier so lange bleibe, so lange es mein Organismus aushält. Meine Leidensgenossen, die dort schon eine längere Zeit waren, deuteten zum Krematorium und sagten: ‚Alles klar?' Die zweite Sache, die ich bald lernte, war, dass man versuchte, nicht aufzufallen, um eventuelle Schläge zu vermeiden. Ich wusste, dass man, wenn man geschlagen wurde, offene Wunden hatte und nicht mehr richtig essen konnte. Die Mithäftlinge nahmen in solchen Fällen dem Geschlagenen sein Brot weg und tauschten es gegen ihre dünne Suppe. Dieser wurde dann schwächer und schwächer, bis er irgendwann im Krematorium landete. Es war meine Hauptaufgabe, nicht aufzufallen und nichts zu riskieren. Die Front näherte sich, die Bedingungen wurden lockerer. Der Kapo ging durch die Blocks und sagte, bald wären wir befreit."

Neun Monate arbeitete der ehemalige „Ostarbeiter" bei Messerschmitt. Dort musste er Teile zusammenbauen. Um ja nicht aufzufallen, tat er einfach das, was ihm gesagt wurde. Doch dann brach er sich den Fuß und kam ins Krankenrevier. „Es gab einen Zwischenfall bei der Essensausgabe: Ab und zu bekamen wir Extrazulagen. Der Blockälteste sagte, ich sollte von der Schlange wegtreten, doch die anderen rissen mich wieder in die Schlange hinein. Als er sah, dass ich dort immer noch stand und auf mein Essen wartete, wurde er wütend und wollte mich mit seiner Peitsche schlagen. Ich wich zurück und lief aus der Baracke raus, doch stolperte ich über die Treppe, fiel und konnte nicht mehr richtig aufstehen. Der Blockälteste schickte zwei andere Häftlinge. Sie sollten mich ins Revier bringen. Mein Fuß war gebrochen."

Genau in dieser Zeit begann die SS damit, das Lager zu evakuieren und die Häftlinge nach Dachau marschieren zu lassen. Gregorij Michailowitsch Melnik ging mit, obwohl er im Krankenrevier zurück bleiben hätte können. „Im Revier wurde uns dann mitgeteilt, dass das Lager evakuiert wird. Jeder, der gehen konnte, sollte gehen, diejenigen, die zu krank waren, sollten bleiben. Man hätte auch auf eigenen Wunsch bleiben können. Ich entschloss mich aber zu gehen. Mein Fuß schmerzte. Ich konnte nicht gehen. Anderseits ahnte ich, dass ich nicht im Lager bleiben konnte, ich hatte Angst, dass wir erschossen werden. Ich fing an, mit kleinen Schritten den Fuß allmählich zu belasten."

Während dieser ersten Belastungsübungen ereignete sich ein scheinbar unbedeutender Vorfall, der aber sein Leben bis heute beeinflusst, wie Melnik betont. „Ich ging auf den Appellplatz und auf der Ebene des Waschraumes sah ich, dass zwei Männer eine Bahre trugen, die mit einer Decke zugedeckt war. Als sie in der Mitte des Appellplatzes waren, rutschte die Decke hinunter und ich sah auf der Bahre einen sitzenden, lebenden Menschen. Dieser Mensch gestikuliert, wendet sich mit seinen Augen zu mir, als wolle er sagen: ‚Hilf mir, du siehst ja, dass ich am Leben bin! Ich werde ins Krematorium getragen!' Er wusste, dass er ins Krematorium gebracht wird. Es war eine schreckliche Situation. Ich dachte, ich könne ihm nicht helfen. Selbst wenn die Männer die Bahre auf den Boden gestellt und mir gesagt hätten, ich solle ihn mitnehmen, was hätte ich mit ihm gemacht? Es war nur ein Augenblick. Ich war nicht der Einzige auf dem Appellplatz, es hielten sich dort mehrere Häftlinge auf, die gerade nicht arbeiteten, aber keiner widmete dem armen Mann Aufmerksamkeit. Das Gespräch, sein Hilferuf ereignete sich nur zwischen uns beiden. Die Männer beeilten sich und verschwanden mit ihm hinter dem eisernen Tor in Richtung Krematorium. Einer von ihnen kam zurück, um die Decke abzuholen. Dann verschwand er hinter dem Tor. Für mich war es das schrecklichste Bild, der schlimmste Moment in Flossenbürg überhaupt. Während der letzten 58 Jahre gab es keinen einzigen Tag, an dem ich nicht an diesen Mann gedacht hätte. Aber seit Februar, als ich die Einladung bekam, rede ich jede Nacht mit diesem Menschen. Ich habe ein kleines Büchlein mitgenommen, ich möchte ein Gebet für ihn vorlesen, und zwar an der Stelle, wo er mich um Hilfe bat. Ich kenne seinen Namen nicht, aber Gott weiß ihn. Meine Sünde liegt nicht darin, dass ich ihm nicht geholfen habe, sondern dass ich nicht einmal versuchte, ihm zu helfen. Mit eigenen Augen habe ich ihn gesehen. Ich stelle mir vor, wie sie ihn ins Krematorium tragen, denke an seine Gefühle. Ich habe viel nachgedacht und versucht, mich in seine Lage zu versetzen, er wusste, dass er bei lebendigem Leibe verbrannt wird. Ich möchte ihn und Gott um Vergebung bitten." Gregorij Michailowitsch Melnik weiß nicht, welcher Nationalität der Häftling war. Er ist sich auch nicht sicher, ob dieser Häftling wirklich ins Krematorium gebracht wurde. „Vielleicht lebt er noch", sagt er. Aber allein das Gefühl, nichts für ihn getan zu haben, verursacht sein schlechtes Gewissen.

„Ich habe nur eine Möglichkeit zum Überleben gesucht. Ich wollte Mensch bleiben. Doch was für ein Mensch bin ich, wenn ich nicht einmal versuchte meinem Nächsten zu helfen? Wir haben uns durch Gesten zu verständigen versucht. Er deutete mit den Händen, dass er sich an mich wendet, dass er mich anspricht. Wir verständigten uns mit den Augen. Wir wussten beide, dass er ins Krematorium getragen wird. Es war ein Gefühl der Ohnmacht. Er hat was gesagt, aber ich habe ihn nicht gehört, es war eine Entfernung von 40 bis 50 Metern zwischen uns. Stellen Sie sich vor, er war bestimmt schon sehr schwach, sodass er nicht laut rufen konnte."

Gregorij Michailowitsch Melnik blieb nicht mit den rund 1.500 Häftlingen zurück, die im Lager von der US-Army befreit wurden. Mit all seiner Energie machte er sich bereit für den Marsch. „Vor dem Revier saß ein Kranker, der Holzstöcke hatte, mit einem dieser Holzstöcke fixierten wir meinen Fuß. Am Tor sagte mir ein deutscher Soldat, ich solle zurückgehen, denn mein Bein sei ja verletzt. Er meinte, ich könne damit nicht schnell genug laufen und ich würde vielleicht erschossen werden. Ich antwortete jedoch, dass ich im Lager auch erschossen werden könnte. Jemand sagte mir, ich solle mich in eine der vorderen Reihen stellen, damit ich innerhalb der Kolonne bleiben kann. Ich ging drei Tage lang mit meinem Fuß. Mit der Zeit war es auch immer besser mit dem Fuß, am dritten Tag konnte ich schon gut gehen und wir bekamen ein Stück Brot, da schöpfte ich Kraft. Dann wurden wir befreit."

Gregorij Michailowitsch Melnik hatte Glück. Es war ein großes Risiko, am Todesmarsch teilzunehmen. Für ihn wäre es einfacher gewesen, wenn er im Lager geblieben wäre. „Ich habe es mir auch überlegt. Nach Flossenbürg wurden Transporte aus anderen KZs eingeliefert. Die Neuankömmlinge erzählten uns, dass die Nazis ihre Spuren verwischen wollten. Ich dachte mir, vielleicht soll das Lager in die Luft gesprengt werden oder man würde uns erschießen. Und im Freien hätte ich eher eine Chance zur Flucht gehabt. Vorne hörten wir dann ein Getöse, wir wussten, dass wir der Front entgegen gingen und freuten uns darüber. Dann mussten wir die Richtung ändern und liefen zickzack. Mal war der Schlachtenlärm von hinten, mal von vorne zu hören. Dann kamen die Amerikaner."

Die Begegnung mit dem hilflosen Mann auf der Bahre war das schlimmste Erlebnis, berichtet Gregorij Michailowitsch Melnik. Er sah auch einmal mehrere

Russen am Galgen hängen und meint, es wäre im Herbst 1944 gewesen. Vielleicht handelte es sich dabei auch um die Hinrichtung von sechs Russen an Weihnachten 1944, von der viele Überlebende berichten – für ihn jedenfalls ein sehr erschütterndes Erlebnis. „Eines Tages kehrten wir von der Arbeit ins Lager zurück und es hingen dort acht Menschen. Die eigentliche Erhängung sahen wir nicht. Bei unserer Rückkehr ins Lager hingen sie dort. Einer von uns, der bei der Erhängung anwesend war, erzählte, dass einer der Männer auf Russisch sagte: ‚Halt die Ohren steif! Der Krieg wird bald vorbei sein!'"

Ansonsten erinnert sich Gregorij Michailowitsch Melnik, dass sie Weihnachten 1944 Nudeln mit Marmelade bekommen haben. Der Tod von Häftlingen habe sie kaum mehr berührt, sagt er. „Ich kann das Gefühl nicht beschreiben. Es war aber keine Angst, denn die begleitete uns ja die ganze Zeit schon. Wenn ein neuer Transport kam, wurden die Häftlinge in den Baracken untergebracht. „Unser Block war dermaßen überfüllt, dass vier oder mehr Personen auf einer Pritsche geschlafen haben, die eigentlich für eine Person gedacht war. Während der Nacht starben welche. Man musste bis zum Morgen neben den Toten liegen. Man durfte sie nicht hinaustragen, weil man sonst erschossen worden wäre. Die Leichen nahmen uns den Platz weg."

Doch, so sagt er, spüre er keinen Hass den Deutschen gegenüber. „Nach der Befreiung wurden wir von den Amerikanern den Russen übergeben. Wir fuhren durch mehrere deutsche Städte und ich habe gesehen, wie vernichtet sie von den Luftangriffen waren. In Bamberg arbeitete ich mit Zivildeutschen. Es waren nette Leute, sie schauten auf mich nicht herab, weil ich ein Zwangsarbeiter war. Für die Deutschen war es auch ein großes Unglück, dass die Nazis die Macht ergriffen, so wie Russland unter der kommunistischen Ära leiden musste. In Deutschland gab es KZs, in der Sowjetunion auch."

Gregorij Michailowitsch Melnik wurde später Bauingenieur und lernte bei dieser Arbeit in Moskau auch seine Frau kennen. Nach seiner Rückkehr arbeitete er zunächst in einer Kolchose, konnte dann aber eine Ausbildung machen, als er nachweisen konnte, dass er nicht desertiert war. Die nötigen Unterlagen bekam er von der KGB-Zentrale in Kiew. Dass er Häftling in einem deutschen KZ war, habe nicht zu Problemen geführt, sagt er. Gregorij Michailowitsch Melnik war wieder zu Hause, aber allein. Seine Mutter war bereits 1930 gestorben, als er vier Jahre alt war, seine Schwester starb 1942, sein Bruder fiel an der Front und auch sein Vater kehrte nicht mehr zurück. „Es war sehr schwierig. Aber in Deutschland war es nicht viel einfacher. Ich habe die zerstörten Städte gesehen. Es war sehr traurig, dass ich niemanden angetroffen habe. Ich hatte auch die Möglichkeit, in die USA auszuwandern, doch ich lehnte das Angebot ab. Ich wurde so erzogen, dass man seine Heimat lieben sollte."

Übersetzung: Hana Pfalzova-Karl

„Den Rosenkranz hatte ich immer bei mir"

Paul Beschet: Mit dem selig gesprochenen Marcel Callo im KZ

Flossenbürg: Am Gedenkstein für die französischen Häftlinge. Pater Paul Beschet nennt Namen von Menschen, die hier ihr Leben verloren haben und eine Gruppe von 20 Personen antwortet „Mort pour la France." Stille. Dann ertönt die Nationalhymne. Die Gruppe summt oder singt nachdenklich mit. In der Kapelle, die auf dem Gelände der Gedenkstätte steht, hält der französische Geistliche stets auch mit dem Pfarrer von Flossenbürg eine Messe. Paul Beschet kehrt, begleitet von seiner Schwester, jedes Jahr mit der Vereinigung ehemaliger Häftlinge aus Frankreich nach Flossenbürg zurück, der „Association des Déportés de Flossenbürg et Kommandos", die im Juli eine Art Pilgerfahrt unternimmt. Der große Mann mit seiner ruhigen, aber bestimmten Art war selbst Häftling. Er wurde mit anderen katholischen Aktivisten nach Flossenbürg gebracht. Unter den Deportierten war auch Marcel Callo, der später selig gesprochen wurde. Kraft gab Paul Beschet in der Zeit seiner Inhaftierung ein Rosenkranz, den er auf dem Weg durch die deutschen Lager retten konnte.

Paul Beschet wurde im Jahre 1920 in Lyon geboren. Er war das älteste von vier Kindern. Der Vater starb im Alter von 38 Jahren an den Folgen seiner Verletzungen aus dem Ersten Weltkrieg. Die Mutter zog die vier Kinder alleine groß. Paul Beschet besuchte das Jesuitenkolleg in Lyon. Nach seinem Abitur begann er ein Noviziat bei den Jesuiten. Im Jahre 1943 musste er aber dann nach Deutschland. Per Gesetz verpflichtete die französische Regierung, die mit den Nazis zusammen arbeitete, junge Männer wie Paul Beschet zur Arbeit im Reich. Paul Beschet kam es gelegen, dass er nach Deutschland musste. Er hoffte, anderen jungen Franzosen, die nach Deutschland geschickt wurden, beistehen zu können. Aber dennoch bedeutete das, dass er selbst für den Feind arbeiten musste. „Das war ärgerlich", erklärte er, „aber wir hatten ein anderes Ziel – zumindest wir Seminaristen und jungen Christen hatten das Ziel, das Leben der anderen französischen Arbeiter zu teilen. Das zweite Ziel war schon auch, das deutsche Volk im Alltagsleben kennen zu lernen. Es war Krieg, und wir wussten, dass es für alle schwierig war. Aber unser Hauptanliegen war, zu versuchen, die jungen Franzosen zu sammeln, die ihr Ideal aufrechterhalten wollten, und den Christen ihren Glauben zu erhalten und zu vertiefen. Es war eine Art Missionsarbeit, da es für die Zwangsarbeiter keine Seelsorger, keine Priester gab wie für die Kriegsgefangenen. Es gab nur 25 bis 30 französische Priester, die sich freiwillig als Arbeiter verpflichtet hatten, um zu den jungen Franzosen zu stoßen. Das reichte nicht aus, und wir jungen Seminaristen, Geistliche, Angehörige der Katholischen Arbeiterjugend oder Pfadfinder, haben versucht, diese Arbeit zu ergänzen."

Sofort nach Kriegsende schrieb Paul Beschet seine Erinnerungen in Frankreich nieder und veröffentlichte sie. Der Titel des Buches: „Mission in Thüringen".[1] Im Jahre 1989 publizierte er eine überarbeitete Fassung, die mittlerweile auch auf Deutsch erschienen ist.[2] In seinem Buch berichtet der Jesuit, wie er im Juli 1943 nach Deutschland kam. „Unser Zug junger, zur Arbeit zwangsverpflichteter Franzosen kam in Leipzig an, und von dort aus wurden wir auf verschiedene Orte verteilt, nach den Anweisungen des Arbeitsamtes. Ich kam mit anderen nach Halle, und von dort sind wir Anfang August 1943 in die Fabrik in Sondershausen, in der Nähe der Stadt Nordhausen, gekommen." Der junge Franzose musste in Sondershausen bei der Firma „Brunnquell und Co" für die Rüstungsindustrie des Dritten Reiches arbeiten. „In dieser Fabrik", berichtet Beschet, „wurden wir überhaupt nicht misshandelt. Das war eine Fabrik, die, glaube ich, für den Flugzeugbau arbeitete. Junkers-Flugzeuge. Wir machten Elektrik-, Maschinenbau- und Montagearbeiten. Wir mussten zehn Stunden täglich in der Fabrik arbeiten. Dabei versuchten wir, so wenig wie möglich zu leisten, mussten aber gleichzeitig trotzdem ein bisschen arbeiten. Wir waren in einem Lager neben der Fabrik untergebracht, wo wir schlafen, essen und uns ausruhen konnten. Sonntags konnten wir frei ein- und ausgehen, wie wir wollten."

Die katholischen Aktivisten aus Frankreich, die sich in Deutschland für ihren Glauben einsetzten, taten dies nicht im Auftrag der Amtskirche. Sie ergriffen selbst die Initiative zu ihrem Engagement. Auch deutschen Pfarrern war der Kontakt mit den französischen Katholiken untersagt, wie Paul Beschet erklärt. „Das war verboten. Also haben wir uns anders organisiert, um uns zu treffen, indem wir uns in Cafés, im Ratskeller und anderen Gaststätten verabredeten, um uns zu besinnen oder zu beten. Oder auf dem Land, oder auf den Friedhöfen, da hatten wir besonders unsere Ruhe. Aber das geschah alles auf unser Betreiben, weil wir Verantwortliche, Verbindungsleute in den umliegenden Städten organisiert hatten, damit wir so etwas wie ein Netz aufbauen konnten."

Die NS-kritische Enzyklika von Papst Pius XI. „Mit brennender Sorge" brachte Paul Beschet in französischer Sprache mit nach Deutschland. Er wollte die jungen Franzosen vor den Gefahren warnen, die der deutsche Faschismus mit sich brachte. Messen aber durften die Franzosen nicht zelebrieren: „Wir besuchten die Messe der katholischen Pfarrei. Wir standen hinten in der Kirche, um nicht zu stören. Oder wir Franzosen gingen abends zum Beten in die Kirche. Sie war offen, damit wir hingehen konnten. Aber die Hauptarbeit

1 Beschet, Paul: Mission en thuringe chrétien dans le guerre, 1946.

2 Ders.: Mission en Thuringe: Au temps du nazisme, 1989. Deutsche Ausgabe: Mission in Thüringen in der Zeit des Nationalsozialismus, Erlangen 2005.

war, uns zu einem, wie man damals sagte, Studien- und Reflexionszirkel zu versammeln, um den Sinn unserer damaligen Anwesenheit in Deutschland zu begreifen. Und der andere Aspekt unserer Tätigkeit waren die Dienste, die wir den kranken Kameraden im Krankenhaus leisteten: Päckchen schnüren aus den Paketen, die wir bekamen, für die, die keine aus Frankreich bekamen. Das war Solidarität und Hilfe für die, die sie brauchten."

Juli 1945: die vier Geschwister – Paul Beschet rechts

Doch dann rollte die Gestapo das Netzwerk der Franzosen auf. Am Abend des 19. April 1944 verhaftete sie Paul Beschet, als er die Kirche von Sondershausen verließ. „Ich wurde verhaftet, weil wir seit einiger Zeit überwacht wurden und die Gestapo in der Gothaer Gegend Anfang April drei Kameraden verhaftet hatte, die die gleiche Arbeit wie wir machten. Man hat ihre Briefe beschlagnahmt, es gab, sagen wir, Ermittlungen, und am 19. April schließlich wurden wir verhaftet. Und wir wurden von der Gestapo verhört und ins Zivilgefängnis von Gotha gebracht." Im Gefängnis von Gotha schrieben Paul Beschet und seine Kameraden sich gegenseitig kleine Notizen, um sich zu inspirieren. Für den Jesuiten aus Lyon war das, wie er erklärt, eine Form geistiger Selbstbehauptung gegen das System der Tyrannei: „Ich war nicht der Einzige, der das gemacht hat. Es gab auch einen Priester, den Abbé Lecoq, der mit uns verhaftet wurde und zwei andere Seminaristen. Wir schrieben einige Gebete und Meditationen auf. Wir riefen uns Worte aus dem Evangelium ins Gedächtnis, denn wir hatten nichts. Wir beschäftigten also unser Gedächtnis bis zu dem Tag, an dem wir ein kleines Gebetbuch erhalten konnten."

Während ihrer Zeit im Gefängnis von Gotha mussten die Häftlinge aber auch arbeiten. Sie wurden zu Bauern gebracht oder hatten im Gefängnishof Holz zu hacken. „Das war ein ganz normales Gefängnis“, erläutert Paul Beschet. „Anfangs war jeder in einer Zelle, aber da es viele ‚Kunden‘ für das Gefängnis gab, hat der Gefängnisleiter – ich glaube er hieß Herr Petri –, der sehr nett war, gesehen, dass wir alle Kameraden waren und hat uns alle zusammen in einen großen Raum gesteckt, sodass wir den Abend und die Nacht in derselben großen Zelle verbrachten. Tagsüber gingen wir zu den Gemüsebauern oder in die Stadt arbeiten – für die Zivilverteidigung. Ich kann die Anklage, die Schlussfolgerung des Inspektors der Gestapo mit den Worten zusammenfassen, die er an einen von uns gerichtet sagte: ‚Sie sind viel zu katholisch. Das ist eine Gefahr für uns.‘“

Einen Prozess gab es nicht. Die Strafe hieß Konzentrationslager. Gemeinsam mit neun Kameraden kam er am 12. Oktober 1944 nach Flossenbürg. Die Gefährten erkannten schnell, dass sie die Welt der Zivilisation hinter sich gelassen hatten. „Wir haben begriffen, was uns bevorstand, als wir die Sträflinge sahen, die abgemagert waren, gestreifte Kleidung trugen und nicht gesund aussahen. Wir erfuhren von der Existenz des Krematoriums, von der Existenz eines Galgens, wo die gehenkt werden würden, die sich falsch verhielten. Wir haben allmählich die Welt der Deportation entdeckt.“

Wie alle Häftlinge kamen die Franzosen nach ihrer Ankunft im KZ zuerst zur Desinfektion. Im Waschraum wurden die Häftlinge geschoren. Hier versuchte man, sie ihrer Persönlichkeit zu berauben, indem man aus Menschen Nummern machte. Paul Beschet beschreibt sein Entsetzen und das seiner Kameraden über diese menschenunwürdige Behandlung: „Wir haben uns gesagt: Was wird wohl aus uns? Man fühlt sich völlig entblößt, man hat überhaupt nichts mehr, außer dem, was man im Herzen oder im Kopf trägt. Da wird einem bewusst, was es heißt, ein Herz, einen Kopf, ein Gedächtnis zu haben. Zumindest am Anfang, wenn man seine Fähigkeiten noch besitzt, aber später wird es schwierig, mit dem Lagerleben, das sehr hart ist.“

Im ehemaligen Waschraum erklärt Paul Beschet bei seinen Besuchen in Flossenbürg, wie sie damals behandelt wurden. Die Duschen wurden abwechselnd heiß und kalt gestellt, um sie zu schikanieren. Hier empfand er nur ein Gefühl: Angst. „Wir hatten Angst, wir gehorchten, weil man Schläge bekommen konnte, wir wurden allmählich in kleine Schafe verwandelt. Wir waren nicht mehr Herr unser selbst. Ich habe Tschechen gesehen, die bei uns waren und die Gegenstände verstecken wollten. Sie wurden geschlagen ... Da wollten wir Schläge vermeiden. Wir haben begriffen, dass wir uns unterwerfen mussten, sonst wurden wir geschlagen, und das wollten wir unbedingt vermeiden.“

Im Waschraum waren die Häftlinge nackt, aber viele versuchten dennoch, Erinnerungsstücke zu retten. Doch das wurde hart bestraft. Paul Beschet hatte einen Rosenkranz bei sich – und er konnte ihn retten. In seinem Buch beschreibt er diese Szene: „Ich wollte meinen Rosenkranz durchschmuggeln und den Siegelring, den mir ein französischer Kriegsgefangener angefertigt hatte und in den die Initialen Christi (X.P.) eingraviert waren. Ich verstecke den Siegelring unter einem Heizkörper und halte meinen Rosenkranz unter meiner linken Achsel. Aber der Kapo, der kontrolliert, läßt die Arme hochheben. André Vallée, der es wie ich machen will, ist besorgt: ein Tscheche wurde gerade halb totgeschlagen, weil er eine Medaille unter seiner Seife versteckt hatte. Beim Kapo angekommen, kommen wir ihm zuvor und zeigen ihm unsere Rosenkränze; er sieht uns an: ‚Du Katholik!' Er zögert, unsere Körper stehen da und erwarten Schläge, aber er schlägt nicht zu: ‚Weil du es gesagt hast, wirst du nicht geschlagen …' Nach einigem Getue wirft er die Rosenkränze in einen Mülleimer. Ein tschechischer Priester des Zuges bekommt darüber das Zittern. Er wird sein kleines Kreuz auch nicht behalten können. Bleibt der Siegelring. Nach der Dusche erneute Kontrolle. Ein betagter österreichischer Industrieller wurde mit Stiefeln getreten, weil er seinen Ehering behalten hatte. Der Kapo untersucht die Heizkörper und entdeckt den Siegelring: ‚Wem gehört der?' … Schweigen. Er wiederholt. Camille, der ganz nahe bei mir steht, sieht mich an. Erneutes Schweigen. Mit langsamen Schritten geht der Kapo ans hintere Ende des Raumes, wobei er die Initialen zu entziffern versucht, die er nicht lesen kann, und bringt dieses letzte Erinnerungsstück in einer Kloschüssel mit der Spülung zum Verschwinden. Einige Stunden später, es ist schon sehr spät, werden wir barfuß in Holzpantinen und mit alten buntgewürfelten Kleidern bekleidet in einen benachbarten Raum gedrängt, um die Nacht auf den feuchten Fliesen zu verbringen, ohne etwas gegessen zu haben. Währenddessen ziehen arme Teufel des Lagers an uns vorbei. Sie werden die Nacht in den Duschen verbringen: der erste Anblick von ausgemergelten Körpern, die außer dem Skelett nichts Menschliches mehr an sich haben. Es hagelt Schläge. Kleine russische und polnische Kapos fallen über sie her und spielen mit diesen kraftlosen Körpern. Hier hört der Mensch auf, Mensch zu sein. Doch ich habe meinen Rosenkranz mitten aus dem hinten im Raum deponierten Unrat wieder holen können. Und ich löse davon das Kreuz ab, um es in meine Jacke zu stecken. Am Tag darauf die Registrierung. Ich erhalte die Nummer 28907, die man links auf die Jacke nähen muss. Davor befindet sich ein rotes Dreieck und der Buchstabe F (Franzose). Wir sind ‚Deportierte'." Das Kreuz ging verloren. Den Rosenkranz konnte er retten. Der Rosenkranz ist für Paul Beschet das Symbol seiner Unbeugsamkeit. Heute liegt er auf seinem Schreibtisch. „Ich behielt ihn während meiner ganzen Deportation. Und als ich nach Frankreich zurückkam, habe ich ihn meiner Mutter geschenkt. Als sie verstarb, habe ich ihn wieder an mich genommen. Aber sie hatte ihn bis zu ihrem Tod bei sich."

Nach dieser Prozedur im Waschraum kam Paul Beschet in einen der Quarantäne-Blocks. „Ich habe zu wenig Zeit in Flossenbürg verbracht, um über das Lager sprechen zu können, denn in der Quarantäne mussten wir im nahen Umkreis des Krematoriumofens bleiben. Und dort sahen wir die Arbeitskommandos des Krematoriums ankommen. Sie sammelten die Leichen der Kameraden auf, die nachts gestorben waren, und wir sahen sie, wie sie die Leichen zum Krematorium brachten. Wir sahen dieses Schauspiel ganz genau, das uns über unser Schicksal aufklärte."

Die zehn Widerständler aus Frankreich, die nach Flossenbürg gekommen waren, blieben nicht zusammen. Drei von ihnen kamen nach Zwickau in eines der vielen Außenlager des KZs. Deshalb bemühten sich Paul Beschet und sein Kamerad Rene Le Tonqueze auch darum, für Zwickau eingeteilt zu werden, wenn neue Transporte zusammengestellt wurden. Nach drei Wochen wurden die beiden tatsächlich nach Zwickau geschickt: „Wir versuchten es und wir haben es halt geschafft. Manchmal gelangten Informationen über den Bestimmungsort der Züge, deren Zusammenstellung man auf dem Appellplatz sah, zu uns in die Quarantäne. Und als wir erfuhren, daß es einen nach Zwickau geben würde, sind wir – fffft – hingegangen."

In Zwickau hofften die beiden Franzosen, ihre Kameraden zu treffen. Und sie wollten auch weg aus Flossenbürg mit seinem gefürchteten Steinbruch. Sie wussten, dass sie in Zwickau in einer Fabrik arbeiten würden. „In den Fabriken war man etwas geschützt. Wir hatten uns umgehört. Und dann wussten wir ganz genau, dass diejenigen vor dem Regen geschützt waren, die in Flossenbürg in der Messerschmitt-Fabrik arbeiteten, die im Steinbruch nicht."

Vier junge Katholiken aus der Gruppe, mit der Paul Beschet gekommen war, hatten nicht soviel Glück. Sie wurden nach Mauthausen geschickt. Keiner der vier überlebte. Darunter war auch Marcel Callo, der 1987 selig gesprochen wurde und als Märtyrer der „Christlichen Arbeiter Jugend" gilt. Die Seligsprechung von Marcel Callo würdigt die Arbeit all der katholischen Aktivisten von damals, betont Paul Beschet. Auch Marcel Callo war nach Deutschland gekommen, um französischen Arbeitern zur Seite zu stehen. Ein Foto zeigt ihn fröhlich mit anderen Franzosen in einer Arbeiterbaracke in Zella-Mehlis. Auch er wurde festgenommen und in Gotha inhaftiert. „Marcel Callo lernte ich im Gefängnis kennen, während wir in Gotha waren", erinnert sich Paul Beschet. „Er war ein Bretone, der sensibel war, aber gleichzeitig ein bisschen einen sturen Kopf hatte. Er hatte seine eigenen Vorstellungen, aber er war ein charmanter Junge, der sehr gläubig war und gerne unser Los teilte, er hatte keine Probleme damit. Er schrieb Kassiber für seine Mutter oder seine Verlobte. Als wir im Gefängnis waren, versuchten wir diese Kassiber französischen Kriegsgefangenen anzuvertrauen, wenn wir sie auf dem Weg trafen. Das war die Kommunikationsmöglichkeit. Er hat viele geschrieben. Vom Tod Marcel Callos habe ich erst erfahren, als ich nach Frankreich zurückkehrte."

Über die Haftbedingungen im Außenlager Zwickau, einem der rund 100 Außenlager und Außenkommandos von Flossenbürg, die sich wie ein weites Netz um die Zentrale dieses KZ-Systems im Oberpfälzer Wald spannten, berichtet Paul Beschet. „Das Lager war nicht sehr groß. Wir waren vielleicht insgesamt neunhundert Häftlinge. Vor allem Russen und Polen, aber auch einige Franzosen, vielleicht an die fünfzig. Unsere Arbeit in der Fabrik betrug zehn Stunden nachts oder zehn Stunden tagsüber. Und wir teilten das Leben der meisten Deportierten: Wenig Essen, manchmal zwei zum Schlafen auf dem gleichen Strohsack, besonders sonntags, während der Woche wechselten wir uns tagsüber und nachts ab. Die Arbeit in der Fabrik war nicht sehr hart, denn es ging dem Ende zu. Aber da wir schlecht ernährt waren, war allein das Stehen an einer Maschine anstrengend. Und ich versuchte mehrmals, mich abzuseilen. Ich wurde einige Male aufgegriffen. Und einmal wurde ich auch ziemlich geschlagen."

In Flossenbürg gaben unter den Häftlingen die „Grünwinkel" den Ton an, Häftlinge, die als kriminell galten. Auch in Zwickau war das so. Die Kapos und Blockältesten waren aber nicht einfach nach ihrem Winkel zu beurteilen, betont der Franzose. „Es gab grüne Kapos, es gab auch politische, rote Kapos. Es kam aber ganz auf die Persönlichkeit des Einzelnen an. Manche waren Tiere, andere brave Leute, die uns die Unannehmlichkeiten so weit wie möglich erleichterten. Es hing mehr von der Persönlichkeit ab als von der Nationalität oder der sozialen Herkunft. Unser Block wurde von einem Kapo kommandiert, der war wirklich ein Rohling. Aber es gab den Stubenältesten, einen ‚grünen' Deutschen, der war ein tüchtiger Kerl."

In Zwickau arbeiteten die Häftlinge bei Horch, einem Werk der Auto-Union, in der Rüstungsproduktion. In der Fabrik waren auch französische Kriegsgefangene beschäftigt, die etwas freier lebten und ihnen helfen konnten. In Zwickau waren die Bedingungen besser als in Flossenbürg, so das Fazit Paul Beschets: „Weil wir viel weniger waren. Wir waren vor Schnee, Kälte und Regen geschützt. Wir waren immerhin rund vierzig Franzosen. Wir trafen uns sonntags, wenn es keine Arbeit gab, oder abends. Und mit den drei anderen Freunden und zwei oder drei anderen beteten wir ein bisschen zusammen. Wir hatten ein kleines Messbuch, das uns Zivilarbeiter, französische Katholiken, geschenkt haben, die uns auch halfen, indem sie uns Informationen übermittelten oder von Zeit zu Zeit ein wenig Brot und andere Dinge zu essen gaben. Sie ließen das in der Fabrik an ihren Arbeitsplätzen liegen und wenn wir vorbeigingen, konnten wir es einstecken."

Die französischen Kriegsgefangenen brachten in Zwickau den KZ-Häftlingen sogar geweihte Hostien. Mit dem Gesangsbuch und mit den Hostien feierten sie dann das Weihnachtsfest 1944. Für die katholischen KZ-Häftlinge war das natürlich ein außergewöhnliches Ereignis, erinnert sich Paul Beschet: „An Weihnachten konnten wir die Texte der Weihnachtsmesse lesen. Wir haben uns hinten in der Stube zwischen den Pritschen versammelt, wir haben die Texte der Messe gelesen und gebetet, und ich habe die geweihten Hostien verteilt. Und es gab zwei Kameraden, Protestanten, die am Flureingang aufpassten, damit wir unsere Ruhe hatten. Es war ein geistiger Widerstand, kein bewaffneter oder militärischer Widerstand. Aber dieser Widerstand war für uns lebenswichtig, weil wir uns so gegen die uns aufgezwungene Herabwürdigung zur Wehr setzen konnten."

Die KZ-Sklaven versuchten außerdem, so wenig wie möglich für den Feind zu arbeiten. Andere Formen des Widerstands, um die Rüstungsproduktion in Zwickau mit Sabotageaktionen zu schwächen, gab es kaum. „Unsere Sabotage war der Versuch, so wenig wie möglich zu arbeiten und nur den Anschein von Arbeit zu erwecken, wenn ein Meister oder einer von der SS vorbeiging. Oder man irrte sich bei der Arbeit, man ließ Teile, Maschinen draufgehen, man stellte sich ungeschickt an."

Sein Glauben gab Paul Beschet Kraft, die Barbarei der KZs zu überleben. Zweifel am Sinn seiner Mission in Deutschland, Zweifel an Gott, hatte der Jesuit aus Lyon nicht. „Nein, weil wir katholische Aktivisten zu mehreren zusammen waren. Es gab Mitglieder der ‚Christlichen Arbeiter Jugend', es gab Seminaristen. Wir bildeten eine einheitliche Gruppe und in günstigen Augenblicken beteten wir zusammen, tauschten wir uns aus, teilten unseren Glauben. Es gab einen Zusammenhalt in der Gruppe. Leider hielt dieser Gruppenzusammenhalt nicht lange, denn wir wurden in verschiedene Lager und Kommandos verstreut. Aber ich konnte um mich immer einige gläubige Christen sammeln, um zusammen zu beten und uns auszutauschen. Wir teilten also unseren Glauben und das half uns."

Viele ehemalige Häftlinge, wie zum Beispiel Jack Terry, verloren in den KZs der Nazis den Glauben an Gott. Paul Beschet beschlichen keine Zweifel. Er fragte sich angesichts unvorstellbarer Gräuel nicht, wie Gott dies zulassen kann. Die Frage, die ihn beschäftigte, hieß: Wie können Menschen so etwas tun? „Dieser Gott lässt nicht zu. Gott lässt dem Menschen die Freiheit. Das ist gerade die Tragik des Menschen: Er kann wählen, er kann sich hinreißen lassen oder sich beherrschen und sich hingeben. Das ist es, das Drama liegt im Menschen begründet und Gott achtet – nach meinem Glauben – die Freiheit der Menschen. Im Evangelium ruft Jesus, man kann mit ‚ja' oder ‚nein' antworten. Was uns am meisten empörte, war nicht so sehr, wie manche sagen, dass Gott das Böse zuließ, sondern dass Menschen dieses Böse begehen können. Was für uns, für mich und viele meiner Kameraden, eine entsetzliche Beobachtung war, war diese Fähigkeit des Menschen, schlecht, gewalttätig zu werden und die anderen zu töten. Das ist der wirkliche Skandal. Ja. Und das gab uns zu denken, und darüber denke ich noch immer nach. Der Glaube an den Menschen wurde stark erschüttert und wir wollten eben durch unsere Lebensweise bezeugen, dass wir immer noch an den Menschen glaubten, der für uns das Ebenbild Gottes ist."

Als die Alliierten näher kamen, trieb die SS die Häftlinge aus Zwickau in Richtung Süden. Es war ein Todesmarsch, den viele Häftlinge mit ihrem Leben bezahlten. Bei Lesna auf dem Gebiet der heutigen Tschechischen Republik, das damals Schönwald hieß, fand der grauenhafte Marsch ein Ende. „Als das Ende unseres Marsches kam, waren wir alle sehr geschwächt, einige Kameraden sind an Entkräftung gestorben, andere sind erschossen worden, wieder andere – wie ich – konnten sich wieder aufraffen. Wir wollten nichts anderes als weiterleben. Aber wir hatten kaum die Kraft, zu sprechen oder einen Fuß vor den anderen zu setzen. Wir hatten keine Schuhe mehr, unsere spärliche Bekleidung war völlig durchnässt. Wir waren entkräftet. Ich bin davongekommen, weil ich noch etwas Kraft besaß, weil ich das Glück hatte, keinen verhängnisvollen Schlag abzubekommen. Ich hätte wie die anderen sterben können. Und als ich mich schließlich wieder aufraffte, begriff ich allmählich, dass ich noch die Möglichkeit hatte zu leben. Aber für mich war das wie ein zweites Leben, das sehe ich immer noch so."

Auf seinem Todesmarsch hatte Paul Beschet nicht nur seinen Rosenkranz bei sich. Er ging auf diesen Marsch ins Ungewisse auch mit einigen Briefen, die ihm sehr wichtig waren. „Diese Briefe, die ich während der Gefangenschaft erhalten hatte, versteckte ich in einem Umschlag zwischen der Haut und der Jacke meiner Kleidung. Es waren Briefe, die ich heimlich von Jesuitenkameraden erhalten hatte, die mir aus ihren Arbeitslagern in Thüringen schrieben. Durch diese heimlichen Kontakte mit Franzosen aus der Fabrik in Zwickau konnten wir ein wenig mit der Außenwelt Verbindung halten, ein wenig."

Zehn Tage dauerte dieser sinnlose, quälende und mörderische Marsch, bevor die SS die traurige Kolonne auflöste und verschwand – aber nicht ohne noch ein Gemetzel anzurichten. Paul Beschet erinnert sich: „Die einen wurden erschossen, wie die ungarischen Juden, andere wurden freigelassen und aufs Land geschickt, wieder andere wurden einfach so erschossen. Der Lagerkapo sagte zu uns, wir sollten den Weg verlassen: ‚Weg!' Und dann schoss man auf uns oder auch nicht. Auf mich hat man nicht geschossen. Ich konnte heimkehren, aber es gab noch viele Opfer. Es gibt in Tachov ein Denkmal, wo die sterblichen Reste der meisten dieser Kameraden, die damals starben, begraben sind. Und ich glaube, unter diesem Denkmal liegen 250 Menschen begraben."

Nach der Befreiung kehrte Paul Beschet nach Lyon zurück. Wieder zu Hause ging er den Weg weiter, den er vor seiner Verhaftung eingeschlagen hatte und wurde Jesuit. Doch zuerst musste er sich von der KZ-Haft erholen. „Ich dürfte vierzig Kilo statt achtzig gehabt haben. Als ich heimkam, hatte ich schon wieder ein bisschen zugelegt, die körperlichen Kräfte kehrten ziemlich schnell wieder zurück. Die geistige Arbeit kam viel mühsamer wieder in Gang. Aber es kam wieder. Ich war nicht erledigt, aber ich war kraftlos. Ich brauchte ein halbes Jahr, um mich, wie man so sagt, wieder aufzurappeln. Aber im Oktober 1945 nahm ich mein Leben als Jesuitenschüler wieder auf. Ich hatte das Glück gehabt, gesund geblieben zu sein. Ich hatte an Kraft verloren, aber ich bin wieder ganz normal zu Kräften gekommen mit einer immer normaleren Ernährung. Ich hatte einige Träume, ich hatte Albträume wie jeder, aber ich wurde nicht im Innersten zerstört."

Übersetzung: Ilse Arnauld des Lions/Dr. Manfred Weichmann

„Wir waren der letzte Dreck"

Jack Terry: Der jüngste jüdische Häftling – in einem Tunnel versteckt

„Dieser Tunnel ist der Platz, an dem ich am 15. April 1945 versteckt wurde", erzählt Jack Terry. Er steht in einem schmalen, unterirdischen Gang, einem dunklen Tunnel unter dem einstigen Appellplatz des Konzentrationslagers, der von der Wäscherei, in der die Heizung war, zur Küche führte. Es ist sein Versteck von damals. Hier verbargen ältere Häftlinge den jüdischen Jungen, als die SS die Juden aus dem Lager trieb. „Ich lag auf den heißen Rohren, Rohren mit heißem Wasser und heißem Dampf. Es war unerträglich, dort zwei Tage lang zu liegen. Ich war dort, weil der Schreiber Miloš Kučera, der selbst Häftling war, wusste, dass am nächsten Tag alle Juden auf den Todesmarsch geschickt wurden."

Jack Terry stammt aus Polen, ist Jude und hieß damals Jakub Szabmacher. Nach der Befreiung siedelte er in die USA über und lebt heute in New York. Die Geschichte der Lager ließ ihn nie los. Jack Terry wurde Psychiater und zu seinen Patienten zählten auch ehemalige KZ-Häftlinge. Bei einem Besuch in Flossenbürg im Juli 2003 sucht er auch den Tunnel auf, in dem er versteckt worden war – und wird dort mit seinen Ängsten von einst konfrontiert. „Ich glaube, wenn ich noch etwas länger dort hätte bleiben müssen, wäre ich gestorben. Es war fast unmöglich, es dort auszuhalten. Aber die Angst entdeckt zu werden war immer da. Die Angst, mit der wir von Tag zu Tag lebten, war unglaublich. Ich glaube, andere Menschen können kaum nachvollziehen, was es bedeutet, wenn man in jedem Augenblick um sein Leben fürchtet."

Jack Terry überlebte als einziger seiner Familie den Holocaust. Als die US-Army hier ankam, war er der jüngste Häftling. Oft kehren seine Gedanken zu diesem 23. April 1945 zurück, dem Tag, als der damals 15-Jährige mit seiner Einsamkeit und seiner Trauer konfrontiert wurde. „Der 23. April 1945 ist einer der wichtigsten Tage in meinem Leben. Das war der Tag, an dem die Amerikaner das Konzentrationslager Flossenbürg befreiten. Aber für mich war es der traurigste Tag in meinem Leben. Das erste Mal konnte ich darüber nachdenken, wer ich bin und was ich verloren hatte. Es war das erste Mal, dass ich nicht darüber nachdenken musste, wo ich das nächste Stück Brot her bekomme."

Aufgewachsen ist Jack Terry in Bełżyce, einer kleinen Stadt bei Lublin. Er war eines von vier Kindern einer jüdischen Familie. Der Vater war Kaufmann, die Mutter machte den Haushalt und Jakub ging zur Schule. Alles änderte sich schlagartig mit dem Einmarsch der Deutschen. Schritt für Schritt wurde das Leben der Juden zur Hölle. Nicht nur, weil sie den Judenstern tragen mussten.

„Juden war es verboten, Fleisch zu essen. Juden war es verboten, weißes Brot zu essen. Nach dem Ende der dritten Klasse durfte ich nicht mehr zur Schule gehen. Deshalb fing ich an, die Stiefel der deutschen Soldaten zu putzen. Dafür bekam ich ein Eck von dem harten, viereckigen Brot, das die Deutschen aßen. Die Deutschen begannen dann, die jüdischen Läden zu plündern. Sie nahmen alles mit, und ich erinnere mich daran, dass sie einen Zettel hinterließen, auf dem stand: *‚Die Ware ist mein. Der Zettel ist dein. Wenn der Krieg zu Ende ist, wird alles gut sein.‘*[1] Das bekam man für die Sachen, die sie mitgenommen hatten."

Nie vergessen wird Jack Terry den Namen Kurt Engels. Der deutsche Gestapo-Mann kam öfter nach Bełżyce und erschoss wahllos Juden. Auch Jack Terry machte seine Bekanntschaft. Er half gerade bei seinem Cousin, einem Friseur, als Engels in den Laden kam und ihn ansprach. Ich erinnere mich, dass er mich fragte: ‚Wie heißt Du?‘, und ich antwortete: ‚Jakub Szabmacher.‘ Darauf fragte er, wo ich meinen deutschen Namen gestohlen habe, und schickte mich dann nach draußen, um sein Auto zu waschen. Alle hatten Angst vor ihm, weil er willkürlich Leute erschoss. Als er aus dem Laden kam, fragte er mich: ‚Rasiert dein Cousin nur eine Seite?‘, und ich antwortete: ‚Nein.‘ Er fragte daraufhin, warum ich sein Auto nur auf einer Seite gewaschen hätte. Natürlich hatte ich das ganze Auto gewaschen, aber ich dachte, er würde mich erschießen. Solche sadistischen Spiele liebte er."

Die Deutschen gingen von Tag zu Tag brutaler vor. Eines Tages wurde Jacks Vater nach Majdanek deportiert. Der Junge konnte es zunächst nicht glauben, dass er seinen Vater nicht mehr wiedersehen würde. „Wir hörten nichts von ihm. Die allgemeine Meinung war, dass niemand dem Lager entkommen könne. Im Nachhinein betrachtet war es sein Todesurteil. Als Kind hatte ich dennoch gehofft, dass ich ihn vielleicht wiedersehen würde. Wir kannten ja das Ausmaß der Zerstörung und Vernichtung noch nicht."

Die traurige Geschichte der polnischen Juden seit dem Einmarsch der Deutschen im September 1939 kennt Jack Terry aus persönlicher Erfahrung. Er erinnert sich noch gut daran, wie die Deutschen im Oktober 1942 alle Juden aus der Stadt trieben und berichtet, wie sie zuerst die ganze Stadt umzingelten und dann befahlen: „Achtung! Achtung! Alle Juden raus!" Auch er selbst war damals schon mit anderen Deportierten auf dem Weg ins Konzentrationslager. Als Jack merkte, dass seine Mutter, die sich in Bełżyce versteckt hatte, nicht mitgekommen war, floh er aus der bewachten Kolonne. Später erfuhr er, dass diese Menschen nicht einmal mehr ein KZ erreichten. Sie wurden schon im Zug ermordet. Über seine Flucht und die Rückkehr berichtet der

1 Die kursiv gesetzten Sätze sprach Jack Terry in dem englisch geführten Interview auf Deutsch.

nur knapp dem Tod Entkommene: „Sie schossen auf mich, aber ich lief einfach weiter. Ich lief die ganze Nacht und gelangte schließlich in unsere Stadt zurück. Ich fand meinen Bruder, erschossen mit einer Kugel im Kopf. Meine Mutter und meine Schwestern hatten sich gut verstecken können und so überlebt. Zusammen mit meinen zwei Schwestern begrub ich meinen Bruder. Wir wollten meiner Mutter nicht sagen, dass er umgebracht worden war."

Die Freiheit war jedoch nicht von langer Dauer. Im Mai 1943 wurden er, seine Mutter und seine Schwester in das Lager Budzyń deportiert. Dann kam der 8. Mai 1943 – das tragischste Datum im Leben des Jack Terry. Seine älteste Schwester hatte der Familie versprochen, dass sie die Mutter nicht allein lassen werde. Sie hielt ihr Versprechen, als die SS das Lager umzingelte, in das die in Bełżyce verbliebenen Juden getrieben worden waren – die Konsequenzen waren fürchterlich. „Am 8. Mai 1943 wurde das Lager umstellt. Der Unterscharführer Reinhold Feix führte Selektionen durch. Meine Schwester weigerte sich mitzukommen und sagte, sie würde nur zusammen mit meiner Mutter gehen. Daraufhin erschoss Feix meine Schwester vor den Augen meiner Mutter und dann erschoss er meine Mutter." Nach den Recherchen von Jack Terry war Reinhold Feix ein Sudentendeutscher und von Beruf Friseur, bevor er zur SS ging. Den Sadismus dieses Mannes begreift er bis heute nicht: „Feix brauchte keinen Grund, um zu schießen. Er erschoss im Lager Budzyń immer jemanden, wenn er hereinkam. Aber diese Grausamkeit, ein Kind vor den Augen seiner Mutter zu erschießen, ist fast unwirklich, aber damals war es Wirklichkeit. Es wühlt mich immer wieder sehr auf, wenn ich mir vorstelle, wie Feix meine Schwester vor den Augen meiner Mutter erschießt. Ich fühle den Schmerz meiner Mutter, denn meine Beziehung zu meiner Mutter war sehr, sehr stark."

Der jüdische Junge überlebte selbst nur mit Glück. In Budzyń mussten die Häftlinge Flugzeuge für die Firma Heinkel bauen. Als die Rote Armee näher kam, wurden sie zunächst nach Wieliczka gebracht und dort in einer unterirdischen Salzmine wieder in der Flugzeugproduktion eingesetzt. Doch die Sowjets rückten weiter vor. Schließlich hieß für die Häftlinge das Ziel Flossenbürg. Anfang August 1944 kamen sie in Güterwagons dort an. Von den Bedingungen im Lager berichtet Jack Terry: „Neben dem ständigen Terror und der Angst waren vor allem der Hunger und die erbarmungslose Kälte in Flossenbürg sehr schlimm. Besonders wenn man bei dem kalten Wind nicht richtig angezogen war und kein Fett und keine Muskeln hatte. Ich wog bei der Befreiung 34 Kilo. Wir mussten bei jedem Wetter, bei Kälte, Regen und Schnee, stundenlang auf dem Appellplatz stehen. Die SS war gut angezogen, hatte Stiefel. Wir hatten nichts, keine Mäntel, keine Pullover. Als ich im August ankam, mussten wir im Zugangslager bei extremer Hitze völlig nackt herumlaufen. Als ich meinen Kopf anfasste, war er total geschwollen und ich konnte meine Finger in meine Kopfhaut drücken. Im Lager hatte man große

Angst davor, krank oder verletzt zu werden, weil man keine Chance hatte, sich wieder zu erholen. Dann konnte man sich von dieser Welt verabschieden. Das Ziel war, uns zu zerstören."

Zunächst musste Jack Terry in den gefürchteten Steinbruch: „Im Steinbruch wäre ich nach einer Woche oder zwei Wochen gestorben. Es war unmöglich. Ich war viel zu klein und zu schwach, um die schweren Steine zu schleppen. Ich glaube, ich habe im Steinbruch nur eine Woche gearbeitet. An meinen Fingern war die Haut völlig abgeschürft. Ich konnte nichts mehr anfassen. Dann arbeitete ich bei Messerschmitt, wir machten die Oberklappe und die Unterklappe der Flügel." Die letzten drei Monate arbeitete er in der Häftlingswäscherei. Das war sein Glück. Wie er hierher kam, weiß er nicht. Vielleicht hatten einflussreiche väterliche Freunde, wie der tschechische Schreiber Miloš Kučera, ihre Hände im Spiel. „Ja, es war ein guter Job", erzählt Jack Terry. „Es war gut, weil da zwei Ungarn waren, ein General und ein Minister, die in der Wäscherei arbeiteten. Sie aßen ihr Essen nicht und sie gaben es mir und ich gab es meinen Freunden. Deshalb war es da viel besser."

In der Häftlingswäscherei, einem Gebäude, das es heute noch gibt, soll die neue Dauerausstellung der KZ-Gedenkstätte untergebracht werden. Hier, am früheren Arbeitsplatz von Jack Terry, wird auch seine Geschichte dokumentiert werden. Als Laufbursche der Wäscherei kam er auch zum so genannten „Sonderbau", dem Lagerbordell. Der reguläre Besuch des „Sonderbaus" war in erster Linie einflussreichen Grünwinkeln möglich, also Häftlingen, die als kriminell eingestuft waren und wichtige Funktionen im Lager innehatten. „Ich hatte nur mit einer Frau Kontakt", erinnert sich Jack Terry. „Ich brachte die Bettwäsche und sie gab mir oft ein Stück Brot, wenn es niemand sah. Sie war Häftling in Ravensbrück gewesen und sie versprachen ihr, dass sie nach sechs Monaten frei gelassen werde, wenn sie nach Flossenbürg geht. Aber sie ließen sie nicht frei nach sechs Monaten."

Wenn Jack Terry nach Flossenbürg zurückkehrt, kommt er gerne mit seinem Freund Harry Zansberg, der ebenfalls in den USA lebt. Sie sind Freunde von Kindesbeinen an. Aber nicht nur das. Harry ist für Jack die einzige Verbindung zu seiner Kindheit. Beide stammen aus Bełżyce. Auch Harry ist der einzige Überlebende seiner Familie. Jack Terry und Harry Zansberg gingen den Weg durch die Lager meist gemeinsam. Beide waren auch in Flossenbürg. Harry wurde eine Zeit lang ins Außenlager Hersbruck geschickt. Als er von dort zurückkehrte, glich er einem „Muselmann". So hieß im Lagerjargon ein Häftling, der dem Tod schon näher war als dem Leben. Zum Glück hatte Jack den Job in der Wäscherei. „Harry war schon fast ein Muselmann und er war in einer besonderen Baracke. Ich sah ihn und ich sagte zu ihm: ‚Ich hol dich da raus.' Ich ging zu Miloš Kučera und bat ihn um Hilfe. Harry war so geschwächt. Ich arbeitete in der Wäscherei. Die Prominenten gaben mir ihre Suppe und ich brachte sie Harry. Weil ich in der Wäscherei arbeitete, war es mir auch möglich, ihm einen Mantel zu geben, einen Wintermantel, den er auf dem Todesmarsch trug."

Bei seiner Ankunft in Flossenbürg war Jack Terry 14 Jahre alt. Er wurde deshalb im Block 19 untergebracht, im so genannten Jugendblock. Der war eingerichtet worden, um die Jugendlichen vor homosexuellen Übergriffen zu schützen. Diese „Fürsorge" ruft bei Jack heute noch ein bitteres Lachen hervor: „Sie wollten uns vor der Homosexualität beschützen. Wir waren an diesem fürchterlichen Ort, wo wir jeden Moment ermordet oder ausgelöscht werden konnten, aber wir sollten trotzdem vor der Homosexualität beschützt werden – sie beschützten uns natürlich nicht, sie schlugen uns. Es wäre lächerlich, zu glauben, dass sie uns beschützt haben."

Hin und wieder mischen sich deutsche Wörter in das Englisch von Jack Terry. Er sprach einst fließend Deutsch. Nach dem Krieg las er Heine und Goethe im Original. Auch im Lager verstand er die Sprache seiner Peiniger und das war dringend nötig, betont er: „Ich hab kein Deutsch zu Hause gesprochen, ich habe es gelernt im KZ-Lager. Ob man im Lager Deutsch sprechen konnte, entschied über Leben und Tod. Oft wurden Leute ermordet, weil sie nicht verstanden, was die SS-Leute zu ihnen sagten."

Flossenbürg war kein Vernichtungslager, aber ein Menschenleben zählte auch hier nichts. Das KZ war zuletzt heillos überfüllt. Geplant war es für 5.000 Häftlinge, untergebracht waren hier schließlich 15.000. Die Zustände spotteten jeder Beschreibung. Der Tod war immer präsent, sagt Jack Terry. „Immer präsent, immer präsent. Wenn man seine Mütze nicht abnahm, wenn ein SS-Mann vorbeiging, konnte das den Tod bedeuten. Man wachte mitten in der Nacht auf und neben einem lag ein Toter. Morgens wurden die Toten dann aus den Baracken getragen." Das Krematorium war ständig in Betrieb. Wenn die Kapazität nicht ausreichte, wurden die Leichen auf einem Stapel Holzscheite verbrannt – der Geruch der verbrannten Leichen lag penetrant über dem Lager. „Man konnte es dauernd riechen", erinnert sich Jack Terry, „es war immer da. Und nicht nur der Geruch, sondern auch die Asche, die an einem haftete. Schwarzer Rauch kam heraus und es gab keine Vögel. Ich konnte keine Vögel entdecken. Als ich hierher zurückkehrte, wunderte ich mich, wie viele Vögel es hier gibt."

An Weihnachten 1944 wurde Jack Terry Zeuge einer Hinrichtung, ein Erlebnis, das er nie vergessen wird. Sechs russische Häftlinge wurden erhängt. Andere Häftlinge, die dabei waren, haben diese Exekution nach ihrer Befreiung sogar gezeichnet, so hat sich diese Szene in ihre Erinnerung eingebrannt. „Im Dezember 1944 fand eine Hinrichtung statt. Alle mussten auf dem Appellplatz stehen und zuschauen. Vor dem Tor stand ein Christbaum – und auf dem Appellplatz wurden Leute erhängt. Die SS-Leute gingen herum und achteten darauf, dass wir alle zusahen und dass wir nicht traurig schauten. Es war eine furchtbare Situation, aber sie war Teil unserer Existenz. Das war eine komplett andere Welt, in der wir hier waren."

Als die US-Army im Frühjahr 1945 näher rückte, trieb die SS die Häftlinge in Richtung Süden, in Richtung Dachau. Diese Todesmärsche waren das blutigste Kapitel der Lagergeschichte. Rund 7.000 der zuletzt 15.000 Häftlinge überlebten diese Evakuierung nicht. „Als erstes hieß es: ‚Alle Juden raus!'", so Jack Terry über diese Tage. Da ihn alte Häftlinge in einem unterirdischen Gang versteckten, konnte er den Todesmärschen entgehen. Wenn er heute den Tunnel besichtigt, werden natürlich bittere Erinnerungen wach: „Die Rückkehr in diesen Tunnel ruft bei mir große Angst hervor. Die Gefühle von damals tauchen wieder auf, besonders, wenn ich an die Konsequenzen der Befreiung denke. Als die Amerikaner kamen, da wurde mir das erste Mal bewusst, dass ich ganz alleine auf der Welt bin, keine Familie habe, nichts. Das war zum ersten Mal, dass ich wieder an etwas anderes dachte, als daran, wie ich die nächsten Minuten überleben oder etwas zu essen bekommen könnte, etwas, das ich in den Mund stecken könnte. Dieser Ort ruft all diese schrecklichen Gefühle wieder hervor."

Nach zwei Tagen verließ Jack Terry den Keller. Der größte Teil der SS war abgezogen, doch er war nicht gerettet. Ein ukrainischer Häftling erkannte ihn und bemerkte, dass ein Jude zurückgeblieben war. Miloš Kučera und Carl Schrade versteckten ihn erneut. Carl Schrade trug den grünen Winkel der als kriminell eingestuften Häftlinge. „Dann kam die SS zurück und ich wurde im Krankenrevier versteckt, wo mir Carl Schrade, der Chef des Reviers und ein Freund von Miloš Kučera, eine neue Identität gab", berichtet Jack Terry. „Einen russischen Namen mit einer russischen Nummer von jemandem, der bereits gestorben war. Mein Name wurde in Vaganov, Wassilij umgeändert. Ich blieb im Krankenrevier, bis die Amerikaner kamen. Im Krankenrevier war ich in der Typhus-Abteilung. Hier war die Gefahr, daß die SS hereinkommen würde, sehr gering, da die Krankheit hoch ansteckend war. Aber wir hatten die ganze Zeit Angst, dass die SS wieder zurückkommen und das ganze Gebäude niederbrennen würde. Denn es waren nur noch 1.500 Menschen im Krankenrevier, von denen die meisten todkrank waren und im Sterben lagen."

Jack Terry hinten rechts

In seiner Brieftasche hat Jack Terry Fotos von Carl Schrade und Miloš Kučera. Sie standen für einen Rest von Zivilisation in dieser brutalen Welt des KZs. Die beiden verkörperten in all dem Grauen Menschlichkeit. „Ich spreche nur in größter Hochachtung von ihnen", erklärt Jack Terry. „Für mich sind sie zwei symbolische Ikonen für das höchste Maß an Menschlichkeit. Sogar in so einer Zeit waren sie bereit, etwas zu geben und anderen Menschen zu helfen. Sie sind zwei Persönlichkeiten, an die ich mich bis heute täglich erinnere. Ohne sie hätte ich nicht überleben können."

Ein Foto aus dem Jahre 1945 zeigt US-Militärs vor dem Lagertor. Dahinter steht ein kleiner Junge – Jack Terry. Ein Colonel der US-Army kümmerte sich um ihn und nahm ihn mit in die Vereinigten Staaten. Bei ihm fand er wieder so etwas wie eine Familie. Wie sein Freund Harry Zansberg war auch Jack Terry im Konzentrationslager tätowiert worden. „In Wielicka tätowierten sie mir ein KL auf meinen linken Unterarm. Der amerikanische Offizier, der mich nach Amerika brachte, war Hautarzt. Als ich ankam, fragte er mich, ob ich die Tätowierung weg haben wollte. Ich zögerte, und er sagte: ‚Komm schon', und entfernte sie mit einer elektrischen Nadel. Man sieht sie nicht mehr. Aber für mich ist sie immer noch da. Auch wenn man sie nicht sehen kann, ist sie immer da."

In den USA studierte Jack Terry Geologie. In den 50er Jahren wurde er als Soldat in Heidelberg stationiert. Plötzlich durfte er in Deutschland die besten Restaurants besuchen – für ihn ein kleiner Triumph: „Zehn Jahre später war ich kein *Drecksack* mehr, ich war ein *Herr Leutnant.*" In dieser Zeit besuchte der einstige Häftling auch den Steinbruch von Flossenbürg. Da hörte er, wie in der Nachkriegszeit über das KZ gesprochen wurde – und schwieg. „Ich kam nach Flossenbürg, weil ich damals Geologe war. Bevor ich Arzt wurde, war ich Geologe und während meines zweiten Aufenthalts in Deutschland Mitglied der ‚Deutschen Geologischen Gesellschaft'. Damals sprach ich fließend Deutsch, hatte Zivilkleidung an und einer der Ausflüge führte uns hierher in den Steinbruch. Der Führer, der uns begleitete, sagte: ‚Da war ein KZ-Lager, aber es war nicht so schlimm.'"

Der ehemalige Häftling konnte die Lager nicht so schnell vergessen. Grundsätzliche Fragen der menschlichen Psyche beschäftigten ihn mehr und mehr. Jack Terry beschloss deshalb, seinen Beruf zu wechseln und Psychiater zu werden. Den letzten Anstoß dazu erhielt er, als er als Geologe im Dschungel von Venezuela unterwegs war. Auf dieser Reise tauchte eine Szene vor seinen Augen auf, die er nicht begreifen konnte, aber unbedingt begreifen wollte: „Der Grund, warum ich Psychoanalytiker wurde, war, dass ich herausfinden wollte, warum Menschen das taten, was ich gesehen habe. Eines der Bilder, die immer wieder in meinem Gedächtnis auftauchten, war der Appellplatz in Flossenbürg. Als ich hier ankam, sah ich Menschen, die aufeinander lagen, und ich verstand nicht, was vor sich ging. Schließlich fand ich heraus, dass ganz unten ein *Muselmann* lag, der ein Stück Brot in der Hand hatte, und jeder versuchte, dieses Stück Brot zu bekommen. Ich konnte mir einfach nicht vorstellen, dass jemand einem Sterbenden ein Stück Brot wegnehmen würde. Dieses Bild tauchte immer wieder vor meinen Augen auf. Das war der Grund, warum ich Psychiater wurde: Ich wollte herausfinden, warum Menschen tun, was sie tun."

Zu den Patienten des New Yorker Psychiaters gehören auch ehemalige KZ-Häftlinge. Seine persönlichen Erfahrungen halfen ihm, sich in ihre Situation einzufühlen. Für die meisten war es ein großes Problem, dass sie keine Zeit hatten, um ihre Angehörigen zu trauern, weil der Kampf um das eigene Überleben in den Lagern ihre ganze Aufmerksamkeit verlangte. „Die Menschen leben mit dieser Erfahrung weiter. Es gibt keinen Tag in ihrem Leben, an dem sie nicht an diese Erfahrungen denken oder vor dem Hintergrund dieser Erfahrungen sich so oder so verhalten. Der Psychiater kann dem Patienten beim Trauerprozess helfen, mit den Depressionen umzugehen, unter denen er unter Umständen leidet. Nicht jeder Überlebende wurde durch diese Erlebnisse unwiderruflich um seine psychische Gesundheit gebracht, aber jeder ist davon geprägt. Das ist ein großer Unterschied."

Ein anderes Problem, das den Psychiater häufig beschäftigt, ist der Schaden, den das Selbstwertgefühl der Häftlinge im Lager genommen hatte. „Mein Blockältester Gieselmann, Frank Friedrich Alois Gieselmann, nannte jeden von uns Drecksack. Um mich zu schlagen, zog er seine Lederhandschuhe an, damit seine Haut nicht meine Haut berührte. Nach einiger Zeit beginnt man sich als Drecksack zu fühlen. Wie kann man sich davon erholen? Wie kann man wieder ein Selbstwertgefühl wie ein normaler Mensch bekommen?"

Bis heute ist für ihn unverständlich, wie Menschen so grausam sein können. „Die Zivilisation ist ein ganz dünner Firnis über der menschlichen Natur." Diesen Satz eines seiner Patienten hat er sich zu eigen gemacht. Eine befriedigende Antwort auf seine ursprüngliche Frage fand er allerdings nicht. „Nein. Ich wünschte, ich könnte es verstehen. Das Einzige, was ich tun kann,

ist William Blake, den englischen Dichter zu zitieren, der sagte: ‚Grausamkeit hat ein menschliches Herz.' Nein, ich habe keine Antwort darauf. Ich möchte Tadeusz Borowski zitieren, der sagte: ‚Wir haben nie gelernt, wie man aufhört zu hoffen.' Das habe ich in seinem Buch gelesen ‚This Way to the Gas, Ladies and Gentlemen'.[2] Er war ein junger polnischer Dichter und als Häftling in Auschwitz. Einige Jahre nach der Befreiung beging er Selbstmord. Nein, es gab keine Hoffnung mehr. Der einzige Gedanke war, wie man von einer Minute zur nächsten überleben konnte. Borowski gibt dafür ein Beispiel. Er beschreibt, wie in Auschwitz Leute vom Bahnhof zur Gaskammer gingen. Ein Mann fiel hin und ein Wachposten sagte zu ihm: „Steh auf oder ich erschieße dich!" Der Mann stand auf und ging die letzten 100 Meter in die Gaskammer. Der Wille zu überleben, gehört wie ein fast tierischer Trieb zur menschlichen Natur."

Religiös ist Jack Terry nicht mehr. Er hat drei Kinder. Sie sind nicht religiös aufgewachsen, alle drei haben nichtjüdische Partner. Jack Terry selbst verlor den Glauben an Gott im KZ. „Ich verlor den Glauben an Gott in Flossenbürg. Er hatte mich zuvor verlassen. Deshalb verließ ich ihn. Nach Flossenbürg war ich überzeugt, dass es keinen Gott gibt. Wie kann es einen Gott geben, wenn so etwas geschehen kann? Wenn sie kleine Kinder nehmen, gegen die Wand werfen und erschießen? Wenn es einen Gott, gäbe, wäre das nicht passiert."

Jack Terry sah selbst mit an, wie deutsche Besatzer diese Schießübungen mit jüdischen Kindern abhielten. Alle diese Erlebnisse hat Jack Terry jetzt in einem Buch niedergeschrieben, das zunächst in den USA erscheinen soll.[3] Viele KZ-Häftlinge haben lange geschwiegen, sie wollten nicht erzählen. Bei ihm war das nicht so. Er wollte berichten, was er erlebt hatte, fühlte sich aber oft zurückgewiesen. „Wir, die Überlebenden des Holocaust, wollten über unsere Erfahrungen sprechen. Als ich in die USA kam, wollte ich meine Geschichte

---

2 Vgl. die deutsche Übersetzung, in: Borowski, Tadeusz: Bei uns in Auschwitz. Erzählungen, München 1987[3].

3 Terry, Jack u. Nitecki, Alicia: Jakub's World: A Boy's Story of Loss and Survival in the Holocaust, 2005. – Deutsche Ausgabe: ‚Jakubs Welt' – Bayerische Landeszentrale für politische Bildungsarbeit, München; A 120; erscheint April 2005.

erzählen. Aber wenn ich zu erzählen begann, kam in die Gesichter derer, die zuhörten, ein leidender Ausdruck. Sie versuchten das Thema zu wechseln und gaben entweder mit ihrer Mimik oder ausdrücklich zu verstehen: ‚Erzähle bitte nichts. Ich möchte nichts davon hören.'"

Im Jahre 1995 kehrten zum 50. Jahrestag der Befreiung des KZs erstmals ehemalige Häftlinge zu einem gemeinsamen Treffen nach Flossenbürg zurück. Seither kommt Jack Terry jedes Jahr hierher, diskutiert mit Jugendlichen und engagiert sich bei der Neugestaltung der Gedenkstätte. „Es ist ein Ort, den ich immer gehasst habe. Es ist ein Ort, von dem ich wünschte, er hätte nie existiert. Es ist ein Ort, von dem ich wünschte, dass er zerstört werden würde. Aber jetzt komme ich zurück und wünsche mir, dass der Ort erhalten bleibt. Und das ist sehr wichtig – nicht nur für Deutschland, sondern für ganz Europa, für die ganze Welt, damit die Leute hierher kommen und daraus lernen."

Bei seinem Besuch in Flossenbürg im Juli 2003 trug Jack Terry oft die Kappe seines New Yorker Rudervereins. Er ist ein drahtiger, sportlicher Typ. Früher lief er Marathon. Er kann auf eine Bilanz von 27 Marathons verweisen, alle in einer Zeit unter drei Stunden gelaufen, wie er nicht ohne Stolz bemerkt. Einmal sei er ausgerechnet am Jahrestag seiner Befreiung durch Boston gelaufen, wie er amüsiert berichtet: „Der Boston-Marathon findet jedes Jahr am dritten Montag im April statt. Einmal war es der 23. April. Es war ein wunderschöner Tag. Und ich sagte mir: ‚Ist es nicht wundervoll. Ich bin hier, und wer hätte das gedacht, dass ich am 23. April 1980 einen Marathon in Boston laufen würde. Wenn mir das jemand am 23. April 1945 oder 1944 gesagt hätte, hätte ich gedacht, er ist verrückt.'"

Interviews gibt Jack Terry ohne langes Zögern, aber theatralische Auftritte oder inszenierte Selbstdarstellung sind ihm fremd. Es gibt Momente emotionaler Erschütterung, aber meist spricht er erstaunlich ruhig. Bei Besuchen in Flossenbürg wird das Vergangene natürlich wieder aufgewühlt. „Nach so vielen Jahren, in denen man das Geschehene aufgearbeitet hat, stumpft man mehr oder weniger ab. Aber in bestimmten Situationen brechen die Gefühle wieder auf. Als ich zum 50. Jahrestag der Befreiung nach Flossenbürg zurückkehrte, träumte ich zum Beispiel in der ersten Nacht hier von meinem Vater. Das heißt, das alles begleitet einen immer. Wenn ich deshalb davon spreche, dass das Konzentrationslager Flossenbürg befreit wurde, achte ich sehr darauf, nicht zu sagen, dass ich befreit wurde. Weil ich niemals von den Erfahrungen und den Verlusten befreit werden kann. Sie sind immer gegenwärtig."

Übersetzung: Dr. Doris Lösch

Glossar

erstellt von Klaus Heidler, Simone Hoffknecht und Constantin Groth

Verwendete Sekundärliteratur:

- Enzyklopädie des Nationalsozialismus, hgg. von Wolfgang Benz, Hermann Graml und Hermann Weiß, München 2001 (4. Aufl.).
- Karin Orth, Die Konzentrationslager-SS. Sozialstrukturelle Analysen und biographische Studien, Göttingen 2000.
- Falk Pingel, Häftlinge unter SS-Herrschaft. Widerstand, Selbstbehauptung und Vernichtung im Konzentrationslager, Hamburg 1978.

Appellplatz:

Zentraler Platz des Lagers, auf dem morgens und abends die Häftlinge gezählt wurden. Das oft stundenlange Strammstehen bei jedem Wetter war für die erschöpften, schlecht gekleideten Häftlinge eine Tortur. Auf dem Appellplatz fanden auch Strafaktionen, Folterungen und Hinrichtungen statt.

Blaupunkte:

Im November 1942 wurden aus dem KZ Sachsenhausen 18 politische Häftlinge nach Flossenbürg überstellt, weil sie in Sachsenhausen eine kommunistische Zelle aufgebaut und kommunistische Mithäftlinge unterstützt hatten. Sie wurden mit mehreren blauen Zielpunkten an der Häftlingskleidung als spezielle Häftlinge markiert, wodurch sie den Kapos und der SS leicht erkenntlich waren.

Block:

Bezeichnung für Häftlingsbaracke.

Blockältester:

Der ranghöchste Häftling in einer Baracke war der Blockälteste. Er war dort für die Sauberkeit verantwortlich und musste jeden Morgen die genaue Belegungsstärke an den → *Blockführer* weitergeben.

Blockführer:

Die Blockführer, die den Rang eines SS-Unterführers hatten, waren für die Durchsetzung der Lagerordnung in den Häftlingsbaracken verantwortlich, und waren direkt dem → *Rapportführer* unterstellt.

Blockschreiber:

In jedem → *Block* war ein Häftling dafür zuständig, täglich die Zahl der Häftlinge in einer Stärkemeldung zu erfassen, die dann an die SS weitergeleitet wurde.

Bock/„über den Bock gehen“:

Der Bock war ein speziell gebautes Holzgestell, auf dem an Häftlingen die Prügelstrafe vollzogen wurde. Die offizielle Anzahl der Schläge variierte zwischen 5 und 25. Bereits vor der Bestrafung, die offiziell vom SS-Wirtschaftsverwaltungshauptamt in Berlin genehmigt werden musste, wurde jedoch „inoffiziell“ eine beliebige Anzahl von Schlägen verabreicht. Dies bezeichnete man als „über den Bock gehen“.

„die 25“:

25 Schläge waren die offizielle Höchstzahl bei der Prügelstrafe auf dem → *Bock*. Die Strafe wurde mit Peitsche oder einem Stock, bei „verschärfter“ Strafe auf dem nackten Gesäß, vollzogen und hatte meist schwere, oft tödliche Verletzungen etwa der Nieren zur Folge.

Grünwinkel/„die Grünen“:

In der SS-Terminologie „kriminelle“ Häftlinge, die sich entweder in sog. Vorbeugehaft aufgrund bereits verbüßter Strafen für kriminelle Delikte oder im tatsächlichen Strafvollzug befanden. Als Erkennungszeichen wurde ihnen ein grünes Dreieck auf die Kleidung genäht.

Internationale Brigaden:

Die Internationalen Brigaden waren ein Zusammenschluss von internationalen Kämpfern, die im Spanischen Bürgerkrieg von 1936 bis 1939 gegen die Faschisten unter General Franco kämpften.

„judenrein“ machen:

Mit diesem Begriff ist die beabsichtigte Deportation und Ermordung aller Juden im nationalsozialistischen Machtbereich gemeint. In diesem Rahmen sollten auch die KZ „judenrein“ gemacht werden, d.h. jüdische Häftlinge wurden getötet oder in die Vernichtungslager im Osten deportiert.

Kapo:

Häftlinge, die ihre Mithäftlinge in den Arbeitskommandos beaufsichtigen mussten, wurden als Kapos bezeichnet. Die Kapos waren Bestandteil der von der SS eingeführten „Häftlingsselbstverwaltung“; einerseits mussten sie auf Druck der SS ihre Mithäftlinge zu höchster Leistung antreiben, andererseits erhielten sie bestimmte Privilegien wie eine eigene Unterkunft (in Flossenbürg im Block 1), bessere Verpflegung und wärmere Bekleidung. In Flossenbürg handelte es sich bei ihnen meist um sog. → *Grünwinkel,* die häufig für ihre Brutalität berüchtigt und bei den Häftlingen nicht weniger gefürchtet und verhasst waren als die SS selber. Vgl. auch → *Prominente.*

Kommando 2004:

Deckname für die Flugzeugproduktion der Messerschmittwerke im KZ Flossenbürg.

Lagerältester:

Der bzw. die Lagerältesten wurde von der SS bestimmt und stand den übrigen Häftlingen vor. Als Bindeglied zwischen der SS und den Häftlingen mussten sie die Befehle der SS im Lager durchsetzen.

Lagerkommandant:

Der Lagerkommandant war die oberste Instanz im Lager und gleichzeitig Befehlshaber des SS-Wachbataillons.

Me 109:

Die Me 109 war ein von der Firma Messerschmitt gebautes Jagdflugzeug. In den letzten Kriegsjahren wurde sie vor allem zur Abwehr der alliierten Bomber eingesetzt. Ab Februar 1943 wurden Leitwerk und Motor, später fast alle Bauteile der Me 109 durch Häftlingsarbeit in Flossenbürg hergestellt.

Moorlager:

Unter dem Begriff „Moorlager" werden vor allem jene Orte im Emsland zusammengefasst, in denen zu Beginn der NS-Zeit Konzentrationslager bestanden (z. B. Esterwegen) und die etwa ab 1936 der NS-Justiz, während des Krieges auch der Wehrmachtsjustiz unterstellt waren und als „Justiz-Strafgefangenenlager" bezeichnet wurden. Zwangsarbeit verrichten mussten hier KZ-Häftlinge, Justizstrafgefangene, von Militärgerichten Verurteilte, Kriegsgefangene, teilweise auch zur Zwangsarbeit verschleppte Zivilpersonen.

Muselmann:

Als Muselmänner bezeichnete man in der Lagersprache Häftlinge, die abgemagert, apathisch und verwahrlost waren. Sie standen außerhalb des normalen Tagesablaufs und wurden dem sicheren Tode überlassen.

„Nacht- und Nebel"-Erlass:

Aufgrund des Nacht- und Nebel-Erlasses vom 07. 12. 1941 wurden Personen in den besetzten Gebieten, die des Widerstands verdächtig waren, für die ein Todesurteil durch ein Kriegsgericht aber noch nicht sicher schien, „bei Nacht und Nebel“ nach Deutschland deportiert und meist ohne Aburteilung in ein KZ eingeliefert. Die „Nacht- und Nebel“-Häftlinge durften keine Briefe an ihre Familien schreiben oder von diesen empfangen.

Politische Häftlinge:

Politische Häftlinge waren Lagerinsassen, die auf Grund ihrer Gegnerschaft zum Nationalsozialismus in die Konzentrationslager verschleppt worden waren. Gleichzeitig wurden auch Häftlinge aus den besetzten Gebieten als politische Häftlinge geführt. Gekennzeichnet waren sie durch einen roten Stoffwinkel.

Prominente:

Als Prominente wurden in der Lagersprache diejenigen Häftlinge bezeichnet, die Privilegien, wie zum Beispiel eine bessere Verpflegung oder wärmere Kleidung, hatten. Vor allem sind die → *Kapos* und andere Funktionshäftlinge zu diesen Prominenten zu rechnen.

Quarantäneblock:

Die Quarantäneblocks dienten als → *Zugangslager* für alle Neuzugänge. Durch eine zum Teil mehrere Wochen dauernde Isolation sollte sichergestellt werden, dass von Neuzugängen keine Krankheiten ins Lager eingeschleppt wurden.

Rapportführer:

Der Rapportführer, der meist den Rang eines SS-Hauptscharführers hatte, war direkt dem Schutzhaftlagerführer unterstellt. Der Rapportführer war für die täglichen Lagerstärkemeldungen, die Häftlingsschreibstube und die Einteilung der → *Block*- und Kommandoführer verantwortlich.

Rotpunkte:

Als Rotpunkte wurde eine kleine Gruppe österreichischer Häftlinge bezeichnet, die von Dachau nach Flossenbürg transportiert worden waren und die auf Grund ihrer kommunistischen Geisteshaltung zusätzlich zum roten Dreieck rote Punkte auf ihrer Kleidung aufgenäht bekamen.

Rotwinkel:

→ *politische Häftlinge*

Schonungsblock:

Block, in dem noch nicht vollständig genesene Häftlinge untergebracht waren.

Sonderbau:

Mit Sonderbau oder Sonderblock bezeichnete man das 1943 errichtete Lagerbordell. Im Sonderbau mussten sich weibliche Häftlinge aus dem KZ

Ravensbrück prostituieren. Zugang erhielten vor allem Kapos oder Häftlinge, die mit Sondermarken für besondere Leistungen ausgezeichnet wurden; jüdische, polnische und russische Häftlinge hatten keinen Zutritt zum Sonderbau.

Spanienkämpfer

→ *Internationale Brigaden*

Strafkompanie:

Für die Häftlinge, die in dieses Kommando strafversetzt worden waren, bedeutete dies einen verschärften Arbeitseinsatz, häufigere Misshandlungen durch das Aufsichtspersonal und eine geringere Lebensmittelzuteilung. Beinahe täglich gab es in diesem Kommando Schwerverletzte und Tote.

SS-Casino:

Das SS-Casino war das Offiziersheim für die SS-Führer. Dort nahmen die SS-Offiziere ihre Mahlzeiten ein und trafen sich am Abend zu gemeinsamen Veranstaltungen.

UNRRA:

United Nations Relief and Rehabilitation Administration, 1943 gegründete, 1945 von der UNO übernommene Hilfsorganisation zur Unterstützung der Flüchtlinge und Verschleppten (Displaced Persons) in den von den Alliierten besetzten Gebieten; 1947 aufgelöst, ihre Aufgaben übernahm die Internationale Flüchtlingsorganisation, 1951 der Hochkommissar für Flüchtlinge bei den Vereinten Nationen.

Wlassow-Leute:

Angehörige der Kampfverbände, die von dem russischen General Andrei Andrejewitsch Wlassow befehligt wurden. Der antistalinistisch gesinnte General war 1942 in deutsche Kriegsgefangenschaft geraten und beabsichtigte die Aufstellung russischer Verbände, die der Wehrmacht gleichgestellt sein sollten. Jedoch kamen seine aus Ostarbeitern und ehemaligen Kriegsgefangenen bestehenden Verbände erst am Kriegsende zum Einsatz.

Zugangsblock:

Einzelne Baracke im → *Zugangslager.*

Zugangslager:

Die ursprünglich für die Unterbringung der sowjetischen Kriegsgefangenen im KZ Flossenbürg errichteten Baracken dienten später als Zugangslager für die Aufnahme von neu angekommenen Häftlingen.

Fotonachweis

Die Fotos wurden von den ehemaligen Häftlingen zur Verfügung gestellt oder stammen aus dem Archiv von Thomas Muggenthaler.

Mit Ausnahme von Heinrich Dürmayer (S. 39), Dokumentationsarchiv Österreichischer Widerstand, Wien, Leo Mistinger (S. 54), Bund Sozialdemokratischer Freiheitskämpfer, Opfer des Faschismus und aktiver Antifaschisten, Wien, Edmund Natschewski (S. 125), KZ-Gedenkstätte Flossenbürg.

Die Autoren

Thomas Muggenthaler, Jahrgang 1956, aufgewachsen in Waffenbrunn und Cham, Studium der Politischen Wissenschaften und der Soziologie; lebt in Regensburg und ist beim Bayerischen Rundfunk beschäftigt.

Er ist Autor mehrerer zeitgeschichtlicher Hörfunksendungen zu Themen wie dem KZ Flossenbürg oder jüdischen Emigranten in Israel und den USA.

Für die Sendung „Sklave für Deutschland – Zwangsarbeiter erinnern sich an ihre Zeit in Bayern“ wurde er 2001 mit dem Eberhard-Woll-Preis des Presseclubs Regensburg ausgezeichnet.

Ulrich Fritz ist wissenschaftlicher Mitarbeiter der KZ-Gedenkstätte Flossenbürg und hat zuvor beim Humanitären Hilfsfonds für ehemalige Zwangsarbeiter der Siemens AG, München, gearbeitet.